오이디푸스의 후예들

오이디푸스의 후예들
예술로 감상하는 오이디푸스 콤플렉스

초판 1쇄 발행 2025년 12월 10일

지은이 이병욱
펴낸이 장길수
펴낸곳 지식과감성#
출판등록 제2012-000081호

교정 김지원
디자인 김희영
편집 김희영
검수 한장희, 정윤솔
마케팅 김윤길

주소 서울시 금천구 벚꽃로298 대륭포스트타워6차 1212호
전화 070-4651-3730~4
팩스 070-4325-7006
이메일 ksbookup@naver.com
홈페이지 www.knsbookup.com

ISBN 979-11-392-2948-6(03100)
값 17,000원

- 이 책의 판권은 지은이에게 있습니다.
- 이 책 내용의 전부 또는 일부를 재사용하려면 반드시 지은이의 서면 동의를 받아야 합니다.
- 잘못된 책은 구입하신 곳에서 바꾸어 드립니다.

지식과감성#
홈페이지 바로가기

예술로 감상하는 오이디푸스 콤플렉스

오이디푸스의 후예들

정신건강의학과 전문의 **이병욱** 지음

프롤로그

　프로이트에 의하면, 인간은 누구나 갈등을 지니고 살아가기 마련이며 어느 정도는 조금씩 신경증적 경향을 안고 있다는 것으로, 어린 시절 통과 의례처럼 겪을 수밖에 없는 오이디푸스 갈등에서 비롯된 다양한 신경증 해결에 정신분석이 큰 도움을 준다는 주장을 내세웠다. 하지만 이런 주장을 몹시 불쾌하게 받아들인 사람들은 그의 이론을 확대해석한 나머지 프로이트는 모든 인류를 환자로 만들었다고 억지를 부리기도 하지만, 정신분석에서는 분석을 받는 사람을 환자라 부르지 않고 피분석자라고 호칭하고 있으며, 정신분석가 자신도 의무적으로 분석을 받기 때문에 환자냐 아니냐 하는 문제는 사실 큰 의미가 없다고 할 수 있다.
　기독교에서는 모든 인간이 원죄를 안고 태어나기 때문에 죄를 회개하고 구원받아 영생할 것을 주장한다. 불교에서는 불성을 되찾고 무명과 윤회의 업보에서 벗어나 열반에 이를 것을 추구한다. 그런데 정신분석에서는 모든 인간이 심리적 발달 과정에서 모자 관계의 갈등뿐 아니라 부모와의 삼각관계에서 벌어지는 오이디푸스 갈등 해결의 성공 여부가 건강한 자아 형성에 결정적인 핵심을 이루는 화두가 된다고 주장한다. 그렇다면 우리 모두가 죄인이 되는 것은 무방하고 굳이 오이디푸스의 후예가 되어선 안 되는 이유가 무엇일까. 물론 그것은 무의식적 진실에 접근

하는 자기 탐색에 대한 두려움과 거부감 때문이다.

하지만 우리 모두가 오이디푸스의 후예가 된다고 해서 하등 달라질 것도 없다. 그러니 겁낼 필요도 거부감을 지닐 필요도 없다. 정신분석 이론은 억지로 강요하는 이념이나 종교적 교리가 아니라 계속 발전해 나가는 학문적 임상 이론일 뿐이니 말이다. 달라져야 하는 것은 이론 자체보다 미숙하고 불완전하기 그지없는 사람의 심리 상태라 할 수 있다. 정신적 갈등의 고리에서 벗어나 건강한 자아를 되찾는 일이 더욱 시급한 일이기 때문이다. 세상에는 완전한 인간도 갈등 없는 인간도 존재하지 않는다. 아무리 뛰어난 영웅이나 천재들도 심리적으로 미숙한 경우는 얼마든지 찾아볼 수 있다. 그것은 역사가 입증해 주는 엄연한 사실이다.

이 책을 통해 저자가 바라는 것은 오이디푸스 갈등의 존재가 어떤 특정 인물에게만 해당하는 현상이 아니라 우리 자신에게도 해당될 수 있음을 보여주는 것이다. 물론 그것을 받아들일지 아닐지 여부는 전적으로 독자들의 몫이다. 더 나아가 모든 사람이 정신분석을 받아야 한다고 주장하는 것도 아니다. 세상 사람 대부분은 정신분석과 관계없이 얼마든지 잘 살아가기 때문이다. 다만 미해결의 갈등으로 남달리 고통받는 사람들이 있다면 정신분석이 도움이 될 수 있다고 말할 따름이다.

세상에는 각자의 길이 따로 있고 모든 사람이 선택하는 길도 여러 갈래일 수밖에 없다. 문제는 어떤 마음 상태로 그 길을 걷느냐에 달렸다. 선과 악, 사랑과 미움, 이별과 상봉, 눈물과 기쁨, 질투와 분노, 복수와 화해, 죄와 벌, 보수와 진보, 정통과 이단, 삶과 죽음의 기로에서 숱한 사람들이 마음의 동요와 갈등을 드러내기 마련이지만, 그런 심적인 혼란에서 벗어나는 길은 결국 우리 자신의 내면적 상황을 잘 인식하고 이해하는 일이라는 점에서 정신분석적 접근 방식이 조금이나마 도움이 될 수 있을 것으로 보고, 특히 우리에게 비교적 낯익은 예술 세계를 통해 오이디푸스 콤플렉스에 접근해 보는 기회를 마련해 보고자 한다.

이병욱

차례

5 프롤로그

1장 신화와 설화의 세계

14 우라노스와 가이아
16 자식들을 잡아먹은 크로노스
18 제우스의 탄생과 복수
20 메두사의 머리
22 키니라스의 딸 미라
23 저주받은 운명의 오이디푸스
26 안티고네와 엘렉트라
29 바벨탑의 신화
31 아버지 롯과 동침한 딸들
33 아자타샤트루와 아일다의 비극

2장 문학의 세계

38 셰익스피어의 비극
43 세르반테스의 〈돈키호테〉

- 49 괴테의 〈젊은 베르테르의 슬픔〉
- 53 고골리의 〈코〉
- 59 위고의 〈노트르담의 꼽추〉
- 62 샬롯 브론테의 〈제인 에어〉
- 65 보들레르의 〈악의 꽃〉
- 69 도스토옙스키의 〈카라마조프가의 형제들〉
- 76 플로베르와 모파상
- 79 릴케와 루 살로메
- 86 로맹 롤랑의 〈장 크리스토프〉
- 93 피란델로의 〈작가를 찾는 6인의 등장인물〉
- 98 앙드레 지드의 〈전원 교향악〉
- 102 카프카의 〈아버지께 드리는 편지〉
- 107 D. H. 로렌스의 〈아들과 연인〉
- 111 T. S. 엘리엇의 〈황무지〉
- 118 유진 오닐의 〈상복이 어울리는 엘렉트라〉
- 121 김소월의 〈엄마야 누나야〉
- 125 조지 오웰의 〈1984〉
- 130 프랭크 오코너의 〈나의 오이디푸스 콤플렉스〉
- 132 토마스 만의 〈선택된 인간〉
- 134 술독에 빠져 죽은 딜런 토머스
- 138 사강의 〈슬픔이여 안녕〉
- 140 사르트르의 〈말〉
- 145 피터 섀퍼의 〈에쿠스〉
- 149 실비아 플래스의 〈아빠〉
- 157 김언희의 〈말라죽은 앵두나무 아래 잠자는 저 여자〉

3장	**미술의 세계**
166	카라바조의 붓과 칼
171	루벤스의 〈시몬과 페로〉
173	아버지의 정부를 가로챈 마네
175	세잔과 아버지의 숨바꼭질
177	연상의 창부와 동거한 고흐
181	뭉크의 절규
186	난쟁이 화가 로트렉의 마지막 한마디
189	세상에서 영원히 격리된 카미유 클로델
191	피카소의 여인들
195	살바도르 달리의 꿈과 불안
200	치매 어머니에 집착한 루시언 프로이드

4장	**음악의 세계**
206	독신을 고수한 헨델
208	모차르트의 부자 관계
211	베토벤의 구원 환상
215	발라키레프의 금욕주의
217	술독에 빠진 무소르그스키
219	부부 관계를 회피한 차이콥스키
221	오페라의 귀재 푸치니
223	구스타프 말러와 알마 쉰들러
227	연상의 유부녀와 동거한 카루소

5장 영화의 세계

- 232 찰리 채플린의 구원 환상
- 238 빅터 플레밍의 〈바람과 함께 사라지다〉
- 241 히치콕의 〈이창〉, 〈싸이코〉
- 248 줄스 다신의 〈페드라〉
- 250 이브 로베르의 〈마르셀의 여름〉
- 254 로마의 오이디푸스 파올로 파솔리니
- 261 타비아니 형제의 〈파드레, 파드로네〉
- 264 로만 폴란스키의 구원 환상
- 271 파스빈더의 〈불안은 영혼을 잠식한다〉
- 274 폴커 슐렌도르프의 〈양철북〉
- 278 라세 할스트룀의 〈카사노바〉
- 283 존 카메론 미첼의 〈헤드윅〉
- 287 박찬욱의 〈올드보이〉
- 290 스탠리 넬슨의 〈존스타운: 인민사원의 삶과 죽음〉
- 295 플로리앙 젤레르의 〈아버지〉

- 298 에필로그
- 301 참고 문헌

1장
신화와 설화의 세계

우라노스와 가이아

 구약 창세기에서는 태초에 말씀이 있었다고 말하지만, 그리스 신화에서는 태초에 이 세상이 카오스로 불리는 혼돈 상태였다고 말한다. 그런 혼돈을 헤치고 최초로 하늘을 지배하기 시작한 신은 우라노스였는데, 그는 자기 어머니이자 대지의 여신인 가이아와 관계를 맺어 많은 티탄족의 신들을 낳았으니 적어도 그리스 신화에서는 이미 태초부터 신들의 존재가 근친상간에서 출발하고 있음을 알 수 있다. 어머니 가이아에 대한 집착이 얼마나 강했던지 우라노스는 계속해서 그녀의 몸에 달라붙어 떨어질 줄 몰랐는데, 그렇게 하늘과 땅의 경계가 모호해진 상태에서 어머니에게 쉬지 않고 임신과 출산을 시키게 되자 마침내 이에 질려버린 가이아와의 관계도 파국으로 치닫기 시작했다.
 아들이자 남편인 우라노스에 대해 복수를 다짐한 가이아는 막내아들 크로노스를 사주해 낫으로 우라노스의 성기를 거세함으로써 자유로운 몸이 되었는데, 그때 우라노스가 가이아의 몸에서 떨어져 하늘로 치솟게 되면서 비로소 하늘과 땅의 경계가 생기게 되었다. 성기가 잘린 상태로 하늘에 오른 우라노스는 크게 분노한 나머지 아들 크로노스에게 저주를 퍼부었는데, 그것은 자신이 자식에게 당한 상황을 아들 역시 똑같이 당하게 될 것이라는 저주였다. 실제로 크로노스는 나중에 아버지의 저주가 마음에 걸린 나머지 자식을 낳는 족족 모두 삼켜버렸다.

우라노스의 성기가 잘려 나가는 순간에 흘린 피가 땅에 떨어지면서 가이아의 자궁 속으로 흘러 들어가 가이아는 다시 또 자식들을 낳게 되었는데, 그 외에도 바다에 떨어진 우라노스의 고환으로 인해 하얀 거품이 일면서 그곳에서 아프로디테가 태어나게 되었다고 한다. 그런데 고대 그리스에서 만물의 근원으로 숭배의 대상이었던 가이아는 자신이 낳은 아들 우라노스와 폰토스 외에도 손자인 포세이돈과 제우스까지 남편으로 맞이해 수많은 자식을 낳음으로써 신들의 혈통을 잇게 한 장본인이 되었지만, 이처럼 무절제한 신들의 근친상간 및 난혼 관계는 고대인의 문란한 성 윤리를 반영한 것이라기보다는 오히려 그들의 잠재된 무의식적 환상과 욕구를 인격화된 신들에게 투사해 대리만족을 구한 것으로 봐야 할 것이다.

프로이트는 오이디푸스 갈등의 핵심을 근친상간과 구원 환상, 부친 살해와 거세 공포로 설명했지만, 이는 우라노스와 가이아, 그리고 아들 크로노스 사이에 전개된 미묘한 삼각관계를 통해 극명하게 드러남을 알 수 있다. 다시 말해 임신과 출산의 반복을 강요하며 어머니를 독점하는 아버지에 대한 질투심과 적개심으로 아들 크로노스는 어머니를 아버지의 성적인 횡포로부터 구해내야 한다는 사명감에 불탔으며, 동시에 그런 욕망 때문에 아버지의 복수와 징벌을 두려워한 거세 공포에도 불구하고 역으로 폭군 아버지를 낫으로 거세해 제거함으로써 자신이 어머니의 사랑을 독차지한다는 환상을 완벽하게 충족시킨 셈이다.

자식들을 잡아먹은 크로노스

　우라노스와 가이아 사이에서 태어난 막내아들 크로노스는 로마 신화에서 사투르누스로 불리는 티탄족의 지도자로 다른 형제들과 힘을 합쳐 아버지 우라노스를 몰아내고 권력을 독차지했는데, 자신의 누나 레아와 결혼해서 헤라와 하데스, 포세이돈, 제우스 등의 자식을 낳았다. 하지만 그는 자신이 몰아낸 아버지가 아들에게 내린 저주를 두려워한 나머지 자식들이 태어날 때마다 모조리 삼켜버림으로써 후환을 없애고자 했으나 막내아들 제우스만은 그런 끔찍스러운 운명을 피해 갈 수 있었다. 어머니 레아가 잽싸게 아들을 빼돌리고 대신 돌덩이를 강보에 싸서 남편의 눈을 속였기 때문이다. 크로노스는 돌덩이를 아들인 줄 알고 삼켜버렸는데, 그 돌을 옴팔로스라고 부른다. 옴팔로스는 그리스어로 배꼽을 뜻하며, 세상의 중심을 가리키는 말이기도 하다.

　자식들의 복수를 두려워한 나머지 후환을 없애기 위해 태어난 자식들을 모조리 삼켜버린 비정하고도 잔혹한 아버지 크로노스의 모습은 바로크 시대 화가 루벤스나 고야의 작품에서도 엿볼 수 있지만, 자식들의 반란을 두려워한 것은 신들의 세계뿐 아니라 지상을 지배한 왕들 역시 마찬가지였을 것이다. 어쨌든 크로노스는 아들 제우스에 의해 축출당하고 마는데, 어머니의 사주로 아버지를 거세한 아들 크로노스나 어머니와 합

세해 아버지를 제거한 제우스 모두 오십보백보라 할 수 있겠다.

하지만 자식들을 삼켜버린 크로노스의 행위 자체를 상징적 차원에서 이해하자면 무조건 악행의 결과로만 단죄하기도 어렵다. 왜냐하면 정신분석에서 말하는 자아 방어 기제의 하나로 섭취(incorporation)에 해당하는 매우 원시적인 태도의 일부로 볼 수도 있기 때문이다. 예를 들어 품에 안긴 아기가 너무도 사랑스러워서 "꼭꼭 씹어 먹어도 시원치 않겠다."라는 표현도 섭취에 해당하는 태도라 할 수 있으며, 좀 더 완곡한 표현으로는 "두 눈에 쏙 집어넣을 정도로 귀엽다."라는 말도 있듯이 자신의 내부로 집어넣고 싶은 대상에는 분노와 적개심의 대상뿐 아니라 사랑의 대상도 존재하기 마련이다.

우리 속담에 "달면 삼키고 쓰면 뱉는다."라는 말도 있듯이 삼키고 뱉는 행위는 매우 유아적인 단계에서 자주 사용하는 방어 기제라 할 수 있다. 그런 점에서 자식을 삼킨 크로노스가 오이디푸스 갈등 단계에서 매우 유아적인 상태로 퇴행(regression)한 단계임을 상징한다면 아버지를 축출하고 지하의 명계 가장 깊숙한 곳에 영원히 유폐시킨 제우스의 심리적 상태는 오이디푸스 갈등 단계에 있다고 볼 수 있다. 어쨌든 크로노스는 자신의 아버지를 거세시킨 패륜적 행위의 대가를 톡톡히 치른 셈이며, 비록 그 자신은 아들 제우스에 의해 거세보다 더한 고통, 지하 명계에 영원히 갇혀 지내는 신세가 되었다는 점에서 우라노스에 비해 더욱 가혹한 형벌을 받았다고 할 수 있다.

제우스의 탄생과 복수

일신교를 믿었던 고대 이스라엘 민족과는 달리 고대 그리스인은 다신교를 믿었다. 그런데 올림포스산에 모여 살던 신들의 행태를 보면 실로 가관이다. 평범한 인간들로서는 상상도 할 수 없는 부도덕한 패륜적 행위나 잔혹한 일들을 서슴없이 저지르기 때문이다. 물론 그리스 신화 자체가 인간의 상상력이 낳은 종교적 설화나 전설이기는 하지만, 설사 그렇다 쳐도 타 종교의 신들과 비교해 볼 때 인간의 모범이 되기는커녕 오히려 탐욕과 음모, 질투와 복수로 가득 찬 만행을 일삼는 그런 존재들이다.

신들의 기괴한 모습은 태초의 남신 우라노스의 근친상간에서 이미 드러나 있으며, 아버지를 거세하고 자식들을 잡아먹은 크로노스뿐만 아니라 임신한 아내를 삼켜버린 제우스를 통해서도 그 잔혹성을 엿볼 수 있다. 어쨌든 어머니의 기지로 간신히 목숨을 구한 제우스는 한때 자신을 잡아먹으려 했던 아버지 크로노스를 몰아낼 계획으로 아내 메티스가 만들어 준 구토제를 어머니 레아에게 부탁해 몰래 아버지에게 먹이도록 했다.

레아의 권유로 술에 탄 구토제를 마신 크로노스는 자신이 삼켜버린 자식들을 모두 그 자리에서 토해냈는데, 그렇게 해서 헤라와 하데스, 포세이돈 등 여러 형제가 다시 살아나게 되었다. 결국 크로노스는 막내아들 제우스가 주동이 되어 일으킨 반란으로 전쟁에서 패한 뒤 타르타로스에 영원히 감금당하고 말았으며, 마침내 제우스가 신들의 제왕으로 군림하게 되었다.

　이처럼 부자지간에 벌어진 복수의 대결은 우라노스와 크로노스뿐 아니라 크로노스와 제우스 사이에도 대를 이어 반복되는 주제로 항상 근친상간의 주제와 함께 맞물려 전개된다는 점에서 매우 흥미롭다. 물론 우리는 프로이트 이론의 핵심이라 할 수 있는 오이디푸스 갈등의 주제가 단순히 오이디푸스 신화에서 영감을 받은 것으로만 기억하고 있지만, 사실 따지고 보면 그 기원은 태초에 벌어진 우라노스와 크로노스, 제우스까지 거슬러 올라갈 수 있다. 왜냐하면 어머니와 혼인한 우라노스, 누나와 혼인한 크로노스, 아들과 손자까지 넘본 가이아 등 인간 사회에서는 결코 용납될 수 없는 근친혼이 신들의 세계에서는 아무 거리낌 없이 자행되고 있기 때문이다.

　더욱이 선대에 벌어진 잔혹한 복수극에 대해 잘 알고 있던 제우스는 그 자신 역시 자식들의 배신으로 권좌에서 쫓겨나지나 않을까 노심초사하던 중에 때마침 아내 메티스가 장차 낳을 아들이 아버지의 자리를 차지할 것이라는 가이아의 신탁 내용을 듣고 몹시 불안해하다가 임신한 아내 메티스를 통째로 삼켜버렸다. 그 후 제우스는 누이였던 헤라와 혼인해 자식들을 낳았으나 대부분 둔재였으며, 오히려 숱한 불륜을 통해 얻은 사생아들이 더욱 뛰어난 재능을 발휘했는데, 아폴론, 헤라클레스, 헤르메스 등이 바로 그런 사생아들로, 그런 점에서 헤라의 질투가 남달리 극심했던 이유를 알 수 있다.

메두사의 머리

　고르곤 세 자매의 한 명이었던 메두사는 포세이돈과 사랑을 나누다 이를 질투한 아테나의 저주에 걸려 흉측한 괴물로 변하고 말았는데, 그녀의 아름다운 머리카락은 순식간에 꿈틀대는 뱀으로 변해버리고 그녀와 눈이 마주친 사람은 그 자리에서 돌로 변하는 끔찍스러운 저주를 당하고 말았다. 더군다나 그녀는 나중에 아테나의 사주로 페르세우스에게 목이 잘리는 형벌까지 당해야 했으니 참으로 운이 지지리도 없는 여성이었다.
　원래 아테나는 자신의 삼촌인 포세이돈을 사랑해 결혼까지 하려고 무진 애를 썼으나 아테나를 몹시 싫어했던 포세이돈은 그녀를 떼어 버리기 위해 의도적으로 보란 듯이 아테나의 신전에서 메두사와 뜨거운 사랑을 나누었는데, 이에 격분한 아테나가 메두사를 끔찍스러운 모습의 괴물로 만들어 버리고 급기야는 페르세우스를 시켜 목숨까지 빼앗아 버린 것이다. 하지만 포세이돈은 목이 잘린 메두사의 영혼을 거두어 날개 달린 말의 모습을 한 페가수스로 부활시켜 별자리에 올려놓음으로써 아무도 그녀를 해치지 못하게 했다.
　그런데 프로이트는 논문 〈메두사의 머리〉에서 그녀의 모습을 본 사람들이 돌로 변해버린 현상을 두고 그것은 곧 거세 공포의 결과로 해석하기도 했다. 다시 말해 뱀의 머리를 한 메두사의 모습에서 사람들은 끔찍스러운 남근을 연상했기 때문이라는 것이다. 실제로 뱀은 이미 오래전부터 고금동서를 막론하고 남근의 상징으로 알려져 왔는데, 기독교에서는 하와를 유혹한 사탄도 사악한 뱀으로 묘사해 왔으며, 우리나라도 전통적으로 아들의 출산을 예고하는 태몽 가운데 뱀과 흡사한 용의 모습이 나타난 꿈을 가장 상서로운 길조로 여기는 풍조가 있었다.

더욱이 메두사의 목이 잘린 모습 역시 거세를 상징한 것으로 볼 수 있는데, 정신분석에서 인체 가운데 남근의 가장 중요한 상징으로 간주되고 있는 부위가 목이라고 볼 때, 고대에 성행했던 참수형도 일종의 상징적인 거세 형벌에 속한다고 할 수 있으며, 흔히 속죄나 금욕의 표시로 삭발하는 행위 또한 자발적인 거세의 상징으로 볼 수 있다. 과거 한때 우리나라에서 군 입대 훈련병이나 남학생들의 머리를 삭발한 것도 남근의 상징인 머리를 삭발함으로써 일단 기를 죽인 후 순종적으로 길들이기 위한 심리적 전략에 따른 것으로 볼 수 있는데, 그와 유사한 상징적 거세 효과는 구한말 단발령을 통해 상투를 자르라는 요구에 극렬히 반발한 사대부의 집단행동에서도 엿볼 수 있다.

어쨌든 메두사의 영혼은 포세이돈의 도움으로 구제되었으나, 그녀의 잘린 머리는 아테나에게 바쳐져 아테나가 지닌 방패에 박히게 되었는데, 비록 목이 잘렸음에도 그녀의 머리는 계속해서 사람들을 돌처럼 굳게 만드는 효과를 지니고 있었기에 아테나의 방패는 세상에서 가장 두려운 무기가 되어 아테네 수호의 상징으로 작용했다고 볼 수 있다.

키니라스의 딸 미라

키프로스의 왕 키니라스에게는 딸 미라가 있었는데, 그녀는 아프로디테를 능가하는 미모의 소유자임에도 수많은 구혼자를 마다하고 오로지 아버지에 대한 연정에 사로잡혀 큰 번민에 빠지고 말았다. 물론 그녀가 그런 고통에 빠진 것은 미라의 미모를 시기한 아프로디테의 저주 때문이라는 설도 있지만, 분명치는 않다.

어쨌든 미라는 인륜에 벗어난 그런 욕망 때문에 홀로 괴로워하다 자살까지 시도하지만, 다행히 유모가 발견함으로써 미수에 그쳤는데, 유모가 죽으려고 했던 이유를 묻자 미라는 자신의 은밀한 속내를 사실대로 고백하고 말았다. 미라를 측은하게 여긴 유모는 키니라스의 눈을 속이고 몰래 잠자리를 마련해 부녀가 동침할 수 있는 기회를 주선해 주었다.

하지만 어둠 속에서 동침한 뒤 불빛을 비춰 보고 딸의 얼굴을 확인한 키니라스는 경악을 금치 못하다가 곧이어 격분한 나머지 칼을 뽑아 죽이려 했으나, 잽싸게 도망친 미라는 자신의 신세를 한탄하고 신들에게 도움을 청하기에 이르고, 신들은 임신한 그녀의 몸을 나무로 변하게 만들어 주었다. 그 후 분만의 여신 에일레이티이아가 미라의 출산을 도와 아들 아도니스가 태어났는데, 나중에 아프로디테는 아도니스를 거두어 총애했으나, 이를 질투한 아레스에 의해 아도니스는 죽음을 맞이한다.

저주받은 운명의 오이디푸스

오이디푸스 신화는 가혹한 운명에 처한 테베의 왕 오이디푸스에 관한 이야기로, 자신의 어머니인 줄도 모르고 이오카스테와 혼인해 자식까지 낳은 후 자신에게 내려진 참담한 신탁의 예언 내용을 알게 되면서 스스로 자기 눈을 멀게 하고 속죄의 길을 떠난 비극적 인물이다. 프로이트는 소포클레스의 비극 〈오이디푸스왕〉에서 힌트를 얻어 근친상간과 부친 살해를 주제로 한 아동기 심리에 오이디푸스 콤플렉스라는 용어를 사용함으로써 지금까지도 정신분석 이론의 핵심으로 자리 잡고 있지만, 이에 대한 반론 역시 만만치가 않았다.

원래 오이디푸스는 테베의 왕 라이오스와 왕비 이오카스테 사이에서 태어난 아들이었으나 장차 자기 아들에게 죽임을 당할 것이라는 신탁의 예언에 겁을 집어먹은 라이오스는 갓난아기의 발목을 묶어 산에 내버리게 했다. 하지만 왕의 지시를 받은 신하는 차마 아기를 산에 버리고 올 수가 없어서 코린토스의 한 목동에게 넘겨주고 말았는데, 그 목동은 아기를 코린토스의 왕 폴리보스에게 바침으로써 그때부터 오이디푸스는 폴리보스와 그의 아내 메로페를 친부모로 여기고 자라게 되었다.

그러나 성인이 된 오이디푸스는 장차 자신이 아버지를 죽이고 어머니와 결혼할 것이라는 신탁의 예언을 알게 되면서 자기에게 내려진 저주받은 운명을 피하기 위해 코린토스를 떠나기로 결심한다. 왜냐하면 그때까지도 그는 자신의 친부모가 폴리보스와 메로페인 줄 알고 있었기 때문이다. 코린토스를 떠나 테베로 향하던 그는 도중에 마주친 라이오스왕과 시비가 붙어 자신의 생부인 줄도 모르고 라이오스를 살해하고 만다. 그 후 과부가 된 이오카스테 왕비는 당시 테베를 괴롭히던 괴물 스핑크스를 퇴치하는 자를 왕으로 추대한다는 포고문을 내렸는데, 오이디푸스가 스핑크스의 수수께끼를 간단히 풀어버리자 스핑크스는 높은 곳에서 뛰어내려 자살해 버렸다.

결국 오이디푸스는 약속대로 테베의 왕이 되었을 뿐만 아니라 이오카스테와 결혼까지 해 2남 2녀를 낳았다. 하지만 행복한 시간도 잠시였을 뿐 온 나라에 무서운 기근과 역병이 돌면서 수많은 백성이 죽어가게 되자 델피 신전에 신탁을 의뢰하기에 이르렀는데, 그 내용은 라이오스왕을 살해한 범인을 찾아 처단해야만 재앙이 멈추리라는 것이었다. 마침내 예언가의 입을 통해 그토록 저주받은 운명의 주인공이 자기 자신이라는 사실을 알게 된 오이디푸스는 그런 사실에 충격을 받고 어머니이자 아내인 이오카스테가 자살해 버리자 크게 절망한 나머지 자신의 두 눈을 스스로 찔러 소경으로 만들고 딸 안티고네의 손에 이끌려 머나먼 방랑의 길을 떠난다.

이처럼 비극적인 운명을 겪은 오이디푸스 이야기에 크게 감동한 프로이트는 〈꿈의 해석〉에서 다음과 같이 쓰고 있다. "오이디푸스왕의 운명은 우리를 감동시킨다. 그에게 내린 저주가 우리에게도 역시 태어나기 전부터 내려졌기 때문이다. 어쩌면 우리 모두는 그와 똑같은 운명을 지니고 태어났는지도 모른다. 우리가 지닌 최초의 성적 욕망의 대상은 어머니이며, 최초의 증오의 대상, 죽여 버리고 싶은 대상은 아버지라는 운명을 우리도 지니고 태어난 것이다. 우리들의 꿈이 이 사실을 명확히 보여준다." 물론 프로이트는 환자들의 분석을 통해 인간이 처한 비극적 운명의 단서를 오이디푸스의 삶에서 발견한 것으로 볼 수 있는데, 소포클레스의 비극이야말로 그에게 가장 결정적인 단서를 제공한 계기가 되었다고 할 수 있다.

하지만 오이디푸스의 비극뿐 아니라 그리스 신화의 많은 부분이 프로이트에게 깊은 영감을 불러일으킨 것으로 보이는데, 자기의 모습에 반해 죽음까지 맞이한 나르키소스를 통해 나르시시즘의 개념을 세웠으며, 사랑의 신 에로스와 죽음의 신 타나토스를 통해 삶의 욕동 에로스, 죽음의 욕동 타나토스를 언급하기도 했다. 또한 오이디푸스의 운명을 예언한 델포이 신전에 새겨진 금언 '너 자신을 알라'는 말도 소크라테스가 인용해 널리 알려진 내용이지만, 사실 따지고 보면, 프로이트가 일생을 바쳐 이룩한 정신분석의 기본 목적 또한 델포이 신전의 금언을 실행에 옮긴 것으로 볼 수 있다.

물론 무의식의 발견이 결코 열어서는 안 될 판도라의 상자에 비견될 수 있는 사건일지도 모르지만, 무의식을 다룬다고 해서 모든 사람이 이카로스처럼 되는 것은 아닐 것이다. 날개를 얻은 이카로스는 태양에 너무 가까이 날아갔다가 떨어져 죽고 말았지만, 그것은 단지 교만에서 비롯된 결과였을 뿐이다. 그런 교만의 방지를 위해 프로이트는 정신분석가의 중립성을 누누이 강조한 것으로 볼 수 있는데, 신화에도 나오듯이 자신이 만든 여인의 조각상과 사랑에 빠진 피그말리온이나 자신의 입맛에 맞춰 사람들의 키를 멋대로 줄이고 늘이는 프로크루스테스의 침대가 되지 않도록 엄중히 경고한 것이다.

안티고네와 엘렉트라

오이디푸스는 생모인 이오카스테와 혼인해 두 아들 폴리네이케스와 에테오클레스, 두 딸 엘렉트라와 이스메네를 낳았는데, 저주받은 운명의 실체가 밝혀지면서 이오카스테가 자살하고 스스로 눈을 찔러 장님이 된 오이디푸스가 정처 없이 유랑의 길을 떠나자 맏딸 안티고네는 아버지의 눈이 되어 그를 보살핀다. 콜로노스에서 아버지가 숨을 거두자 그녀는 그동안 왕위 다툼을 벌이며 원수지간이 된 두 오빠의 싸움을 말리기 위해 다시 테베로 돌아간다.

에테오클레스에 의해 테베에서 쫓겨난 형 폴리네이케스는 아르고스의 군대를 이끌고 테베를 공격했으나 결국에는 두 형제 모두 최후의 결전에서 서로를 죽이고 만다. 그들을 대신해 권력을 차지한 외삼촌 크레온은 테베를 수호하다 죽은 에테오클레스의 장례를 성대히 치러 주는 반면, 반역 행위를 한 폴리네이케스에 대해서는 그 누구도 그의 시신을 매장해서는 안 된다는 포고를 내렸다. 하지만 안티고네는 크레온의 지시를 거역하고 오빠인 폴리네이케스의 시체를 땅에 묻어주었다가 국법을 어긴 죄로 붙들려 동굴에 갇히는 신세가 되었는데, 크레온은 그녀를 그 안에서 굶어 죽게 만들 심산이었다.

죽은 가족의 시신을 매장하는 일은 신들이 부여한 신성한 의무임을 내세우며 인간이 만든 국법에 우선한다는 입장을 고수한 안티고네는 끝까지 자신의 신념을 굽히지 않다가 결국에는 스스로 목을 매 자살하고 만다. 한편 그 소식을 들은 약혼자 하이몬은 그녀를 살려달라고 아버지인 크레온에게 간청하지만, 자신의 요구가 묵살되자 아버지를 원망하며 안티고네의 시신 앞에서 자살해 버린다. 아들의 비극적인 최후 소식을 접한 어머니 에우리디케 역시 절망한 나머지 스스로 목숨을 끊는다.

소포클레스는 〈오이디푸스왕〉, 〈콜로노스의 오이디푸스〉, 〈안티고네〉로 이어지는 오이디푸스 3부작을 통해 출생의 비밀과 부친 살해, 근친상간에 뒤얽힌 저주받은 운명의 비극적인 최후뿐 아니라 인간의 탐욕과 오만으로 인해 벌어지는 불가항력적인 불행을 묘사하고 있는데, 그것이 곧 인간의 한계임을 주장하는 듯이 보인다. 그런 점에서 안티고네의 비극적인 운명은 단순히 아버지의 업보를 이어받은 불행의 결과라기보다 인간 스스로 깨닫기 어려운 무의식적 오이디푸스 갈등의 힘에서 비롯된 결과로 보는 것이 더욱 타당할 것으로 본다.

프로이트가 소포클레스의 비극에서 힌트를 얻어 모든 노이로제의 원인이 오이디푸스 갈등에서 비롯된 것이라 주장하게 되자 스위스의 정신의학자 카를 융은 여성의 경우를 따로 구분해 엘렉트라 콤플렉스라는 용어를 제안했지만, 프로이트는 오이디푸스 갈등의 해결이라는 차원에서 굳이 남녀 구분을 따로 할 필요성을 느끼지 못한다며 그런 주장을 일축했다. 물론 소포클레스는 비극 〈안티고네〉뿐 아니라 〈엘렉트라〉를 쓰기도 했는데, 아버지를 헌신적으로 돌봐주던 안티고네의 비극적인 운명과는 달리 아버지의 복수를 위해 어머니를 살해한 엘렉트라는 그에 상응하는 징벌을 당하지는 않는다.

트로이 전쟁의 영웅 아가멤논의 딸인 엘렉트라는 10년 만에 전장에서 돌아온 아버지가 어머니 클리타임네스트라와 그녀의 정부 아이기스토스에 의해 살해당하자 남동생 오레스테스와 함께 공모해 아버지의 복수를 다짐하고 어머니와 아이기스토스를 죽여 버린다. 따라서 어머니 살해에는 남매가 함께 참여한 것이기 때문에 엘렉트라 콤플렉스를 여성의 심리 현상에만 국한하기에는 무리가 따른다고 할 수 있다.

물론 소포클레스의 〈안티고네〉에는 아버지에 대한 딸의 지극한 사랑이 드러나 있지만, 어머니에 대한 적개심은 분명치가 않다. 또한 〈엘렉트라〉에서도 모친 살해의 문제보다 아버지의 원수를 갚는 딸의 복수가 정당한 행위였음에 더욱 초점을 맞추고 있으며, 모친 살해도 딸이 아니라 아들에 의해 직접 행해진 것으로 다루었다. 다만 소포클레스와는 달리 에우리피데스는 엘렉트라가 직접 어머니를 살해한 것으로 묘사해 복수의 정당성보다 모친 살해의 죄악에 더욱 초점을 맞추었다.

물론 친족 살해나 근친상간은 그 어떤 명분으로도 도저히 용서될 수 없는 죄악이다. 하지만 소포클레스의 비극뿐 아니라 신화 자체가 전하는 메시지는 이 세상에 인간의 능력으로 도저히 극복할 수 없는 불가사의한 힘이 존재한다는 것이며, 그런 힘이 항상 인간의 삶을 위협하고 좌지우지하고 있음을 상기시킨다고 볼 수 있는데, 그런 불가해한 힘의 실체를 밝히기 위해 프로이트의 정신분석도 태어난 것이며, 그런 힘의 실체야말로 다름 아닌 무의식임을 만천하에 밝힌 것이다.

바벨탑의 신화

　구약 창세기 11장의 내용은 인간의 타락과 그에 대한 신의 응징을 전하고 있는데, 대홍수 이후에 노아의 후손들이 여러 부족으로 나뉘고 도시를 세운 것까지는 좋았으나 점차 자만에 빠지기 시작하여 바벨탑을 쌓고 하늘에 도달함으로써 감히 신의 나라까지 정복하고자 했으니 크게 진노한 신이 이를 가만둘 리 없었다. 결국 신이 나서서 인간의 말을 제각기 다른 언어로 바꿔버리는 긴급 조치를 내리게 되면서 언어 소통의 장애로 대혼란에 빠지게 된 바벨탑 공사는 참담한 실패로 돌아가고 말았다. 그 후 바벨은 인간의 탐욕과 그 허망함을 상징하는 동시에 언어적 혼란을 대변하는 말이 되었다.

　창세기에 나오는 가장 중요한 4대 사건으로는 낙원 추방과 카인의 살인, 노아의 대홍수, 그리고 바벨탑 사건을 들 수 있다. 낙원 추방을 통해 인간은 지혜를 얻은 대가로 노동과 출산의 고통을 겪어야 했으며, 그 후 살인과 탐욕 등 도덕적 타락으로 인해 대홍수의 징벌을 받았으나, 다시 교만에 빠진 인간이 바벨탑을 세우기 시작하자 신은 인간의 유일한 소통 수단인 언어를 교란함으로써 인간 사회의 분열을 초래한 것이다.

　바벨탑 신화는 한마디로 말해 언어적 혼란의 기원에 관한 이야기다. 다시 말해서 바벨탑 사건 이전에는 모든 인류가 하나의 공용어를 사용했다는 말인데, 오만방자해진 인간이 하늘에 닿을 수 있는 탑을 쌓기 시작하면서 이에 진노한 신이 그 공사를 방해하기 위해 인간의 언어 소통에 일대 혼란을 일으킨 것이다. 그런 소통의 단절과 혼란으로 인해서 인간은 온갖 반목과 불화에 시달리기 시작했다고 볼 수 있다.

그런데 거대한 바벨탑을 쌓고 감히 신의 영역인 하늘까지 넘본 인간의 만용을 정신분석적으로 보자면, 부모의 침실을 엿보고자 하는 아이의 소망과 매우 흡사하다고 할 수 있다. 프로이트는 그것을 원경(primal scene)이라고 불렀다. 더 나아가 어머니를 독차지한 아버지를 내치고 어머니를 되찾으려는 아들의 반란을 상징한다고 볼 수도 있다. 이처럼 오이디푸스 갈등의 흔적을 엿볼 수 있는 바벨탑 사건은 인간이 성에 눈뜬 결과 낙원에서 추방된 이후 종족 번식을 통해 번성하면서 움트기 시작한 오이디푸스 갈등 문제가 더욱 확대되어 부모의 침실을 차지하려는 만용으로까지 발전한 사건이었다고 할 수 있다.

더욱이 거대한 탑의 존재는 두렵기만 한 아버지의 남근을 능가하는 거대한 성기를 상징한 것으로 볼 수도 있다. 그런 거대한 남근 환상을 통해 감히 아버지의 지배 구조에 반기를 들고자 했던 고대 원시 부족의 원초적 사고 내용을 엿볼 수 있다면 지나친 억측일까. 하지만 문명화가 진행되고 서서히 법과 제도가 완비되면서 그런 원초적 욕망은 철저히 억압되어 무의식 언어 속에 꼼짝없이 갇히고 만 것인데, 프로이트가 나타나 천기를 누설했으니 온 세상이 펄쩍 뛰며 거부 반응을 보인 것이 아닐까 한다.

아버지 롯과 동침한 딸들

　구약 창세기에는 12장에서 50장에 이르기까지 유대인의 시조로 알려진 아브라함과 그의 아들 이삭, 그리고 그들의 후손에 대한 이야기가 상세히 기록되어 있는데, 특히 19장에서 소개하는 아브라함의 조카 롯과 관련한 소돔과 고모라의 이야기는 신이 내린 가장 최초의 불의 심판이라는 점에서 노아의 대홍수와 바벨탑 사건에서 보여준 신의 응징 방식과는 그 차원이 매우 다르다고 할 수 있다. 하지만 불의 심판이든, 물 또는 언어적 혼란의 방식이든 인간의 탐욕과 교만에 대해 구약의 신은 매우 엄격한 잣대로 응징하고 있음을 알 수 있다.

　아브라함의 조카 롯은 사해 동쪽에 위치한 소돔에 정착해 크게 번영하며 부를 누렸으나, 여호와 하나님은 근친상간과 동성애, 심지어 수간 등 성적인 타락이 극심했던 소돔과 고모라를 벌하고자 마음먹고 두 천사를 롯에게 보내 가족과 함께 당장 소돔을 떠나도록 지시했다. 아내와 두 딸을 데리고 황급히 소돔을 떠난 롯은 그렇게 불의 심판에서 무사히 벗어날 수 있었다. 하지만 도시를 벗어날 때 절대로 뒤를 돌아봐서는 안 된다는 여호와의 지시를 어기고 롯의 아내가 호기심을 참지 못하고 불타는 소돔성을 뒤돌아본 순간 그녀는 한순간에 소금 기둥으로 변하고 말았다.

　그런데 롯의 아내가 소금 기둥으로 변한 점도 어찌 보면 매우 의미심장하다고 할 수 있다. 소금은 악귀를 물리치거나 부패를 막아주는 데 유용하다는 점에서, 그리고 소금으로 변한 기둥은 청결하고 순수한 남근을 상징한다는 점에서 신이 내린 일종의 경고성 조형물로 보이기 때문이다. 그런데 더욱 큰 문제가 그 후에 벌어졌다. 졸지에 아내를 잃은 롯은 두 딸과 함께 인근 산에 위치한 굴로 피신해 지냈으나, 인적이 드문 곳에서 마땅한 혼처를 찾을 수 없게 된 두 딸은 상의 끝에 아버지 롯을 술에 취하게 만든 상태로 만들고 동침해 자식을 낳기로 작정한 것이다.

  그렇게 상식적으로 이해하기 힘든 상황에서 롯의 첫째 딸이 낳은 아들 모압은 모압 사람의 조상이 되었고, 둘째 딸이 낳은 아들 벤암미는 암몬 자손의 조상이 되었다고 한다. 하지만 더욱 의아한 점은 이처럼 부녀 사이에 이루어진 근친상간에 대해 여호와는 그 후에도 아무런 입장 표명조차 드러내 보이지 않았다는 것인데, 편애치고는 참으로 괴이한 편애가 아닐 수 없다. 하기야 그토록 수많은 족속 가운데 이스라엘 민족 하나만을 선민으로 택한 여호와였으니 더 이상 할 말은 없다.

아자타샤트루와 아일다의 비극

서역인 카라야사스가 한역한 관무량수경(觀無量壽佛經)에는 고대 인도 북부에 위치한 왕사성에서 벌어진 아자타샤트루의 비행에 관한 불교 설화 내용을 전하고 있는데, 경전의 대부분은 아들에 의해 유폐된 바이데히 부인이 비탄에 빠져 부처님께 구원을 요청하자 그녀의 뜻을 아신 부처가 부인 앞에 나타나 극락정토 왕생을 위한 수행법을 설하신 내용으로 채워져 있다.

기원전 6세기경 고대 인도 북부에는 카필라 왕국과 마가다 왕국이 서로 경쟁 관계에 있었다. 그런데 카필라 왕국의 정반왕과 마가다 왕국의 빔비사라왕 모두 대를 이을 왕손이 없어 노심초사하던 중에 때마침 정반왕의 왕비였던 마야부인이 왕자를 출산했으니, 그 왕자는 후에 출가하여 해탈함으로써 부처가 되었는데 그가 바로 불교를 창시한 석가모니다.

정반왕의 득남 소식에 더욱 초조해진 왕사성의 빔비사라왕은 유명한 점술가들을 불러 자문을 구했는데, 산중에 수도 중인 현자가 곧 입적하게 되면 그가 왕자로 환생하여 태어나게 될 것이라는 답을 얻었다. 왕은 지체 없이 그 현자를 찾아가 언제쯤 그가 죽게 되는지 물어보았지만, 그의 대답은 3년을 더 기다려야 한다는 것이었고 탐욕에 눈이 어두워진 왕은 그렇게 오래 기다릴 순 없다고 여기고 부하를 시켜 그를 살해하고 말

앉다. 현자는 죽어가면서 자신이 왕자로 환생하면 반드시 원수를 갚을 것이라는 저주를 퍼부었다.

그 후 빔비사라왕의 부인 바이데히가 임신을 하게 되었으나 현자의 저주가 마음에 걸린 왕은 아기를 없애기로 결심하고 높은 누각 위에서 출산 후 아기를 땅에 떨어뜨리게 했다. 하지만 아기는 손가락만 부러졌을 뿐 운 좋게 살아남았으며, 아자타샤트루라는 이름으로 아무 탈 없이 무럭무럭 자랐다. 그러던 어느 날 부처와 숙적 관계인 데바닷타가 나타나 왕자의 출생에 관한 비밀을 귀띔해 주며 왕자를 꼬드겼다. 부왕이 자신을 한때 죽이려 했었다는 사실을 알게 된 왕자는 증오심에 사로잡혀 부왕을 옥에 가두고 왕권을 빼앗고 말았다.

한편 바이데히 부인은 아들의 지시를 어기고 몰래 음식을 준비해 옥에 갇힌 왕을 찾아가 위로하며 기운을 차리도록 했는데, 이 사실이 발각되자 화가 머리끝까지 난 아자타샤트루는 어머니를 죽이려 했으나 신하들이 나서서 필사적으로 만류하는 바람에 어머니를 궁궐 깊은 방에 유폐시키도록 했다.

그 후 감옥에서 부왕이 굶어 죽고 아자타샤트루가 몹쓸 악창에 걸리자 당시 명의로 알려진 기바가 왕께 고하기를, 바라나국의 아일다(阿逸多)에 관한 일화를 소개하며 세존께 귀의해서 병을 고칠 것을 권했다고 한다. 왜냐하면 아일다는 아자타샤트루보다 더 지독한 패륜을 저질렀지만, 그런 아일다도 결국은 세존께 나아가 참회하고 구원을 받았기 때문이다. 기바의 설득으로 마침내 불법에 귀의한 아자타샤트루는 마음의 평온을 얻고 악창을 이겨낸 후 어머니와도 화해를 이루었다고 한다.

그렇다면 아일다는 과연 무슨 죄를 저질렀을까. 아일다는 자신의 모친과 정을 통하고 부친을 살해했으며, 나중에는 그 어미가 다른 사내를 넘

본다 하여 어미까지 죽인 아주 몹쓸 패륜아였다. 결국 자신의 죄를 뉘우치고 기원정사를 찾은 그는 비구들마저 자신의 죄상을 알고 받아주지 않자 분을 참지 못하고 사원에 불까지 지르고 사람들을 또 죽이고 말았는데, 그럼에도 세존을 찾아 출가를 허락받고 모든 죄업을 소멸할 수 있었다는 것이다. 만약 프로이트가 이 내용을 들었다면 그는 오이디푸스 대신에 아일다 콤플렉스로 명명했을지도 모르겠다. 오이디푸스 콤플렉스의 핵심은 곧 근친상간과 부친 살해이기 때문이다.

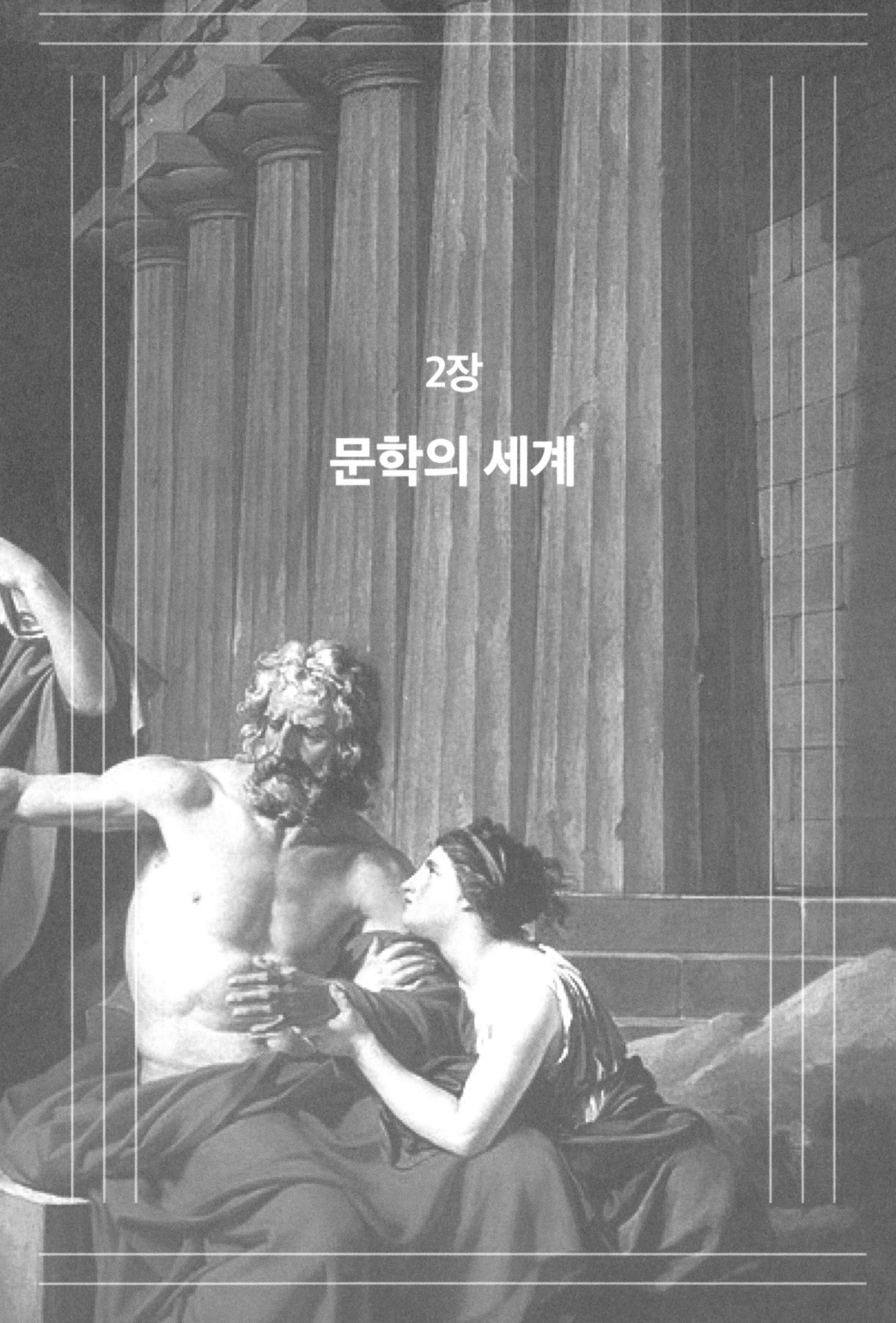

2장
문학의 세계

셰익스피어의 비극

영국의 대문호 윌리엄 셰익스피어(William Shakespear, 1564-1616)는 영국인들이 감히 인도와도 맞바꿀 수 없다고 호언장담할 정도로 영국 문화를 대표하는 국보급 존재다. 그만큼 셰익스피어는 영국의 자부심일 뿐 아니라 문화적 아이콘으로 자리 잡은 지 오래이며, 수백 년의 시대적 간격을 뛰어넘은 오늘날에 와서도 그 인기는 여전해서 전 세계 극장마다 그의 작품들이 끊임없이 공연되고 있으니 실로 경이롭기 그지없다.

그중에서도 특히 4대 비극으로 꼽히는 〈햄릿〉, 〈맥베스〉, 〈오셀로〉, 〈리어왕〉 등은 비극적 상황에 휘말린 인간들의 내면적 동기와 욕망에 초점을 맞춘다는 점에서 단연 돋보이는 걸작들로 주인공들이 보여주는 몹시 이율배반적이고도 모순된 행동의 이면에는 프로이트가 말한 인간의 보편적인 갈등과 무의식적 동기를 엿볼 수 있는 기회를 제공해 주기에 더욱 오랜 생명력을 지니고 있는 게 아닐까 한다.

셰익스피어의 대표작 〈햄릿〉은 처음부터 끝까지 긴박하게 돌아가는 심리적 갈등 상황을 보여주는 걸작 복수극으로, 프로이트는 주인공 햄릿의 강박적인 성격 구조를 토대로 근친상간적 욕망, 부친 살해 욕구, 거세 공포 및 죄의식 등 오이디푸스 갈등 고리의 열쇠를 풀 수 있는 다양한 요인들이 고루 내포되어 있는 것으로 보았다. 특히 부친 살해 욕구와 관련해 프로이트에게 가장 큰 영감을 준 작품으로는 소포클레스의 〈오이디푸스왕〉과 셰익스피어의 〈햄릿〉, 도스토옙스키의 〈카라마조프가의 형제들〉을 들 수 있겠지만, 그중에서도 〈햄릿〉은 강박적인 성격의 무의식적 갈등 배경을 이해하는 데 가장 적절한 작품으로 손꼽힌다.

햄릿의 불행은 "사느냐, 죽느냐, 그것이 문제로다"라는 그의 유명한 독백에서도 보듯이 고질적인 강박적 사고와 우유부단함, 그리고 감정적 교류의 단절에 있다. 따라서 햄릿의 진정한 문제는 감정적 교류에 대한 두려움이라 할 수 있다. 그에게는 사랑을 주고받을 여력이 없으며, 더군다나 사랑은 그에게 금기 사항이었기 때문에 오필리아의 사랑도 받아들일 수 없었다. 왜냐하면 그의 본질적 사랑은 어머니에 대한 사랑이었으며, 그런 원초적 사랑을 앗아 간 부친에 대한 원망과 두려움으로 그는 항상 죄의식에 시달렸기 때문이다. 상황이 그러니 부친을 독살하고 왕권을 찬탈한 삼촌에 대해서도 그는 매우 양가적일 수밖에 없었다.

햄릿의 심적인 동요를 제공한 원인으로 두 가지 요인을 들자면, 우선 그의 거세 공포를 들 수 있다. 그런 두려움 때문에 그는 사악하고 탐욕적인 삼촌을 살해하는 데 실패한다. 삼촌은 햄릿의 부왕을 독살하고 왕위에 올랐을 뿐만 아니라 사랑하는 어머니마저 빼앗아 간 매우 사악한 인물이었으나 삼촌을 상대로 복수하고자 마음먹은 햄릿은 고질적인 망설임과 우유부단함으로 결정적인 순간을 놓치고 만다. 다른 하나는 그 자신이 결코 행동으로 옮길 수 없었던 부친 살해 욕구와 근친상간적 욕구를 과감하게 실천한 삼촌에 대해 그가 과연 징벌을 가할 처지에 있느냐 하는 점이다. 왜냐하면 자기 내면에 은밀히 간직한 내용과 동일한 범죄를 저지른 삼촌이기 때문이다.

결국 이상적인 아버지상과 부정적인 아버지상 사이에서 고민하는 햄릿의 핵심 문제는 자신을 배신한 어머니와 관련된 양가적 감정이라 할 수 있다. 이처럼 해결되지 못한 죄의식과 우울한 감정 때문에 그에게는 오필리아의 사랑을 소화할 여력이 없었으며, 따라서 사랑이란 그에게 대단히 위험하고 믿을 수 없는 그 무엇이었던 셈이다. 또한 그의 거세 공포는 부정적 아버지상을 대표하는 삼촌에 대한 두려움으로도 나타난다. 어쨌든 햄릿은 자기가 쳐 놓은 덫에 스스로 걸려든 나머지 어머니, 삼촌과 함께 비극적인 최후를 맞이한다. 일종의 동반 자살이라고나 할까.

부녀지간의 애증을 다룬 〈리어왕〉은 매우 비장한 느낌의 감동을 주는 걸작이다. 나이가 들어 노쇠해진 리어왕은 자신의 왕위를 물려줄 아들이 없자 결국 국토를 세 딸에게 나누어 분배할 생각으로 자신에 대한 애정이 어느 정도인지 떠보기로 했다. 그런데 장녀와 차녀는 아버지에 대한 애정을 과장되게 부풀려 말함으로써 그에 상응하는 보상을 얻었으나 막내딸 코델리아는 겸손하게 진심을 드러내 보임으로써 오히려 왕의 미움을 사게 되고 결국에는 해외로 추방되고 만다.

국토를 절반씩 나누어 가진 두 딸은 리어왕을 노골적으로 냉대하고 결국 이를 참다못한 왕은 궁을 빠져나와 폭풍우가 몰아치는 황야를 배회하며 불효한 딸들을 저주한다. 아버지의 참상을 전해 들은 코델리아는 아버지를 구하기 위해 군사를 모아 영국으로 진격해 전투를 벌였으나 결국 패배하여 리어왕과 함께 포로로 잡히고, 코델리아는 병사의 손에 살해당하고 만다. 늙고 병든 왕은 죽은 딸의 시체를 부둥켜안고 슬픔에 겨워하다가 결국 숨을 거둔다.

리어왕의 비극은 적절한 힘의 균형이 배제되어 있다는 점에 기인한다. 다시 말해서 어머니와 아들의 존재가 빠져있기 때문이다. 아들이 존재했다면 세 딸에게 국토를 분배할 이유도 없을 것이며, 왕비가 존재했다면 자신의 노후에 대한 걱정도 덜했을 것이다. 그러나 중요한 중심축이 빠지게 되면서 왕의 불안이 더욱 배가되었으며, 그 때문에 판단력에도 혼란이 생긴 것이다.

리어왕은 평소에도 막내딸 코델리아를 가장 귀여워했으며 자신의 여생을 그녀와 함께 지내고 싶다는 소망을 지니고 있었다. 왕비가 없는 대신 코델리아의 시중을 받으며 여생을 편히 보내고 싶다는 꿈이 있었지만, 언니들처럼 입에 발린 소리를 하지 못하는 고지식한 코델리아의 태도에 크게 실망하고 배신감을 느낀 나머지 극언을 서슴지 않은 것이다. 왕의 분노는 상식을 뛰어넘는 수준에 달했는데, 그것은 그만큼 막내딸을 사랑하고 그녀에 대한 기대가 컸기 때문이다.

그런 점에서 인간의 편협한 이기적 욕망 때문에 신의 저주를 받고 낙원에서 추방된 아담처럼 리어왕도 자신의 안락한 성에서 추방된 것이다. 그러나 신의 저주를 받고 광야를 배회하는 오이디푸스에게 그를 돌보는 딸 안티고네가 있었듯이 리어왕에게는 그를 구출하고자 애쓰는 딸 코델리아가 있었다. 오이디푸스 갈등의 구도가 엿보이는 대목이기도 하다. 그런 점에서 리어왕과 코델리아의 비극적 최후는 결국 현세에서 결코 이루어질 수 없는 오이디푸스적 소망이 낳은 비극이었던 셈이다.

이처럼 비극적 결말은 관객들에게 씁쓸한 뒷맛을 남기기 마련이지만 인생의 본질과 실상을 깨우치게 한다는 점에서 더욱 깊은 감동을 선사한다. 셰익스피어는 선과 악의 대결 구도나 단순히 권선징악적 차원에 머물지 않고, 취약한 인간 심성의 비틀린 모습과 갈등 문제를 있는 그대로 다루고 보여준다. 그런 이유로 셰익스피어의 비극은 시대적 한계를 뛰어넘어 지금도 여전히 공연을 계속하고 있는 것이며, 그런 점 때문에 셰익스피어는 영원한 동시대인으로 기억되는지도 모른다.

셰익스피어는 〈당신 뜻대로 하세요〉에서 "모든 세상은 무대요, 모든 남녀는 배우에 지나지 않는다."라고 했다. 우리의 인생은 세상이라는 무대 위에 펼쳐지는 연극이요, 우리는 한낱 배우에 지나지 않는다는 셰익스피어의 명언은 카우치라는 무대 위에 누워 자유 연상을 통한 독백으로 자신의 삶을 회고하고 정리하는 환자들의 모습을 떠올리게 한다. 그런 점에서 프로이트가 셰익스피어의 작품에 더욱 큰 매력을 느꼈는지도 모른다. 그렇게 볼 때 셰익스피어는 무대 위의 독백을 통해, 그리고 프로이트는 무대를 대신한 카우치 위의 자유 연상을 통해 다양한 인간 심리의 진면목을 드러내 보여준 셈이다.

세르반테스의 <돈키호테>

　중세 스페인이 낳은 풍자 문학의 대가로 영국의 셰익스피어와 동시대에 활동한 세르반테스(Miguel de Cervantes Saavedra, 1547-1616)는 마드리드 근교에서 이발사이자 외과 의사의 아들로 태어났지만, 정식 교육은 거의 받지 못하고 컸다. 어머니는 몰락한 귀족 집안의 딸로 돈에 팔려 시집온 여성이었다. 세르반테스의 어린 시절은 거의 알려져 있지 않다. 젊은 시절 그는 스페인 해군에 지원하여 1571년 오토만 제국 함대와 벌인 레판토 해전에서 가슴과 손에 총상을 입는 큰 부상을 당했다. 기적적으로 살아남기는 했으나, 그 후로 평생 왼손을 쓰지 못하는 장애를 입었다. 그는 공교롭게도 셰익스피어가 사망한 같은 날에 마드리드에서 조용히 세상을 떠났는데, 그가 새롭게 창조한 돈키호테라는 인물은 동시대의 셰익스피어가 창조한 우유부단하고 사색적인 햄릿과는 전혀 상반된 매우 저돌적이고도 몽상에 사로잡힌 인간상을 제시한 것이기도 했다.

　본명이 알론소 키하노인 돈키호테는 일종의 백일몽에 사로잡힌 과대망상증 환자다. 그는 현실에서 이루지 못한 자신의 환상을 좇아서 세상을 왜곡하고 행동으로 옮긴다. 그런 점에서 돈키호테의 행동은 매우 유아적인 단계로 퇴행한 상태라 할 수 있다. 그가 이웃에 살던 시골 처녀에게 제멋대로 둘시네아라는 이름을 붙여주고 자신의 수호천사로 상상한 것은 다름 아닌 모성적 보호와 보살핌에 대한 그의 무의식적 소망을 의미한다. 돈키호테는 뚜렷한 목적이나 대상도 없이 무조건 집을 나서 세상의 악을 찾아 물리친다고 하지만, 사실은 그 자신의 무의식적 욕망 자체를 찾아 나선 것으로 볼 수 있다.

돈키호테는 한 여인숙에서 이발사가 사용하는 세숫대야를 황금 투구라고 우기며 소란을 피우기도 했는데, 그것은 작가인 세르반테스 자신의 무의식적 거세 공포를 드러낸 것이라 할 수 있다. 그의 아버지는 이발사인 동시에 외과 의사였기 때문이다. 이발사는 면도칼을 그리고 의사는 수술칼을 사용한다는 점에서 어린 아들의 거세 공포를 더욱 증폭시켰을 것이다. 세숫대야는 그런 칼을 사용할 때 손을 씻는 도구가 아닌가. 세숫대야를 부정한 것은 곧 자신의 거세 공포를 부정한 셈이 된다. 그리고 황금 투구는 아버지의 전유물이자 그의 손이 담기는 세숫대야, 즉 어머니의 성기를 상징하는 것일 수도 있다. 결국 그 누구도 못 말릴 돈키호테의 정벌 욕구는 자신의 거세 공포를 극복하고 오이디푸스적 욕망을 실현하고자 하는 동시에, 그 자신 내부에 자리 잡은 악의 근원을 찾아 분쇄하기 위한 나약한 자아의 끊임없는 시도를 의미한다고 볼 수 있다.

그런 어리석은 주인을 섬기는 시종 산초는 어떻게 보면 돈키호테의 또 다른 분신이기도 하다. 눈에 보이는 것만을 믿는 산초는 비록 그 자신은 세속적인 욕망을 추구하는 현실주의자이지만 현실 감각을 잃고 방황하는 이상주의자 돈키호테로 하여금 현실을 인식하게끔 도와주는 다리 역할을 맡기도 한다. 산초와 돈키호테는 끊임없이 부딪치고 언쟁을 벌이는데, 이들의 언쟁은 곧 돈키호테 자신의 내면에서 이루어지는 이상과 현실 사이에서 빚어지는 갈등적 대립 구도를 상징하는 것이다. 돈키호테가 풍차를 거인이라고 우기면 산초는 그것은 단지 풍차일 뿐이라고 일깨워 준다. 그런 과정이 끊임없이 반복된다. 그 과정에서 적절한 흥정과 타협이 이루어지기도 하지만 결국 돈키호테는 산초의 충고에 따라 자신의 어리석음을 깨닫게 된다.

그러나 뒤늦게 현실로 돌아온 돈키호테는 갈수록 우울증에 빠져들고, 결국 그는 자신이 정의의 기사 돈키호테가 아니라 몰락한 시골 귀족 알론소 키하노임을 인정하며 숨을 거둔다. 개인적으로는 차라리 망상에 빠져있었을 때가 그에게는 행복한 시절이었는지도 모른다. 물론 이상과 망상은 같은 것이 아니다. 하지만 이 두 가지는 항상 현실과 충돌하기 일쑤다. 돈키호테는 현실을 무시하고 자신의 이상을 실현하기 위해 망상을 동원하지만, 그것이 부질없는 일이었음을 깨닫고 결국 초라한 자신의 현실을 받아들인다. 그리고 그에게 돌아온 가혹한 보상, 즉 우울과 죽음을 기꺼이 맞아들인다.

평자들은 돈키호테의 주제를 이상과 현실 사이에서 고뇌하는 보편적 인간 갈등의 표출로 풀이한다. 그리고 돈키호테가 제시하는 특이한 유형의 성격은 현실주의자인 산초 판사의 성격 유형과 대비되기도 한다. 그러나 두 인물은 서로 충돌하고 대립하는 가운데서도 점차 상대방에게 영향을 주기 시작한다는 점에서 일종의 변증법적 구도를 지니고 있기도 하다. 돈키호테는 산초를 통해서 자신의 어리석음을 점차 깨달아 가고, 눈에 보이는 것만 믿으려 하는 산초는 돈키호테의 이상을 동경하게 되기 때문이다. 따라서 〈돈키호테〉가 단순히 봉건주의 잔재인 기사도를 조롱하기 위한 작품만은 아니라는 결론에 이르게 된다.

한편 돈키호테의 수호천사 둘시네아는 소설 속에 한 번도 등장하지 않는데, 그것은 그녀의 존재가 실제 인물이 아니라 단지 상상 속의 여인이기 때문이다. 이처럼 구원의 이상형으로 다가온 둘시네아는 돈키호테의 상징적인 어머니이자, 금지된 연인이기도 하다. 따라서 구원의 여인상 둘시네아가 실제 인물로 등장하지 않는 것은 지극히 당연한 결과라 하겠다. 그것은 현실 속에서 이루어질 수 없는 상상 속의 관계이기 때문이다. 분석적으로 말하자면 그것은 내적 대상 이미지와의 관계인 동시에 금지된 오이디푸스적 관계를 의미하기 때문이다.

그가 거인으로 착각한 풍차를 공격하기 위해 돌진하는 모습은 자신의 경쟁자인 아버지를 향해 공격하는 동시에 어머니를 향한 남근적 공격을 의미하기도 한다. 또한 갑옷으로 중무장하고 창과 방패를 든 돈키호테의 모습은 비록 겉으로는 남성다움을 과시하고 있지만, 내면적으로는 자신의 정신적 신체적 나약성을 갑옷 속에 감추는 동시에 자신의 무의식적 욕망에 대한 방어로 가득 차 있음을 여지없이 드러낸다. 오스트리아 출신의 분석가 빌헬름 라이히는 성격 무장이라는 용어를 사용하여 인간의 성격 특성도 심리적 방어의 형태로 이용될 수 있음을 주장했는데, 그것은 일종의 심리적 갑옷으로 무장함으로써 자신의 내적 균형을 유지하고자 하는 현상을 가리킨 것이다.

여기서 창은 남근을 상징하며 방패는 남근의 공격을 부정하는 방어적 태도를 의미한다고 볼 수 있다. 돈키호테가 풍차를 공격하려다 때마침 불어 닥친 강풍 때문에 뜻을 이루지 못한 것은 그 강풍이 바로 그의 초자아를 상징하기 때문이다. 따라서 초자아의 방해로 그의 공격은 번번이 실패할 수밖에 없다. 더욱이 그가 지닌 창은 중세 기사들이 사용하던 매우 긴 창이다. 아버지의 남근을 압도하고도 남을 만큼 거대한 남근을 소유하고픈 무의식적 환상을 드러내는 것이다.

주인과 함께 나동그라진 말 로시난테 역시 성적인 좌절을 상징한다.

말라비틀어진 초라한 말의 모습은 돈키호테 자신의 성적인 무력감을 의미한다. 또한 풍차는 밀을 빻는 방앗간의 상징이며 영원히 멈출 수 없는 성의 보금자리이기도 하다. 과거 시골의 젊은 남녀들이 밀회 장소로 방앗간을 즐겨 찾은 것도 찧고 빻는 방아가 성을 상징하기 때문이다. 국창 박동진 옹의 방아타령이 청중을 배꼽 잡게 만드는 대목 가운데 '방아 중에 가장 좋은 방아는 가죽방아여'라는 내용이 있다. 따라서 풍차는 영원히 돌고 도는 요술 맷돌처럼 멈추지 않고 계속 돌아가는 성의 상징이 되기에 충분한 것이다.

이처럼 돈키호테 이미지를 대표하는 갑옷 그리고 창과 방패, 둘시네아와 노쇠한 말 로시난테, 풍차 등은 돈키호테 자신의 무의식적 소망, 즉 모성적 보살핌에 대한 갈망 및 성적인 갈등, 나르시시즘적 분노와 좌절, 오이디푸스 갈등과 그로 인한 죄의식 등 실로 다양한 내적 현상의 표출로 간주된다. 따라서 둘시네아는 단순히 성적인 호기심의 대상에 머문 존재가 아니라 돈키호테의 이상적인 여인상이자 우상이기도 하다. 그가 바라는 여성은 부드럽고 정숙한 귀부인이요 요조숙녀였다. 그는 자신의 우상이 깨지는 것을 원치 않았지만 죽음이 임박하자 어쩔 수 없이 예전의 알론소 키하노로 돌아가고 숨을 거둔다. 그동안 자신이 추구했던 우상들이 부질없는 망상이었음을 깨닫는 순간, 그는 자신의 죽음을 기꺼이 맞아들인다. 죽음만이 모든 진실을 밝히는 순간임을 입증이라도 하듯이 말이다.

물론 그가 들려주는 이 기묘한 이야기는 단지 웃음과 즐거움을 선사하기 위한 것만은 결코 아니다. 이상과 현실 사이에서 좌절하고 분노하는 주인공의 고뇌와 갈등을 우화적인 형태를 빌어 묘사한 것이기는 하지만, 그토록 우스꽝스러운 행태를 통하여 세르반테스는 그 자신의 개인적 갈등을 드러내는 동시에 또한 적절한 승화를 시도한 것이기도 하다. 유머는 승화와 더불어 가장 성숙한 방어 기제에 속한다. 그러나 역설적이게도 돈키호테의 이야기는 솔직히 말해서 매우 가슴 아픈 이야기다. 그리고 그와 비슷한 어리석음과 회한, 이상에 대한 추구와 좌절, 근원적인 공허함과 소외감을 우리 자신도 반복하며 살아가고 있다는 점에서 돈키호테의 모습은 결코 우리와 동떨어진 존재가 아님이 분명해진다. 그런 이유로 돈키호테는 지금까지도 여전히 많은 사람의 사랑을 받고 있는지도 모른다.

괴테의 <젊은 베르테르의 슬픔>

독일이 자랑하는 대문호 괴테(Johann Wolfgang von Goethe, 1749-1832)는 <젊은 베르테르의 슬픔>, <빌헬름 마이스터의 수업시대>, <파우스트> 등 독일 낭만주의 문학을 대표하는 걸작들을 남겼을 뿐만 아니라 색채론과 식물학 등 자연과학에 대해서도 깊은 조예를 지녔던 다재다능한 천재였으며, 정치가로 명성을 누린 행운아이기도 했다.

괴테의 나이 불과 25세 때 발표한 소설 <젊은 베르테르의 슬픔>은 주인공 베르테르를 모방한 젊은이들의 자살이 줄을 이을 만큼 엄청난 사회적 파장을 불러일으키며 괴테의 이름을 전 유럽에 떨치도록 만들었다. 그렇게 해서 그는 세계 최초의 베스트셀러 작가가 된 셈이다. 그런데 주인공 베르테르가 그토록 간절히 원하던 롯테는 지적인 매력과 강한 모성애적 따스함을 겸비한 여성으로, 괴테는 자신의 오이디푸스 갈등을 주인공 베르테르를 통해 드러낸 것으로 볼 수 있다. 따라서 롯테는 어머니를 대리한 여성이며, 그녀를 차지한 알베르트는 아버지를 상징한다. 이룰 수 없는 사랑에 절망한 베르테르가 자살에 이용한 권총은 알베르트에게서 빌린 것으로 상징적으로는 아버지에게서 빌린 남근을 뜻하며 그것으로 그는 금지된 사랑을 어겼다는 죄의식 때문에 스스로를 징벌함으로써 자신의 거세 공포에서도 벗어난다. 물론 이 소설은 괴테 자신이 젊은 시절에 실제로 겪었던 샬로테 부프와의 연애 실패담을 토대로 쓴 것으로 당시 그는 이미 약혼자가 있는 처녀를 사랑하다 거절당한 아픔을 겪었는데, 당연히 그것은 이루어질 수 없는 사랑이었다.

하지만 괴테의 애정 편력은 그것이 전부가 아니다. 바이마르 시절 궁정관의 부인 샬로테 폰 슈타인은 괴테에게는 어머니를 대신할 수 있는 유일한 정신적 인도자였다. 그는 그녀에게 무려 1,500통에 달하는 편지를 보낼 정도로 슈타인 부인을 이상적 존재로 삼고 숭배했다. 물론 그녀는 괴테에게 호감을 지니고 있었지만, 자신에게 뜨거운 열정과 헌신을 보이는 괴테에게 그 어떤 선을 넘지 않도록 자제심을 촉구하기도 했다. 적어도 그녀는 미덕에 기초한 승화의 개념을 괴테에게 가르친 셈이다.

어쨌든 베르테르로 하여금 자살에 이르게 만들었던 롯테의 원형은 사실상 샬로테 폰 슈타인 부인과 샬로테 부프였으며, 이들 두 샬로테는 곧 어머니의 상징적 대리인이었던 셈이다. 샬로테와 롯테는 발음도 비슷하지 않은가. 이처럼 괴테가 벌인 숱한 애정 편력을 살펴보면 현실적으로 이룰 수 없는 삼각관계에 빠진 경우가 많았는데, 친구의 약혼녀나 이미 결혼한 유부녀처럼 접근 자체가 어려운 상대이거나 아니면 오히려 자신보다 신분이 매우 낮은 여관집 딸들이 주된 상대들이었다. 물론 그것은 은밀한 접근이 불허된 자신의 어머니에 대한 무의식적 소망과 더불어 오이디푸스 삼각관계에서 빚어진 갈등의 연장처럼 보이기도 한다.

괴테는 나이 40에 뒤늦게 크리스티아네 불피우스와 동거를 시작해 자식들까지 낳고 살았지만, 정식 결혼을 한 상태는 아니었다. 그렇게 18년간 동거 생활을 유지하던 괴테는 1806년 나폴레옹 군대가 침입하자 그때 비로소 결혼식을 치르고 합법적인 부부가 되었는데, 당시 그의 나이 57세였다. 물론 괴테가 그동안 동거 생활을 고집한 것은 인습에 얽매이지 않는 그의 자유분방한 기질 탓도 있었겠지만, 다른 무엇보다 그 자신의 무의식적 갈등이 더욱 큰 영향을 준 것으로 보이기도 한다.

왜냐하면 그의 어머니는 아들의 결혼식을 보고 나서 겨우 안심한 듯 2년 뒤인 1808년에 77세를 일기로 세상을 떴는데, 그동안 괴테가 결혼을 미룬 것은 어머니 앞에서 다른 여성과 결혼식을 치른다는 사실을 그녀에 대한 일종의 배덕 행위로 여겼기 때문이었기 쉽다. 그만큼 어머니의 존재는 그에게 성모 마리아에 우선하는 신성한 여성 원리의 상징이기도 했던 것이다. 하지만 어머니의 여명이 얼마 남지 않았음을 깨닫고 그녀에 대한 마지막 도리로 서둘러 결혼식을 치른 것으로 보인다.

아내가 1816년 먼저 세상을 떠난 후에도 계속해서 끓어오르는 열정을 도저히 삭힐 수가 없었던 괴테는 73세 때 자신보다 55년이나 연하인 당시 18세의 울리케 폰 레베초프와 사랑에 빠져 결혼하고자 했으나 그녀의 어머니가 한사코 반대하는 바람에 그 뜻을 이루지 못하고 한동안 실의에 빠졌다가 그 후 다시 폴란드의 피아니스트 마리아 지마노프스카와 열애에 빠졌으니 그의 정력은 정말 끝없이 샘솟는 용광로에 비유할 수 있겠다. 이처럼 뜨거운 열정을 주체할 수 없었던 괴테는 결국 바이마르에서 82세를 일기로 세상을 떠났다.

괴테의 작품에 나오는 여주인공들이 모두 십 대 소녀인 점을 감안한다면 그는 순결한 상태의 어머니 모습을 가장 이상적인 형태의 여성상으로 마음속에 간직하고 있었던 것으로 보인다. 그리고 그런 무의식적 환상은 꿈의 형태가 아니라 작품의 형태를 통해 형상화되어 나타난 것으로 볼 수 있다. 그런 점에서 "영원히 여성적인 것이야말로 우리를 끌어올린다."라는 〈파우스트〉의 구절은 괴테의 여성 지향적 태도를 한마디로 대변하는 것으로 괴테의 삶을 지배한 가장 중요한 좌우명이었던 셈이다. 그런 점에서 그 누구도 넘볼 수 없는 무의식적 욕망을 성취하기 위해 악마의 힘을 빌려서라도 그런 무제한의 능력에 도달하고자 했던 파우스트 박사는 바로 괴테 자신이라 할 수 있으며, 마지막에 그레첸의 구원을 받고 천국에 들어가는 모습은 결국 남성적 원리의 독주와 횡포에 맞서는 여성적 원리의 위대함을 드러내는 동시에 완전한 인간 사회를 이루기 위해서는 이 두 가지 원리가 조화를 이루어야 함을 강조하는 것처럼 보인다. 물론 이런 사상은 음양의 조화를 강조하는 동양 사상과도 일맥상통하는 측면이 있다고 하겠다.

따라서 그것은 질풍노도와 같은 괴테 자신의 청소년기적 갈등과 방황의 종식을 뜻하는 것이다. 이처럼 남성 원리로 대변되는 아버지를 극복하고 여성 원리의 상징인 어머니를 지향하는 태도는 물론 보편적인 현상이기도 하지만, 특히 괴테에게는 북독일 혈통의 아버지가 지닌 지적이고 도덕적인 엄격성과 남독일의 자유분방한 예술적 감수성을 지닌 어머니 사이에 마주치는 상반된 특성들이야말로 주된 갈등의 핵심이 되었던 것이다. 그의 대표작 〈파우스트〉는 결국 그런 양극성의 조화로 마무리된 것이 아니라 여성 원리의 승리에 대한 찬가로 끝을 맺는다.

고골리의 <코>

러시아의 소설가 고골리(Nikolai Gogol, 1809-1852)는 푸시킨과 더불어 근대 러시아 문학의 효시로 불린다. 도스토옙스키가 "우리 모두는 그의 <외투>에서 나왔다."라고 말할 정도로 고골리의 문체와 스타일은 후대의 러시아 작가들에게 지대한 영향을 끼쳤으며, 고골리 이전의 러시아 문학은 사실 매우 보잘것없었다. 고골리의 대표작은 소설 <외투>, <대장 불리바>, <광인일기>, 희곡 <검찰관> 등을 꼽지만, 그중에서도 초기작에 속하는 아주 짧은 희화적 단편 <코>는 웃음 속에 깃든 통렬한 비판과 조소가 고골리다운 특징을 아주 잘 드러낸 작품이다.

소설 <코>의 무대는 제정 러시아의 수도 상트페테르부르크다. 무식하고 더러운 주정뱅이 이발사 이반 야코블레비치는 어느 날 아침에 일어나 식사를 하려고 빵을 자르는 순간, 구운 빵 속에서 사람의 코를 발견하고 아연실색한다. 그 코는 다름 아닌 자신의 단골손님인 관리 코발료프의 것임에 틀림없었다. 곤경에 빠진 그는 그 코를 네바강에 몰래 버리기로 작정하고 다리 위를 얼쩡거리다 그의 행동을 수상히 여긴 경찰의 심문을 받는다. 한편 코발료프는 아침에 눈을 뜬 순간, 거울에 비친 자신의 얼굴을 보고 기절초풍한다. 얼굴 한가운데 당연히 붙어있어야 할 코가 감쪽같이 사라진 것이다. 갈팡질팡하던 그는 우연히 자신의 코가 관리 복장으로 거리를 돌아다니는 모습을 목격하고 그 뒤를 추적하다 그만 놓쳐버리고 만다.

낙심한 코발료프가 풀이 죽어 집에 돌아오자 한 경찰관이 찾아와 혹시 코를 잃어버린 것이 아닌지 묻고는 종이에 싼 코를 그에게 내밀었다. 기적적으로 코를 되찾은 것이다. 그러나 기쁨도 잠시였다. 코를 제자리에 붙일 일이 문제였던 것이다. 의사를 찾았지만 별다른 방법이 없었다. 그러던 어느 날 아침, 잠에서 깨어난 코발료프가 거울을 보니 그 말썽 많던 코가 어느 틈에 제자리에 붙어있지 않은가. 기쁨에 겨운 나머지 코발료프는 자신의 자랑스러운 코를 사람들에게 과시하기 위해 거리로 나가 여기저기를 쏘다녔으며, 장안에는 그런 소문이 파다하게 퍼져 큰 화젯거리가 되었다.

코 큰 남자는 물건도 크다는 것이 오랜 세월 정설로 믿어져 왔다. 그래서 코에 관한 음담패설도 무척 많다. 동서고금을 불문하고 남성의 코는 남근의 상징적인 대리물로 사용되어 왔는데, 코가 큰 남성에 대한 여성들의 기대 심리 또한 은유적으로 자주 등장하는 모티브가 되어 왔다. 특히 농경 사회인 우리나라에서는 남근의 상징으로 방아에 비유된 것은 잘 알려져 있다. 반면에 절구는 여성 성기의 상징으로 애용되었다. 서양 민담이나 우화에서도 코는 자주 등장한다. 피노키오의 코도 말썽을 부리며 자란다. 시라노 백작의 큰 코는 여성들에게 항상 인기였다. 매력 없이 휘어진 매부리코는 항상 혐오스러운 유대인의 상징이었다. 그래서 남근의 상징인 빗자루에 올라타고 하늘을 날아다니는 마귀할멈의 코는 항상 매부리코로 묘사되었다.

우리나라의 옛 관습법에 '코문이'라는 것이 있었는데, 이는 거세를 대신한 형벌로 바람피운 남편에 대해 본처로 하여금 코를 물어뜯게 했던 일종의 상징적 징벌 행위였던 셈이다. 이런 코문이가 발전해서 성범죄를 저지른 사람에 대해 성기를 자르는 대신 코를 자르게 하는 괄비형(刮鼻刑)으로 성문화된 것이다. 심청전에도 나오는 '뺑덕어멈, 코 큰 총각 떡 사 준다'라는 대목 역시 코와 성기의 등식화를 나타낸 표현으로 볼 수 있다. 이처럼 코는 사람들로부터 사랑과 미움의 대상이 되어왔다. 우리말에도 콧대가 세다거나 코가 석 자나 빠졌다는 표현에서 알 수 있듯이 코는 권위와 자존심을 나타내는 신체 기관이다. 또한 '코 크다고 얻은 서방이 고자', '코 크고 실속 없다' 등의 우리 속담에서도 보듯이 오래전부터 코가 남근의 상징이 되어 왔음을 알 수 있다. 정신분석적 경험에 의해서도 수많은 환자의 꿈 내용에 나타나는 코의 상징적 의미가 남근과 관련된 경우가 많은 것이 사실이다.

사라진 코에 관한 희화적인 사건의 전개는 그 이면에 놓인 불안과 공포를 희석시키는 동시에 은폐하는 역할도 맡고 있다. 우선 소설의 첫 장면은 무지한 이발사가 아침 식사를 막 시작하려는 순간, 맛있게 구운 빵 속에서 우연히 사람의 코를 발견하는 희극적인 대목으로 묘사된다. 더군다나 이발사라는 직업은 사람들로 하여금 항상 거세 공포를 자극할 수 있는 소지가 다분히 있는 직업이다. 특히 면도를 할 때는 대개의 남성이 긴장과 불안을 경험한다. 혹시 이발사가 면도 중에 실수라도 하면 어쩌나 하는 불안 심리가 작동하기 마련이다. 왜냐하면 이발사는 칼을 들고 다가서기 때문이다.

특히 비누 거품을 칠한 후에 뜨거운 물수건으로 덮기 마련인데, 숨 쉬기 위한 코만 남기고 모두 덮어버리기 때문에 이발사에게 노출된 부분은 코밖에 없게 된다. 채플린의 영화 〈독재자〉는 빠른 템포로 연주되는 브람스의 헝가리 무곡에 맞추어 신나게 칼을 갈고 면도하는 유대인 이발사의 모습을 재치 있게 묘사하기도 했지만, 그런 희극적인 장면에 관객들은 폭소를 터뜨리는 가운데 자신들의 잠재된 거세 공포를 잠시나마 잊기 마련이다.

　속물적인 관료 코발료프는 평소에 거드름을 부리며 힘없는 서민들 위에 군림하던 인물이지만, 고골리는 그런 속물근성에 대한 복수로 그의 남근 대신 코를 베어버림으로써 혼을 내주고 싶은 자신의 욕망을 작품 속에서 실현했다. 한번 혼쭐이 난 이후 코발료프는 일단 코를 되찾고 나서부터 상당히 명랑한 사람으로 변모했다는 점이 작품 속에서도 입증되었다. 신체 부위 중에서 코는 그 사람의 자존심을 유지하는 중요한 지표가 된다는 점에서 작가의 선택은 참으로 탁월하다.

　'콧대가 세다'는 말처럼 코는 힘을 상징한다. 그 힘은 권력뿐 아니라 성적인 능력도 포함된다. 코발료프가 자신의 당당한 코를 되찾은 후 거리에서 만난 남자의 코가 그 사람 옷에 달린 단추보다 작은 것을 비웃듯 바라보는 모습은 코의 크기를 비교하며 자신의 우월감을 확인하는 장면이다. 그것은 마치 소년들이 함께 소변을 보며 누구 물건이 더 큰가 또는 누가 멀리 오줌 줄기를 보낼 수 있나 내기 시합을 하는 모습과 흡사하다.

　프로이트는 자신이 분석했던 한 환자의 코에 대한 집착의 예를 들면서, 코가 페티시즘(fetishism)의 대상이 될 수 있음을 언급하고 이러한 경우 특별히 개인적으로 변형된 의미를 지닌 남근을 상징한다고 했다. 달리 말해서, 남근을 지닌 어머니의 존재를 계속 인정하고 싶은 욕구와 여성의 성기를 직접 목격함으로써 야기된 거세 공포로부터 자신을 보호하기 위한 자구책으로 페티시즘을 선택하게 된다는 것이다. 즉, 페티시즘은 그 자체가 거세 위협에 대한 승리의 표시인 동시에 그런 위협으로부터 보호해 주는 역할을 한다는 주장이다.

프로이트는 〈메두사의 머리〉에서도 거세 공포를 언급한 적이 있는데, 무시무시한 뱀들로 뒤덮인 머리의 형상 자체가 남근을 상징한다고 볼 수 있으며, 그 모습을 본 남성들이 공포에 사로잡혀 돌처럼 굳어버리는 현상 자체가 거세를 연상시키기 때문이라는 것이다. 하지만 고골리가 프로이트가 태어나기도 전에 활동했던 인물이었다는 점을 감안한다면, 그가 코의 상징적 의미를 의도적으로 의식해서 소설을 쓴 것은 아니라고 추정된다. 고골리 자신도 거세 공포라는 용어는 들어보지도 못했을 것이다. 어쨌든 소설 〈코〉가 일종의 해프닝으로 끝나버릴 수도 있는 일종의 웃기는 가십거리에 지나지 않는 이야기임에도 불구하고 오늘날에 이르기까지 많은 독자에게 인기를 끌고 있는 이유는 코에 담긴 상징적 의미 때문이 아니겠는가. 문제는 있을 수 없는 일이 실제로 일어났다는 데 있는 것이다.

어느 날 갑자기 떨어져 나간 코가 주인이 영문도 모르는 상태에서 다시 제자리에 붙게 되기까지 벌어진 소동의 배경은 곧 남근이 잘려 나갈지도 모른다는 잠재적인 거세 불안을 상징적으로 나타낸 것으로 보인다. 실제로 러시아의 동화나 전설에 코가 몸통에서 떨어져 나와 여기저기를 방황한다는 내용이 특히 많았다고 하며, 심지어 자신의 성기를 자르는 극단적인 행위를 통해 죄 사함을 얻고 회개하는 종교적 의식으로 악명을 떨쳤던 기독교 교파가 한때 러시아에서 유행한 적도 있었는데, 이는 결국 집단적 거세 공포 심리를 반영한 것이기 쉽다. 특히 가부장적 권위주의가 지배적이었던 제정 러시아 시대는 잔혹한 고문과 형벌로도 유명했으니 그런 시대적 배경이 사람들로 하여금 잠재된 거세 공포를 더욱 두렵게 만드는 요인이 되었을 수도 있다. 결국 거세 공포는 근친상간적 욕망에 대한 금지와 그에 대한 형벌 및 보복에 대한 두려움과 연결되는 것으로 그런 불안이 남근에서 코로 전이되어 형상화된 대표적인 예가 고골의 소설 〈코〉라고 해도 과언이 아닐 것이다.

　사라진 코에 관한 소설뿐 아니라 사라진 외투를 애타게 찾으며 거리를 헤매다 숨진 가난한 하급 관리의 비극적인 모습을 다룬 소설 〈외투〉를 남긴 고골리는 평생 결혼도 하지 않고 독신으로 지내며 영혼의 경건함과 정화를 위해 정진하는 가운데 성지 예루살렘을 방문하기도 했으나, 말년에 이르러서는 극심한 우울증과 죄의식에 사로잡힌 나머지 모든 음식을 일체 거부하며 굶은 상태에서 마지막 유작 〈죽은 혼〉의 원고를 불태운 직후 42세 나이로 아깝게 숨을 거두고 말았다.

위고의 <노트르담의 꼽추>

　19세기를 대표하는 프랑스의 대문호 빅토르 위고(Victor Hugo, 1802-1885)의 소설 <노트르담의 꼽추>는 그의 나이 29세 때 발표한 소설로 초기작에 속한다. 위고는 노트르담 성당의 벽에 새겨진 '숙명'이라는 낙서를 보고 영감을 받아 이 소설을 쓴 것으로 알려지기도 했지만 사실 여부는 알 수가 없다.

　노트르담 대성당의 종치기로 일하는 꼽추 콰지모도는 프롤로 신부가 길에 버려진 기형아를 주워 데려다 기른 일종의 괴물 인간으로 그 모습이 꼽추에다 애꾸눈으로 흉측한 데다 듣지도 말하지도 못하는 절름발이 장애자라 사람들의 놀림감이 되곤 하지만, 심성만은 착하기 그지없다. 그런 콰지모도는 자신을 키워준 냉담하기 그지없는 프롤로 신부를 몹시 두려워해서 아버지처럼 떠받들며 절대복종하며 지낸다.

　그러던 어느 날 거리에 아름다운 집시 여인 에스메랄다가 나타나 춤을 추고 마술을 보여주는 등 뭇 사내들의 마음을 사로잡으면서 비극은 시작된다. 은밀히 그녀를 탐내게 된 프롤로 신부는 왕궁 근위대 장교 페뷔스에게 이미 마음을 빼앗긴 에스메랄다를 질투한 나머지 페뷔스를 등 뒤에서 칼로 찌르고 달아난다. 그 죄를 억울하게 대신 뒤집어쓴 에스메랄다는 교수형에 처해질 운명에 처하지만, 콰지모도가 나타나 그녀를 구출해 대성당 안으로 안전하게 피신시킨다. 당시 교회는 신성불가침의 성역으로 간주되어 그 어떤 범죄자도 일단 그 안에 들어가면 전혀 손을 쓸 수가 없었다.

이렇게 해서 한 집시 댄서를 가운데 두고 성직자 프롤로와 군인 페뷔스, 그리고 떠돌이 시인 피에르와 꼽추 콰지모도 사이에 사랑을 독차지하기 위한 싸움이 치열하게 벌어진다. 하지만 결국 자신을 끝내 받아들이지 않는 에스메랄다에 악의를 품은 프롤로 신부는 대성당을 공격하며 그녀의 반환을 요구하는 폭도들에게 에스메랄다를 내주고 그녀의 교수형 집행 장면을 멀리서 지켜보며 미소를 머금는다. 이에 분격한 콰지모도는 프롤로 신부를 대성당 아래로 떨어트려 죽이고 어디론가 사라진다. 그 이후로 그의 모습을 본 사람은 아무도 없다.

세월이 흐른 뒤에 공동묘지에서 에스메랄다의 무덤을 파헤친 일단의 사람들이 그 안에서 또 다른 시신을 발견했는데, 그것은 목이 부러진 그녀의 해골을 포옹하고 있는 등이 굽은 해골의 잔해로 사람들이 둘 사이를 억지로 떼어놓자 이미 삭아버린 뼈는 먼지로 화하고 말았다. 사람들은 그것이 사라진 콰지모도의 잔해일 것으로 믿었다.

소설의 주인공 콰지모도는 사람들이 괴물처럼 생긴 바보라고 놀려대도 결코 화를 내는 법이 없는 순진한 인간이다. 그러나 그는 자신에게 친절을 베푸는 사람에 대한 고마움만은 잊지 않는 순수한 영혼의 소유자이기도 하다. 그가 숭배하는 유일한 인물은 프롤로 신부와 에스메랄다지만 프롤로가 그녀를 배신한 사실을 알고 콰지모도는 아버지와도 같은 존재인 프롤로 신부를 살해하고 만다.

여기서 우리는 이상적인 구원의 여인상 어머니를 사모하고 그녀를 권위적이고 지배적인 아버지의 폭압에서 구하는 동시에 그녀의 희생을 막기 위해 애쓰는 어린 아들의 무의식적 구원 환상과 유사한 동기를 읽어 낼 수 있다. 듣지도 말하지도 못하는 어리석은 콰지모도는 덩치가 크고 힘만 셀 뿐이지 심리적으로는 모든 면에 미숙한 어린아이와 같은 존재다. 반면에 높은 직책에 온갖 지식으로 무장된 권력자 프롤로 신부는 탐욕과 욕정에 물든 위선적인 아버지를 대변한다.

이처럼 절대적인 권력을 행사하는 영적인 지배자에 대해 절대복종하면서 두려움에 떨기만 하던 아들이 갑자기 변하게 된 계기는 그동안 겪어 보지 못했던 모성적인 사랑의 체험이었을 것이다. 자신이 광장에서 채찍을 맞는 형벌에 처해졌을 때 모든 구경꾼이 웃고 떠들며 자신을 비웃었지만 그런 군중을 헤치고 나서서 아무 말 없이 물 한 잔을 마시게 해 준 유일한 사람이 바로 에스메랄다였지 않은가.

그렇게 따스한 모정의 발견과 체험이야말로 콰지모도를 전혀 다른 인간으로 변모하게 만든 셈이다. 이처럼 원초적 형태의 사랑에 눈이 뜬 콰지모도는 목숨을 바쳐 자신의 상징적 어머니를 보호하고 구원하고자 모든 것을 바친다. 그에게 그토록 지고지순한 존재로 자리 잡게 된 그녀를 비정하게 사지로 내몰고도 태연할 수 있는 그런 이중적인 아버지에 대한 아들의 징벌은 당연한 수순이었다. 어쨌든 이 소설이 전하는 메시지는 잔인하고 위선적인 아버지의 손길에서 불쌍한 어머니를 구해내고 아버지를 끝내 처단하고 마는 순진무구한 아들의 무의식적 환상을 드러낸 것으로 볼 수 있다.

샬롯 브론테의 <제인 에어>

　19세기 영국 문학을 대표하는 브론테 자매 가운데 가장 맏언니로 소설 <제인 에어>로 유명한 샬롯 브론테(Charlotte Brontë, 1816-1855)는 아일랜드 출신 성공회 목사의 딸로 태어났으나, 어머니가 막내딸 앤을 낳은 직후 젊은 나이로 세상을 뜨는 바람에 엄마 없이 자란 자매들은 오로지 독서에 파묻혀 제각기 상상의 나래를 펴는 가운데 글쓰기를 통해 위안을 얻고자 했다. 그런 배경에 힘입어 작가로 데뷔한 샬롯 브론테는 두 여동생 에밀리 브론테, 앤 브론테와 더불어 영국 문학사에서 유일하게 세 자매가 나란히 어깨를 겨루는 유명 작가의 반열에 올라 오늘날에 이르기까지 많은 독자의 사랑을 받고 있는 여성이다.
　그런데 어머니의 죽음에 뒤이어 그 후 계속해서 집안의 유일한 아들 브랜웰과 두 여동생 에밀리, 앤마저 연이어 결핵으로 세상을 떠나자 모든 형제를 잃고 오직 늙은 아버지와 더불어 홀로 남은 샬롯은 상실의 아픔과 외로움에 힘겨워하면서도 오로지 아버지 곁에 머물러 있기를 원했다. 그런 소망은 끝까지 아버지 곁을 지키며 돌봤던 안티고네의 모습을 연상시킨다. 물론 그녀는 7년 후에 아버지 밑에서 부목사로 일하던 아서 니콜스와 결혼해 아버지 곁을 떠나긴 했으나 임신 중에 폐결핵으로 아기와 함께 세상을 뜨고 말았다.

샬롯 브론테의 대표작 〈제인 에어〉는 크게 보아 다섯 부분으로 나뉜다. 불행한 아동기, 기숙학교의 시련기, 로체스터 경과의 인연, 정신적 방황과 젊은 목사와의 만남, 에드워드 로체스터와의 재회 등이다. 일찍 어머니를 여의고 냉담한 이모의 보살핌을 받으며 컸던 샬롯 브론테는 자신의 어두운 아동기 경험을 소설에서는 다소 과장되고 극적인 모습으로 묘사했다. 그것은 자신이 다녔던 학교를 모델 삼아 묘사한 로우드 기숙학교 역시 마찬가지다.

부모를 모두 잃고 고아가 된 후 혹독한 시련 속에서도 품위를 잃지 않고 참는 법을 배운 제인 에어는 가정교사가 되어 손필드 장원에 취업해 들어간다. 그곳에서 그녀는 집주인 에드워드 로체스터를 만나 그를 사모하게 되고 결국 결혼 직전까지 가지만 예기치 못한 사건으로 그 집을 떠난다. 그가 그동안 정신 이상인 부인을 골방에 숨겨둔 사실을 알게 된 제인은 양심의 가책을 받아 결국 결혼을 포기하고 야반도주한다.

자포자기 심정에서 여기저기를 배회하던 그녀는 기진한 상태로 쓰러진 상태에서 젊은 목사 센트 존 리버스의 도움으로 기력을 되찾지만, 자신과 결혼하여 인도로 함께 가자는 그의 청혼에 잠시 망설인다. 인도로 떠나기 전에 마지막으로 한번 에드워드를 만나기 위해 손필드를 다시 찾은 제인은 잿더미로 화한 모습에 놀라고 장님이 된 그의 모습에 다시 놀란다. 제인이 떠난 뒤 정신 발작을 일으킨 부인이 집에 불을 지르고 뛰어내려 죽었으며, 에드워드는 부인을 구하려다 부상을 입고 장님이 된 것이다. 마치 이오카스테를 잃고 장님이 된 오이디푸스처럼 말이다. 하지만 소설은 해피엔딩으로 끝난다. 제인과 결혼 후 어느 정도 시력을 회복한 에드워드는 결국 자신의 첫아들을 알아볼 수 있는 기쁨을 얻게 되었기 때문이다.

제인은 결국 자신보다 20년이나 연상인 그를 돌보며 평생을 함께하기로 작심한다. 이는 마치 아버지에 대한 샬롯 자신의 오이디푸스적 욕망을 실현한 것처럼 보이기도 한다. 실제로 샬롯은 잠시나마 기혼자를 사랑하다 실패한 경험이 있었는데, 그것은 유부남을 사랑한 제인 에어의 모습으로 나타난다. 아내를 잃고 불구가 된 에드워드 곁에 머물기로 결심한 제인처럼 샬롯 역시 아내와 자식들을 줄줄이 잃고 홀로 남은 늙은 아버지 곁에 계속 남아 돌보기를 원했지만, 아버지와 똑같은 직업을 지닌 목사 니콜스와의 결혼은 결국 그녀의 죽음을 재촉하는 결과를 낳고 말았다. 불행에 익숙한 그녀에게 행복은 일종의 사치였는지도 모른다.

보들레르의 <악의 꽃>

　19세기 프랑스의 상징주의 시인 보들레르(Charles Pierre Baudelaire, 1821-1867)는 대표작 〈악의 꽃〉으로 유명하지만, 이 작품은 동시대에 가장 퇴폐적이고도 외설적인 작품으로 간주되어 풍기 문란 혐의로 고소까지 당하는 수모를 겪어야 했다. 비록 그는 고답적인 예술 지상주의에 대한 반동으로 태어난 상징주의의 대표적인 시인으로 명성이 자자했으나 그의 삶 자체는 건전한 삶과는 거리가 먼 매우 불안정하고 좌충우돌하는 나날의 연속이었을 뿐이다.

　환속한 사제 출신 화가의 아들로 파리에서 태어난 그는 6세 때 아버지를 잃고 유산을 물려받았는데, 어머니가 곧바로 군인과 재혼하는 바람에 그 후 유산 관리를 포함해 돈 문제로 보들레르와 어머니는 두고두고 복잡한 관계를 이어나갔다. 학교에 들어간 보들레르는 학업에는 관심이 없고 오로지 문학에만 몰두했는데, 성적 때문에 항상 계부와 마찰을 일으켰다. 따라서 그의 학창 시절은 게으름과 반항심에 젖어 보내기 일쑤였는데, 결국에는 선생의 지시에 불복하다가 퇴학을 당하고 말았다. 계부의 강요로 마지못해 법대에 들어갔으나 이미 작가가 되기로 결심한 그는 학업을 등지고 방탕한 생활로 일관했다.

　대학에 들어가기 이전에 이미 사창가를 드나들기 시작한 그는 사팔뜨기 유대인 창녀 사라와 관계를 맺고 성병에 걸렸으며, 돈 낭비가 심해 큰 빚을 져서 어머니의 속을 태웠다. 참다못한 계부는 마침내 그를 사창가에서 떼어놓기 위해 인도로 여행을 보내기도 했지만, 도중에 돌아오고 말았다. 성인이 되자 그는 상당량의 토지를 상속받았으나 그것도 불과 2년 만에 대부분 탕진해 버렸다. 결국 가족들은 고심 끝에 금치산 선고를 받게 해서 법정 후견인으로부터 정기적으로 연금을 받도록 하는 조치를 내릴 수밖에 없었다.

하지만 보들레르의 일탈적인 삶의 행각은 바뀌지 않았다. 그는 한술 더 떠서 아이티 출신 창녀의 딸인 흑백 혼혈 여성 잔 뒤발과 오랜 동거에 들어감으로써 어머니와 최악의 관계로 치달았는데, 어머니가 보기에 그녀의 존재는 오로지 뒤에서 아들을 부추겨 돈이나 뜯어내는 사악한 마녀일 뿐이었다. 실제로 보들레르는 온종일 빈둥거리면서 수시로 어머니를 찾아가 돈을 요구하기 일쑤였다. 항상 빚에 쪼들렸던 그는 불확실한 자신의 미래에 절망한 나머지 자살까지 시도하며 어머니의 도움을 요청했지만, 어머니는 매정하게 모른 체했다.

이처럼 극심한 정서적 불안정에 시달리는 가운데 완성한 시집 〈악의 꽃〉은 1857년에 출판되었는데, 전편에 흐르는 섹스와 죽음, 동성애, 우울한 파리의 모습 등은 보들레르 자신의 불완전하고 혼란스러운 심리 상태를 그대로 드러내고 있어 당시 비평가들로부터 조소의 대상이 되었다. 심지어 불건전하고 타락한 작품으로 간주되어 법원에 고소를 당하기까지 했다. 다행히 벌금형으로 마무리되긴 했지만, 그에게 무죄 판결이 난 것은 그가 죽은 지 무려 80년이 지난 1949년의 일이었다.

잔 뒤발은 〈악의 꽃〉이 세상에 나온 이듬해에 뇌졸중으로 반신불수가 되었다. 보들레르는 한동안 그녀를 헌신적으로 돌봤지만, 그 후 그녀의 다른 애인이 한집에 동거하게 되자 참을 수 없는 굴욕감과 배신감, 자존심의 상처를 입고 결국 그녀의 곁을 떠났다. 더욱이 매독의 재발까지 겹친 그는 절망적인 상황에서 자살 충동까지 느끼는 자포자기 상태에 빠진 나머지 모든 창작 의욕마저 잃고 말았다.

40대에 접어들어 고질적인 아편 중독과 성병, 중풍으로 건강이 더욱 악화된 그는 수족 마비와 실어증에 우울증까지 겹쳐 수시로 자살 충동에 휘말렸으며, 여전히 빚에 쪼들리며 살았다. 그런 아들을 보다 못한 어머니는 마침내 자신과 함께 지내도록 허락했으나, 그는 요양 생활을 마치고 파리로 돌아온 직후 46세 나이로 생을 마감했다. 결국 그의 마지막 의지처는 어머니였으며, 죽기 직전에 가서야 비로소 그녀의 품으로 다시 돌아올 수 있었으니 그러기까지 너무도 먼 길을 돌아온 셈이었다. 참으로 기구한 운명의 시인이라 할 수 있다.

이처럼 보들레르는 일생을 두고 어머니의 속을 썩였지만, 그런 일탈 행위조차도 어머니의 관심을 끝없이 이끌고자 했던 무의식적 동기에서 비롯된 결과일 가능성이 높다. 어머니의 냉담한 반응에도 불구하고 그가 계속해서 어머니의 존재가 자신의 전부인 것으로 고백했다는 사실을 통해서도 알 수 있듯이, 끊임없이 어머니의 사랑을 구걸하는 동시에 다른 한편으로는 그녀로부터 버림받지 않을까 하는 두려움을 지니고 있었음을 알 수 있다. 물론 이들 모자 관계를 계속 이어주는 가장 중요한 매개자는 심리적 탯줄인 동시에 돈이었다.

정신분석에서 말하는 요구-공포 딜레마(need-fear dilemma) 현상은 엄마의 사랑을 간절히 원하는 아기가 엄마에게 다가가기를 바라지만 정작 그녀가 다가오면 거절이나 버림을 받지나 않을까 하는 두려움에 사로잡히는 이율배반적인 상황을 가리키는 것으로, 보들레르 역시 그와 유사한 모습을 보였다고 할 수 있다. 더욱이 프로이트가 말한 마돈나 콤플렉스처럼 성스러운 이상적 존재인 어머니 대신 창녀와 같은 천한 신분의 여성을 선택한 점도 결국은 어머니에게 선뜻 다가서지 못하는 두려움의 결과로 볼 수 있다. 그런 점에서 창녀의 딸이며 흑백 혼혈 여성인 잔 뒤발의 존재는 그에게 있어서 어머니를 대신할 수 있는 상징적 대리인인 동시에, 죄의식과는 무관하게 안심하고 잠자리를 나눌 수 있는 상대였다고 할 수 있다.

도스토옙스키의 〈카라마조프가의 형제들〉

　19세기 러시아 문학을 대표하는 소설가 도스토옙스키(Fyodor Dostoyevsky, 1821-1881)는 세계 문학사에 빛나는 수많은 걸작 소설을 남긴 대문호로, 그의 심오하고도 치열한 정신세계는 세계 문학을 통틀어 그 유례를 찾아보기 어려울 정도다. 그러나 모순과 고뇌에 가득 찬 인간 심리의 실상을 보여주는 그의 작품 세계는 전적으로 도스토옙스키 자신의 내면적 모순에 근거한 것이기도 했다. 일찍이 프로이트는 부친 살해와 결부시켜 도스토옙스키의 소설 〈카라마조프가의 형제들〉을 논하기도 했지만, 도스토옙스키만큼 인간의 내면적 모순과 갈등을 있는 그대로 솔직히 드러내고 묘사한 작가는 그리 흔치 않다는 점에서 우리는 작가 자신의 이중적인 모순에서 비롯된 삶의 고통을 더욱 실감 나게 느낄 수 있게 된다.
　그를 칭하여 성자에서부터 악의 화신에 이르기까지 전혀 상반된 평가가 이루어지는 이유도 선과 악의 모든 영역을 두루 섭렵했던 그의 치열하고도 처절한 삶의 체험을 바탕으로 세계 문학사상 그 유례가 없을 정도의 가장 심오한 예술적 걸작들을 낳았기 때문 아니겠는가. 그런 점에서 도스토옙스키의 위대성은 인간 심리의 비합리성과 이중성을 간파하고 자신의 작품을 통해 형상화했다는 점에 있다고 할 수 있으며, 더 나아가 그는 인간 무의식의 밑바닥까지 몸소 체험한 매우 희귀한 경우에 속하는 작가로, 복잡다단한 인간 심리에 통달했던 가장 최초의 심리 소설의 대가였다고 해도 과언이 아닐 것이다.

도스토옙스키의 고뇌와 갈등은 주로 그 자신의 모순적 이중성에서 비롯된 것이다. 그에게는 웃음이나 유머 감각이 부족했으며 늘 우울하고 고독했다. 그는 특히 외로움을 견디지 못한 사람이었다. 따라서 그에게는 항상 곁에서 자신을 돌봐줄 사람이 필요했는데, 이는 일찍 어머니가 세상을 떠난 탓일 수 있다. 또한 난폭하기 그지없는 주정뱅이 아버지에 대한 분노와 적개심도 그를 우울하게 만든 원인이 될 수도 있다.

그는 16세 때 어머니를 잃고, 18세가 되어 공병 학교에 다니고 있을 무렵 아버지가 농노들에게 살해당했으며, 43세에는 첫 아내 마리아와 형 미하일을 모두 잃어야 했는데, 그렇게 연이은 상실의 결과로 누군가에게 의지하지 않으면 홀로서기가 매우 어려웠던 인물이기도 했다. 특히 부모를 잃고 난 이후 그는 전적으로 형에게 의지했으며, 독립적인 판단을 거의 하지 못하는 성품인 데다 항상 도박에 빠져 빚에 쪼들려 살면서 형에게 돈을 구걸하기 일쑤였다. 설상가상으로 시도 때도 없이 의식을 잃고 쓰러지는 간질병은 그에게 더욱 큰 좌절과 열등감을 심어주었으며, 그런 이유로 타인의 보살핌이 없으면 몹시 불안해하는 인물이었다.

이처럼 60년에 걸친 생애를 통하여 도스토옙스키는 그 자신이 스스로 해결하지 못했던 개인적인 화두들, 다시 말해서 살인과 도박, 간질과 상실의 문제를 상대로 치열한 투쟁을 벌여나간 인물이었음을 알 수 있다. 물론 그는 기독교 신앙을 통하여 자신의 모든 인간적 모순들을 극복하고자 했지만 완전한 해답을 얻은 것은 아니었다. 〈카라마조프가의 형제들〉에 나오는 대심문관의 전설이 그런 해답의 실마리가 된다고 할 수도 있겠으나 결국 소설은 미완으로 끝나고 말았다.

도스토옙스키의 거의 모든 작품에는 살인의 주제가 나온다. 〈죄와 벌〉의 라스콜니코프가 저지른 전당포 노파의 살해, 〈카라마조프가의 형제들〉에서 음탕하고 포악한 아버지 표도르를 살해한 사생아 아들의 살인사건, 〈악령〉 및 〈백치〉의 살인사건 등이 그렇다. 그리고 그런 일련의 사건을 통해 그는 인간의 가장 원초적이면서 극단적인 형태의 악을 증언한다. 그는 악의 심연을 스스로 체험하고 바라볼 수 있었다는 점에서 인간 무의식의 존재를 알고 있었던 것으로 보이며, 따라서 도스토옙스키를 고전적인 의미의 심리 분석가였다고 평하는 사람도 있을 정도다. 왜냐하면 도스토옙스키만큼 친족 살해에 대해 철저한 탐구를 시도한 작가는 전무후무하기 때문이다.

그런 점에서 〈카라마조프가의 형제들〉에 등장하는 네 아들, 드미트리와 이반, 알료샤, 그리고 사생아 스메르쟈코프 등은 모두 도스토옙스키 자신의 분신들이라 할 수 있다. 그중에서도 특히 장남 드미트리와 차남 이반은 비록 방탕한 아버지를 직접 살해한 범인은 아니라 하더라도 적어도 마음속으로는 부친 살해 의도를 지니고 있었다는 점에서 전적으로 결백하다고 보기 어렵다.

더욱이 드미트리는 한 여인을 사이에 두고 아버지와 치열한 경합을 벌였으며, 입버릇처럼 아버지를 죽여 버리겠다고 공언했으니 그것은 마치 어머니를 두고 아버지와 경쟁하는 아들의 모습을 연상시키기에 족하다. 신앙심이 돈독한 알료샤 입장에서 보자면 그렇게 입버릇처럼 아버지를 죽이겠다고 큰소리친 드미트리는 직접 살인을 저지른 것이나 진배없을 것이다. 왜냐하면 예수 그리스도 말씀에 마음속으로 간음한 자는 이미 간음한 것이나 다를 바 없다고 하셨으니 살인 역시 마찬가지 아니겠는

가. 그런 점에서 예수의 말씀은 프로이트의 무의식 이론보다 몇 배나 무서운 폭탄선언이 아닐 수 없다.

매우 지적인 무신론자 이반도 드미트리와 크게 다르지 않다. 아버지를 몹시 증오한 그는 "신이 존재하지 않으면 인육조차도 먹을 수 있을 정도로 모든 것이 허용된다."라는 말로 무지몽매한 간질병 환자 스메르쟈코프를 은근히 충동질했으니 말이다. 결국 스메르쟈코프는 자신의 비열한 아버지 표도르를 무참하게 살해하고 자살해 버린다. 그런 점에서 은근히 살인을 교사한 이반은 매우 사악한 선동꾼이라 할 수 있다.

이처럼 부친 살해를 중심으로 숨 막히게 전개되는 내용이었으니 프로이트의 구미에 딱 어울리는 주제가 될 수밖에 없었다. 그런 이유로 프로이트는 〈카라마조프가의 형제들〉에만 관심을 기울이고 살인의 주제로 가장 심각하고도 긴장감 도는 심리 소설의 전형이라 할 수 있는 〈죄와 벌〉에는 별다른 주목을 기울이지 않았는데, 악덕 수전노인 전당포 노파를 살해한 후, 처벌에 대한 두려움과 죄의식에 사로잡힌 라스콜니코프가 결국 창녀 소냐를 통해 진정한 사랑에 눈뜨고 그녀로부터 구원을 얻는다는 설정 자체가 모친 살해의 주제를 암시한다는 점에서 의도적으로 무관심했을 수 있다.

하지만 대상관계 측면에서 보자면, 살해된 노파는 내면에 간직된 나쁜 어머니상을, 그리고 수호천사로 등장한 소냐는 성녀와 같은 이상적인 어머니를 상징한 것일 수 있다. 또는 금지된 근친상간적 욕구의 대상인 모친을 제거하고 그 대신 접근이 용이한 창녀를 내세워 대리적 만족을 구한 것일 수도 있다. 그리고 이 모든 복잡한 욕구와 환상을 행동으로 옮긴 것에 대한 죄의식과 두려움에 대한 타협의 산물로 스스로 자수하여 머나먼 유형의 길을 떠나는 설정이 나온 것일 수 있다.

어떻게 보면 도스토옙스키는 사랑과 미움에 대한 그 어떤 확신도 없었던 것처럼 보이기도 하는데, 그런 불확실성에서 벗어날 수 있는 유일한 해결책은 무조건 믿는 것이었다. 따라서 구원에 대한 갈망은 도스토옙스키를 사로잡은 가장 중요한 화두가 되어버렸다. 세속적인 모든 가치관에서 그 어떤 해결책도 찾지 못한 그는 어쩌면 자신의 내면에 악의 뿌리가 만연해 있음을 감지하고 있었는지도 모른다. 그것은 오늘날 우리가 무의식적 욕망과 환상이라고 지칭하는 세계이기도 하다.

그는 그토록 위험한 세계에 너무 가까이 접근해 간 탓에 스스로 고통받는 희생양이 되고 말았지만, 오늘날에 이르러서까지 무의식적 욕망에 굴복하는 것이 인간의 취약한 자아 구조 때문이 아니라 마귀의 장난에 의한 것으로 믿는 사람들이 더 많은 것도 사실이다. 결국 악의 뿌리에 대해 누구보다 철저히 탐색해 나갔던 도스토옙스키는 신의 구원에 마지막 희망을 걸 수밖에 없었다. 더군다나 적절한 치료 방법이 없었던 당시로서는 간질병 발작은 일종의 신이 내린 저주에 가까운 것이었다. 그런 시대를 살았던 인물이었으니 육체적으로나 정신적으로 자신에게 내려진 형벌에서 벗어나 신에게서 구원받는다는 문제가 남달리 절실했을 것이다.

물론 그는 젊은 시절 한때나마 사회주의 사상에 몰입함으로써 세상의 일대 변혁을 꿈꾸었던 적도 있기는 했다. 하지만 그 업보로 사형 선고를 받고 처형 직전에까지 몰렸다가 황제의 특사로 간신히 죽음을 모면하고 난 이후 시베리아 유형을 다녀오면서 그는 요즘 말로 전향자가 된 것이다. 물론 그런 심경의 변화에는 죽음의 문턱까지 갔다가 기적적으로 회생한 후 옴스크 요새에 수년간 있으면서 접했던 신약 성서가 큰 몫을 했다. 당시 그가 볼 수 있도록 허용되었던 유일한 책은 성서밖에 없었기 때문이다. 그러나 성서를 탐독하면서 그는 비로소 러시아 민중의 진정한 힘을 깨닫게 되었으며, 그 어떤 고통과 비극에 처하더라도 기독교 신앙의 힘으로 살아남을 수 있었던 민중의 숭고함을 이해하게 된 것이다.

그는 사회주의 사상이 전적으로 허무주의에 입각한 것이라는 점을 깨닫게 되었으며, 결국 인간의 근본이 이성적이지 못한 현실에서 모든 것을 이성적으로 해결하고 이상 사회를 이룩한다는 것은 거대한 착각이라는 결론에 도달했다. 따라서 그는 신이 창조한 이 세상과 인간의 삶에 그 어떤 의미가 있을 것이라는 믿음을 강조하고 그것에서 해답을 찾으려 했던 것이다.

결국 그는 소설 〈악령〉에서 무신론적 공산주의 혁명 사상을 악으로 간주하고, 마치 성서에 나오는 악령에 씐 돼지 무리가 물속에 뛰어들어 익사하는 장면을 연상시키듯, 그러한 악마적인 사상에 이끌린 자들이 결국 어떤 파멸을 맞이하는지 경고하고 있다. 종교를 인민의 아편으로 간주했던 소련 당국에서 이 소설을 금서 목록에 올린 것은 어쩌면 당연한 결과였다.

그의 마지막 유작이 된 〈카라마조프가의 형제들〉에서 그는 현실적인 모순과 고통을 외면한 천국의 도래에 대한 회의와 신이 창조한 세계의 모순과 불합리를 무신론자 이반의 입을 통해 역설하는가 하면, 숭고한 영혼의 소유자인 알료샤를 통해 신의 최종적인 승리를 선언하기도 한다. 하지만 그가 진정으로 구원을 바란 신앙은 어디까지나 희랍 정교였지 로마가톨릭은 아니었다. 다만 그 믿음이 지나쳐 러시아야말로 신이 만든 국가이며 인류 역사에서 메시아적인 역할을 할 수 있는 유일한 국가인 듯이 말했다는 점이 가장 큰 오점으로 지적되기도 한다.

그럼에도 불구하고 그의 위대성과 비범함이 돋보이는 것은 그가 제시한 해결책에 있는 것이 아니라 프로이트 이전에 이미 인간 심리의 근저에 우리가 상식적으로 이해할 수 없는 반도덕적 욕망과 환상의 세계가 분명히 존재함을 생생한 묘사로 증언했다는 점에 있다. 그런 점에서 도스토옙스키는 진정한 의미의 자유 연상에 가까운 심리 소설을 기록으로 남긴 최초의 인물이었다고 해도 과언이 아닐 것이다. 비록 그 자신은 모순투성이의 삶을 살았지만, 그가 보여준 세계는 인간 심리의 불완전성뿐 아니라 보편적인 악의 근원이라 할 수 있으며, 그런 점에서 그가 일생 동안 매달렸던 작업은 자신의 내면에 자리 잡은 악마적인 속성을 극복하기 위한 구도의 과정인 동시에 불완전한 인간 심리의 내막을 증언하는 용기 있는 고백이기도 했다.

플로베르와 모파상

19세기 프랑스 사실주의 문학을 대표하는 작가 플로베르(Gustave Flaubert, 1821-1880)는 그와 동시대에 활동한 자연주의 문학의 대가 모파상(Guy de Maupassant, 1850-1893)의 문학적 스승으로도 알려져 있다. 그런 점에서 결혼의 비극적인 행태를 묘사한 플로베르의 〈보바리 부인〉이나 모파상의 〈여자의 일생〉은 결혼을 매우 염세적이고 회의적인 시각에서 다루었다는 점에서 같은 연장선상에 놓인 작품이라 할 수 있다. 더군다나 스승인 플로베르와 제자인 모파상 두 사람 모두 독신으로 살았으며, 공교롭게도 당시로서는 불치병에 속하던 매독에 걸려 죽었으니 한 배를 탄 동지나 다름없는 기묘한 인연을 맺은 사이이기도 하다.

플로베르와 모파상은 두 사람 모두 어머니의 각별한 사랑과 지원에 힘입어 작가의 길로 들어섰는데, 특히 모파상은 플로베르와 어릴 적부터 단짝이었던 어머니의 소개로 플로베르에게서 문학 수업을 받음으로써 작가로서의 필력을 쌓아 나갔다. 그럼에도 불구하고 플로베르와 모파상이 죽을 때까지 결혼을 거부하고 사창가를 드나들며 매독에 감염되어 고생을 자초한 것은 이상적인 구원의 여인상으로 여긴 어머니에 대한 경외심으로 인해 정상적인 이성 관계를 회피했을 가능성이 높아 보인다.

프로이트는 그런 경우를 마돈나-창녀 콤플렉스(Madonna-whore

complex)라고 지칭했는데, 어머니를 성스러운 성모 마리아처럼 떠받드는 남자는 무의식적으로 자신의 아내나 연인을 어머니의 상징적 대리인으로 여긴 나머지 성적인 접근을 회피하기 쉬우며, 그런 두려움 때문에 별다른 죄의식이 요구되지 않는 창녀를 선택하게 되는 경우를 말한다. 따라서 정숙한 여인과 불가능하던 성관계도 창녀들과는 정상적으로 이루어진다는 아이러니가 발생하는 것이다.

플로베르는 자신이 결혼하지 않는 이유가 자식 낳기를 원하지 않기 때문이라고 말하기도 했지만, 자신의 불치병을 후손에게 물려줄지 모른다는 현실적인 두려움뿐만 아니라 무의식적인 오이디푸스 갈등 또한 보이지 않는 원인으로 작용했을 것으로 보인다. 글을 쓸 때 적절한 단어 하나를 찾기 위해 오랜 시간을 허비할 정도로 완벽주의 성향이 매우 강했던 강박적 성격의 소유자로 군더더기 없이 간결한 문체를 자랑하던 그가 도덕적으로 불결한 성병에 걸려 고생했다는 사실이 매우 아이러니한 일이 아닐 수 없다. 더욱이 그의 아버지는 평생 외과용 칼을 사용하는 의사였기에 거세 공포를 더욱 조장하기 쉬웠을 것이며, 이상적인 어머니를 소유할 수 없는 대신에 죄책감을 일으킬 염려가 없는 창녀들과의 관계를 통해 대리만족을 얻을 수 있었던 게 아닐까 한다.

한편 플로베르의 제자였던 모파상은 일찌감치 아버지와 결별한 어머니에게 전적으로 의지해 성장했는데, 그런 배경 때문인지 그는 결혼이란 낮에는 온갖 악감정의 교환이요, 밤에는 악취의 교환만이 난무하는 지옥과도 같은 삶으로 비아냥대기도 했다. 하지만 넘쳐흐르는 정력을 주체하지 못한 그는 정상적인 결혼을 거부한 채 사창가를 드나들며 병적으로 과도한 성생활에 집착함으로써 자신의 생명을 스스로 단축하고 말았다. 더욱이 세상에 대한 환멸로 가득 찼던 그는 방탕한 성생활에 과로까지 겹쳐 극심한 우울증에 빠졌으며, 이미 20대 후반부터 매독에 걸려 이상 징후를 느끼기 시작했다. 말년에 이르러 더욱 고립되고 염세적으로 흘러 자살 충동에 시달린 끝에 칼로 목을 그어 자살을 시도하면서 정신병원에 입원한 후 그곳에서 43세라는 젊은 나이로 세상을 뜨고 말았다.

릴케와 루 살로메

　제1차 세계대전을 통해 인간성 상실의 시대를 맞이하여 순수한 영혼의 회복을 추구한 구도자적 자세로 수많은 주옥같은 시들을 남김으로써 20세기가 낳은 독일어권 최고의 시인으로 꼽히는 라이너 마리아 릴케(Rainer Maria Rilke, 1875-1926)는 오스트리아-헝가리 제국에 속했던 프라하에서 태어나 어려서부터 매우 불행한 시절을 보내야 했다. 왜냐하면 그의 부모는 사이가 좋지 못했으며, 게다가 어머니는 어린 릴케를 마치 딸처럼 키웠기 때문이다. 어린 아들에게 여자 옷을 입히고 딸처럼 대한 어머니의 이상한 행동은 그 후 릴케의 지극히 내성적이고 여성적인 성격 형성에 결정적인 영향을 끼친 것으로 보인다.

　어머니가 그런 행동을 보인 이유는 태어나자마자 죽은 딸의 모습을 잊지 못해 그랬던 것으로 그녀는 마치 어린 릴케가 이미 죽고 없는 딸인 것처럼 행동하고 대했던 것이다. 그것은 곧 딸의 죽음을 부정하는 태도로 아들을 통해 딸의 모습을 바라봄으로써 대리적 만족을 구한 것으로 볼 수 있다. 릴케가 9세 때 부모는 헤어지고 말았는데, 그 후 릴케는 군인 출신인 아버지의 뜻에 따라 군사 학교에 보내져 교육을 받았지만 허약한 체질로 버티지 못하고 도중에 학업을 포기하고 말았다. 짐작건대 너무나 숫기가 없고 계집애 같아서 남성다움을 키워주기 위해 그랬던 것 같다.

하지만 이미 여성화한 릴케는 아버지의 남성성을 동일시할 기회마저 잃었기 때문에 매우 상처받기 쉬운 유약한 심성의 남자가 되고 말았다.

결국 릴케는 문학과 철학을 공부하며 작가가 되기로 결심했다. 그런 그에게 갑자기 눈앞에 나타난 루 살로메의 존재는 마치 이상적인 어머니의 모습으로 다가왔는데, 마치 무엇에 홀린 듯 릴케는 그녀에게 정신없이 빨려들고 말았다. 22세 때 뮌헨에서 루 살로메를 처음 만난 이후 사랑에 빠진 그는 마침내 그녀와 함께 두 차례에 걸쳐 러시아 여행을 떠나게 되었다. 이미 그녀는 결혼한 몸인데도 말이다.

러시아 출신의 루 살로메는 지성과 미모를 자랑하며 서구 지식인 사회에서 숱한 스캔들을 일으킨 장본인이었지만, 이미 그녀에게 깊이 빠져든 릴케에게는 구원의 여인상이자 사랑하는 연인이요 동시에 상징적인 어머니이기도 했다. 실제로 릴케보다 14년이나 연상이었던 루 살로메는 마치 어머니처럼 행동했으며, 라이너라는 이름도 그녀가 붙여준 것이었다. 원래 어려서부터 어머니가 부르던 그의 이름은 르네였지만, 루 살로메는 그 이름이 너무 여성적이고 연약해 보인다면서 보다 남성적이고도 독일식으로 들리는 라이너로 바꿀 것을 요구한 것인데, 릴케는 새로운 엄마의 요구를 순순히 받아들였다.

하지만 단둘이 떠난 마지막 러시아 여행은 릴케에게 쓰라린 아픔과 좌절만 남기고 끝나 버렸다. 어린애처럼 매달리는 릴케에게 루 살로메가 지겨움을 느낀 것이다. 결국 릴케는 변덕이 죽 끓듯 하는 루 살로메에게 버림을 받은 셈이다. 그럼에도 두 사람은 계속해서 서신 교류를 나누었으며, 루 살로메는 프로이트를 통해 얻은 정신분석적 지식을 릴케와 공유하기도 했다.

루 살로메와 헤어진 후 릴케는 독일 보르스프베데에 있는 예술인촌에 머물며 조각가 클라라 베스토프를 만나 결혼해서 딸까지 낳았지만, 그 결혼은 그다지 행복하지 못했다. 릴케는 곧바로 가족을 떠나 파리로 가서 조각가 로댕의 조수로 일하면서 사물을 관찰하는 법을 배웠으며, 이 시기에 〈기도 시집〉, 〈형상 시집〉 등을 출간했다. 오랜 기간 따로 떨어져 살면서 제각기 독립된 예술 활동을 벌이던 이들 부부는 서로 이혼에 합의하고도 공식적으로 이혼까지 하지는 않았는데, 그것은 가톨릭 교리에 위배된다는 릴케 자신의 소신 때문이었다.

물론 이들의 별거 이유는 정확히 밝혀진 바 없지만, 원래 성적인 면에 자신이 없었던 릴케 자신의 소심한 성격 탓일 수도 있다. 그는 많은 여성과 교류하기도 했으나 그것은 어디까지나 우정의 차원이었지 성적인 관계는 아니었다. 성에 대해 남다른 두려움과 열등감을 지녔던 릴케였으니 당연한 결과라 하겠다. 그는 자신의 남근에 대한 자부심을 지니기 어려웠는데, 어려서부터 어머니가 딸처럼 키웠으니 성적인 측면에서도 정체성 혼란을 느낄 수밖에 없었을 것이다.

물론 어떤 이들은 릴케의 시에 종교적 심오함과 경건함을 심어준 장본인이 바로 루 살로메였다고 주장하기도 한다. 하지만 그것이 루 살로메의 신앙심을 전제로 한 말이라면 잘못된 주장이기 쉽다. 왜냐하면 그녀는 신앙의 세계를 이미 떠난 여성이었기 때문이다. 따라서 그들의 지적인 밀월여행은 서로 다른 동상이몽으로 인해 결별의 수순을 밟을 수밖에 없었을 것이다. 끝없는 자극을 원하는 루 살로메와 무한대의 모성적인 자양분을 원하는 릴케였다는 점에서 더욱 그렇다. 릴케는 원래 뜨거운 열정을 지닌 시인이라기보다는 어둡고 조용한 구도자에 가까운 인물이었기 때문이다. 시간이 흐를수록 루 살로메에게는 그런 상징적 아들의 존재가 답답하고 귀찮기만 했을 뿐이다. 그녀에게 아들은 불필요한 존재였으며, 실제로 아들을 낳아 기르지도 않았다. 그들은 그렇게 해서 헤어진 것이다.

러시아 태생의 귀족 출신 루 살로메(Lou Andreas-Salomé, 1861-1937)는 빼어난 미모와 지성으로 숱한 지식인들을 매료시키며 한 시대를 풍미했던 여성으로, 특히 철학자 니체와 파울 레, 시인 릴케, 그리고 정신분석가 프로이트 등 당대 최고의 지식인들과 교류하며 그들에게 지대한 영향을 끼친 것으로 알려졌다. 하지만 니체의 청혼을 거절함으로써 니체로 하여금 자살을 생각할 정도로 한동안 극심한 우울증에 빠지게 했던 장본인이며, 실제로 그녀 때문에 철학자 파울 레, 정신분석가 타우스크 등이 자살해 버림으로써 그녀가 살던 괴팅겐에서는 남자를 잡아먹는 불길한 마녀라는 소문마저 나돌기까지 했다.

원래 그녀는 제정 러시아 상트페테르부르크에서 백계 러시아 귀족 가문의 5남 1녀 중 막내로 태어났다. 그녀의 아버지 살로메 장군은 인간적인 품위와 교양을 지녔던 사람으로 가정에서뿐 아니라 사회적으로도 존경을 받은 인물이었다. 그는 특별히 외동딸인 루 살로메를 극진히 사랑했으나, 자신의 아내를 자극하지 않기 위해 세심한 신경을 쓰기도 했다. 그녀의 어린 시절은 귀족 가문의 외동딸답게 마치 공주처럼 대우받으며 귀하게 자랐는데, 특히 아버지의 사랑을 독차지하면서 세상의 모든 남성을 자신의 아버지와 비교하는 버릇이 몸에 배게 되었다.

하지만 사랑하던 아버지가 병석에 눕게 되면서 그녀의 정신적 방황이 시작되었다고 볼 수 있는데, 당시 17세였던 그녀는 상트페테르부르크의 귀족 사회 여성들로부터 선망의 대상이었던 잘생기고 지적인 목사 헨드릭 길로트와 스캔들을 일으켜 이에 기겁한 어머니는 둘 사이를 떼어놓기 위해 그녀를 스위스로 유학을 보내 버렸다.

　꽃다운 나이 21세에 루 살로메는 이탈리아 여행 중에 젊은 철학자 파울 레와 니체를 만나 교류하게 되었는데, 그들은 거의 동시에 그녀의 눈부신 미모와 지적인 매력에 정신없이 빠져들었다. 하지만 그녀가 니체의 청혼을 거절하고 유대인 파울 레와 동거 생활에 들어가자 절망감에 빠진 니체는 괴로움을 잊기 위해 〈차라투스트라는 이렇게 말했다〉 집필에 몰두하기도 했다. 그 후 얼마 가지 않아 파울 레 역시 루 살로메에게 버림을 받고 비관한 나머지 절벽에서 뛰어내려 투신자살하고 말았다.

　마침내 그녀는 26세 때 독일 괴팅겐 대학의 프리드리히 안드레아스 교수와 결혼하지만, 그것은 통상적인 부부 관계가 아니라 성생활을 배제하고 사적인 행동의 자유가 보장된 일종의 계약 결혼이었던 셈이다. 따라서 아기 출산과 양육의 짐에서 벗어난 그녀는 15년이나 연하인 시인 릴케를 동반하고 러시아 여행을 떠나는 등 자유분방한 사생활을 즐김으로써 고루한 인습에 얽매이지 않는 파격적인 모습을 보이기도 했다. 당연히 릴케와의 관계도 오래가지 못했다. 그 후 그녀는 나이 오십에 바이마르에서 개최된 국제 정신분석 학회에서 프로이트를 처음 만난 이래 그의 문하에서 정신분석을 공부했으나 프로이트의 제자였던 빅토르 타우스크가 그녀를 짝사랑하던 나머지 비관 자살하는 사건이 일어나 그녀뿐 아니라 프로이트까지 몹시 난처한 입장에 빠지기도 했다.

　이처럼 시대를 앞서간 페미니스트요, 팜 파탈이라 할 수 있는 루 살로메의 인생 목표는 아버지를 되찾는 것이었다. 그녀의 사전에 어머니란 단어는 존재하지 않았던 것처럼 보이기도 한다. 상징적 의미에서 그녀는 스스로 거세한 여성인 동시에 모든 남성을 거세시키고자 애쓴 사람이었다. 그녀는 숱한 남성 편력을 통하여 자신의 오이디푸스적 환상과 소망을 대리적으로 충족시키고자 했지만, 그녀에게 돌아온 것은 번번이 환멸과 실망뿐이었다. 왜냐하면 그녀의 소망은 현실에서 이루어질 수 없는 내용이기 때문이다. 그녀에게 있어서 구원의 아버지상은 신에게서조차 찾을 수 없었으며, 이 지상에 널려있는 수많은 지성인에게서도 결코 확인할 수 없는 성질의 것이었다. 따라서 아버지가 사망하자 그녀는 곧바로 신에 대한 믿음을 저버렸다. 그리고 그녀의 그런 태도는 목사의 아들이었던 니체에게도 영향을 준 것으로 보인다.

그녀가 찾던 오아시스는 결국 헛된 신기루에 지나지 않았던 것이다. 그녀에게 진정한 오아시스란 그녀와 아버지가 서로 다정하게 손잡고 노닐던 어릴 적 정원과 같은 그런 곳이었기 때문이다. 루 살로메의 비극은 바로 그 점에 있었다. 그녀가 교류하며 물의를 빚었던 남성들은 모두 저명한 지식인이거나 상류 계층 사람들이었다. 그녀의 마음속에서 적어도 아버지에 준하는 지성과 품위, 용기와 인자함을 겸비하려면 적어도 교양을 갖춘 상류 계층에 속한 인물이어야만 했기 때문이다. 하지만 대부분의 지식인은 그녀의 소망을 충족시켜 주지 못하고 단지 그녀 자신의 정신적 우월감을 재확인시켜 주는 역할에 만족해야 했다.

그녀가 한창 젊었던 전성기 시절에 접촉한 남성들 모두가 루 살로메의 유혹에 굴복한 인물들이었으며, 사회적으로 존경받는 지식인 계급이었다. 그녀를 사이에 두고 그들이 보인 질투와 반목은 지상에 존재하는 모든 남성의 심리적 취약성과 미숙함을 여지없이 드러낸 장면이 아닐 수 없다. 루 살로메가 연출하는 대립적 삼각관계는 그녀 자신의 해결하지 못한 부모와의 관계를 재연하는 것이기도 했다. 실제로 그녀는 그들과 직접적인 성관계를 갖지는 않았으며, 오히려 자신의 성적인 욕망의 좌절을 남성들에게 투사함으로써 그들 스스로가 자진해서 거세하도록 유도

한 셈이다. 그런 점에서 루 살로메는 요즈음 유행하는 속된 말로 공주병의 원조쯤 되는 여성이라고 할 수 있다.

그녀가 선택한 최후의 안식처 안드레아스 교수와의 결혼은 일종의 도피였다. 루 살로메는 일생 동안 한 번도 자녀를 낳고 기르지 않았다. 자신의 어머니에 대한 거부와 부정을 실현한 셈이다. 그녀의 삶에서 세 가지 중요한 관계 형식을 가족 관계, 연인 관계, 동료 관계로 요약한다면, 사춘기 이전의 부모 관계에서 비롯된 미해결의 오이디푸스적 갈등 요소가 사춘기 이후의 성인기에 빚어진 다양한 연인 관계에서 적나라하게 노출된 것이며, 숱한 우여곡절 끝에 인생의 황혼기에 접어들어서야 비로소 적절한 동료 관계를 통해 지적인 차원으로의 승화가 가능해졌다고 본다.

정신분석은 그런 동료 관계의 형성에 도움이 되었으며, 특히 프로이트와의 교류는 상징적으로 매우 안정적인 부녀 관계의 의미를 부여함으로써 더 이상의 정서적 방황에서 벗어날 수 있는 여지를 준 것으로 보이기도 한다. 실제로 프로이트는 그녀에게 편지를 보낼 때, 스스로 '파파'라는 서명을 즐겨 사용했다고 한다. 결국 루 살로메는 일련의 남성 편력을 통해 계속해서 실망과 좌절을 겪었으나, 프로이트와의 만남을 통한 상징적 부녀 관계로 인해 마침내 심리적 안정에 도달한 것으로 보인다.

로맹 롤랑의 〈장 크리스토프〉

　1915년 노벨 문학상을 수상한 프랑스 작가 로맹 롤랑(Romain Rolland, 1866-1944)은 전 10권으로 이루어진 대하소설 〈장 크리스토프〉를 통해 한 위대한 예술가의 삶과 죽음을 서사시적으로 조명하는 가운데 자신의 이상주의적 평화 사상 및 인도주의 신념을 널리 전하고자 했지만, 다른 한편으로는 오해를 사기도 했다. 왜냐하면 반독 감정이 팽배해 있던 당시 프랑스인들의 국민 정서에 반하는 내용으로 독일의 용기, 프랑스의 이성, 이탈리아의 자유 등을 토대로 이상적인 사회를 꿈꾸었기 때문이다.

　더욱이 장 크리스토프의 생애는 악성 베토벤과 너무도 흡사해서 적국의 인물을 지나치게 이상화시킨 매국적인 작품으로 매도당하기도 했다. 물론 베토벤을 몹시 존경했던 로맹 롤랑은 베토벤 전기를 직접 쓰기도 했지만, 그의 소설 〈장 크리스토프〉는 베토벤의 생애를 소설화한 것은 결코 아니다. 물론 피상적으로만 본다면 아버지의 학대로부터 어머니를 구원하고자 하는 아들의 소망이라는 측면에서 두 인물이 서로 비슷해 보일지 모르지만, 베토벤과 장 크리스토프는 별개의 독립된 인물이다. 오히려 로맹 롤랑 자신의 자아상과 베토벤의 삶이 중복된 모습으로 드러난 것이 아닐까 한다.

그는 이미 1909년부터 프로이트의 저작들을 읽기 시작하면서 정신분석에도 관심을 기울여 프로이트를 직접 만나기도 했으며, 그 후에도 꾸준한 서신 교류를 통해 긴밀한 유대 관계를 맺어나갔다. 그런 영향으로 그는 자신의 내면을 탐색하는 〈내면의 여로〉를 쓰기도 했다. 제1차 세계대전이 발발했을 당시 스위스 여행 중이었던 그는 동료들이 너도나도 자원입대하던 시기에도 전쟁에 반대하는 입장을 고수하며 귀국하지 않고 끝까지 참전을 거부해 조국을 배신한 매국노라는 여론에 시달려야 했다. 그럼에도 불구하고 그는 반전 운동을 계속 펼치는 등 자신의 의지를 꺾지 않았으며, 나치즘이 대두하자 곧바로 반파시즘 운동에 적극 참여하면서 나치 독일 정부가 제의한 괴테상 수상도 거부했다.

어쨌든 그렇게 사회적으로 고립무원의 상태에 있던 로맹 롤랑은 조국 프랑스라는 개념에 얽매이지 않고 유럽을 조국으로 삼는 이상론을 펼쳤지만, 동시대인들로부터는 냉소적인 반응을 얻었을 뿐 집단적인 따돌림까지 당해야 했다. 그런 점에서 그의 이상을 가장 잘 드러낸 대표작 〈장 크리스토프〉는 독일 출신의 음악가 장 크리스토프의 야성뿐 아니라 올리비에로 상징되는 프랑스의 섬세한 이성과 그라치아로 상징되는 이탈리아의 우아함 등이 조화를 이루는 이상적인 사회를 추구한 소설이라 할 수 있다.

물론 베토벤과 마찬가지로 장 크리스토프가 지닌 야성은 고난과 시련을 극복하는 원동력인 동시에 예술적 창조성의 근원임에 틀림없지만, 로맹 롤랑이 보기에는 그것만으로 충분하지 못하다고 여겼을 것이다. 왜냐하면 이성과 자유, 우아함이 동반되지 않는 야성은 자칫 야만성으로 전락하기 쉽다는 점을 그는 파시즘의 대두를 통해 더욱 뼈저리게 느꼈기 때문이다. 위대한 음악은 이 세 가지 요구를 하나로 묶는 연결 고리인 동시에 인간의 이기적인 장벽을 허물 수 있는 국경 없는 평화의 매개자이기도 하다. 따라서 그가 추구했던 신념은 〈장 크리스토프〉의 한 문장에 잘 드러나 있다. "아무것도 하지 않는 사람들은 결코 잘못하는 일이 없다. 그러나 살아 있는 진리를 위하여 노력하는 사람의 과오는 죽은 진리보다 더욱 풍족한 열매가 된다."

장 크리스토프의 성장 과정은 곧 자아의 발달 과정이기도 하다. 장대한 파노라마처럼 펼쳐진 장 크리스토프의 생애에 있어서 극한적인 고통과 시련 뒤에 이어진 달관의 경지는 곧 자아의 성숙이 그만큼 심오해졌음을 반영하는 것이기도 하다. 처음에는 일체 타협을 거부하고 다듬어지지 않은 투박한 혈기로 세상과 대적하며 현실 적응에 어려움을 보이던 장 크리스토프가 기나긴 방황의 세월을 보낸 끝에 마침내는 절망과 고통의 심연을 뚫고 삶의 희열을 찾아 진정한 승리를 얻게 되는 그의 기나긴 삶의 여정은 그와 비슷한 통과 의례를 거쳐야 할 우리 모두에게 커다란 감동과 교훈을 주기에 충분하다고 하겠다.

장 크리스토프의 출생은 라인강 변의 한 마을에서 이루어졌다. 할아버지 장 미셸은 그토록 못생긴 아기는 처음 본다고 투덜거렸지만, 어머니 루이자는 그럴수록 아기를 놓칠세라 떨리는 두 손으로 더욱 꼭 껴안고 중얼거린다. "오! 불쌍한 내 아기, 네가 밉다고 해도 나는 네가 아주 귀여워!" 아들이 태어난 그 시간에도 아버지 멜키오르는 술집에 있었다. 하녀 출신 루이자와 결혼한 것을 후회하던 그는 수시로 그녀를 몹시 학대하고 있었는데, 그런 포악한 주정뱅이 아버지 때문에 집안은 항상 공포 분위기에 빠져있었다.

하지만 장 크리스토프의 행복한 시절은 유년 시대로 그 막을 내리고 만다. 조건 없는 지극한 사랑으로 넘쳐나던 어머니의 품을 떠나 진정한 홀로서기를 시험하는 새로운 무대가 그의 눈앞에 놓인 셈인데, 그 험난한 첫 무대의 감독은 거칠고 난폭하기 그지없는 아버지 멜키오르였다. 그것은 천국에서 지옥으로 내딛는 첫 발걸음이요 시험 무대이기도 했다.

독선적이고 지배적인 아버지는 술주정뱅이 음악가로 비록 음악적 재능은 뛰어났지만. 성격이 거칠고 변덕이 심해 대인 관계에 매우 서툰 인물이라 세상의 인정을 제대로 받지 못해 그 울분을 항상 술타령으로 풀고 사는 인물이었다. 아버지는 자신의 실패를 아들 장을 통해서 보상받기 위해 혹독한 피아노 연습을 시키기 시작했는데, 한 치의 실수도 용납하지 못하는 아버지는 어린 아들에게 가혹한 체벌이나 매질도 마다하지 않았다. 착하고 복종적인 어머니 루이자는 그런 폭군적인 아버지로부터 아들을 제대로 보호해 줄 만한 능력이 없었다. 그래서 모자가 서로 부둥켜안고 울음으로 지새는 날들이 부지기수였다.

어린 장에게 아버지의 주벽과 가난은 그의 마음을 위축시키는 가장 주된 멍에였다. 따라서 그는 항상 말이 없고 혼자였다. 동네 아이들은 그와 어울리기를 싫어했다. 일종의 따돌림을 당한 것인데, 그 주된 이유는 그가 단순한 장난에도 그것을 장난으로 대하지 않고 항상 곧이곧대로 대하기 때문이었다. 이처럼 그는 매우 고지식한 성격의 아이였으며, 융통성이라고는 조금도 없는 매우 답답한 고집쟁이로 다른 관점에서 생각할 수 있는 사고의 유연성이 결여되어 있었다.

비록 아들의 음악적 재능을 이용하고 착취하려던 아버지의 욕심 때문에 고통을 겪었지만, 유일한 보호막이 되어주었던 할아버지마저 일찍 세상을 떠나자 못 말릴 주벽에 외도까지 생긴 아버지는 집안일에 전혀 무관심해졌으며, 그래서 어린 장이 대신 생계를 꾸려나가야 했다. 그 후 아버지가 술에 취해 물에 빠져 죽는 일이 벌어지자 이들 모자는 그야말로 지옥으로부터 해방을 맞이한 셈이 되었다. 장은 어머니를 모시고 전셋집에 세 들어 둘만의 생활을 살기 시작한다. 그러다가 함께 세 들어 사는 젊은 미망인 자비네에게 사랑의 감정이 싹텄으나 그녀가 병으로 죽자 그는 크게 마음의 상처를 받는다. 이처럼 연상의 여인에게서 애틋한 감정을 느끼게 된 것은 결국 어머니에 대한 사랑의 감정에서 자유롭지 못했기 때문으로 보인다.

성장해 가면서 장은 자신이 속한 독일 사회의 허구성과 부정에 눈을 뜨고 젊은 혈기만으로 감히 이에 맞서고자 한다. 물론 그런 반항심은 이미 어린 시절부터 폭군적인 아버지의 학대를 통해 쌓여온 것으로 세상의 모든 권위상에 대한 반항으로 이어진 것이다. 비록 그는 위대한 작곡가가 되리라는 꿈을 안고 있었지만, 불의를 참지 못하는 조급함으로 인해 독일 음악에 대한 신랄한 비평을 가함으로써 음악계에서도 소외당한다. 독일이 싫어진 그는 자유의 도시 파리로 가고 싶은 열망에 사로잡히지만, 늙은 어머니는 아들을 놓아주려 하지 않는다.

괴로움에 사로잡힌 그에게 어느 날 예기치 못한 사건이 벌어짐으로써 그의 운명이 바뀌게 된다. 술집에서 벌어진 마을 주민들과 병사들 간의 패싸움에 휘말린 그는 경찰의 추적을 받기에 이르고, 결국 본의 아니게 국외로 피신해야 할 상황에 몰리게 된 것이다. 노모를 홀로 남겨두고 독일을 떠날 수밖에 없는 자신의 처지를 탓하면서 파리에 당도한 그는 가난한 무명 시절에서 벗어나 세상의 인정을 받기 위해 고군분투한다. 하지만 그는 낯선 이국땅에서 여전히 고립된 상태에 있었다.

더군다나 모처럼 자신의 야심작으로 발표한 〈다윗〉은 방해꾼들의 모함으로 참담한 실패를 맛본다. 생애 최대의 걸작임을 자부한 〈다윗〉이지만, 그의 음악을 인정해 주는 사람은 아무도 없었다. 물론 다윗이 물리친

골리앗의 존재는 장의 입장에서는 폭군적인 아버지를 상징하는 것이며, 사회적으로는 불의를 자행하는 초법적인 지배자를 상징한 것일 수 있다. 어쨌든 그는 음악회에서 우연히 만나 알게 된 올리비에 잔낭과의 우정을 통해 좌절과 실의에서 벗어나 재기에 성공하면서 파리에서도 어느 정도 명성을 얻기에 이른다. 올리비에는 한때 그의 마음을 설레게 했던 이상적인 여인상 앙투아네트의 남동생이기도 했다. 그러나 성공과 동시에 어머니가 위독하다는 소식을 접한 그는 경찰의 눈을 피해 몰래 어머니와 마지막 상봉을 한 뒤 서둘러 파리로 돌아온다.

  원래 민중들의 삶에 아무런 관심조차 두지 않았던 장은 항상 정의감에 불타는 올리비에를 통해 비로소 사회적 불평등과 폭정에 시달리면서도 굴하지 않고 꿋꿋이 살아가는 민중들의 놀라운 생명력을 깨닫게 된다. 마침내 장과 올리비에는 사회적 불의와 부정에 공분을 느끼고 급진적인 사상가들과 교류하기 시작하지만 올리비에와의 우정도 불의의 사고로 끝을 맺게 된다. 노동절에 벌어진 군중의 소요 속에서 올리비에가 목숨을 잃은 것이다.

  이처럼 본의 아니게 정치적 사건에 휘말린 장은 다시 국외로 도피해 스위스에 머문다. 장 크리스토프의 노년은 고독 그 자체였다. 그의 곁에는 아무도 존재하지 않았다. 그에게는 부양할 가족도 사랑하는 연인도 없었다. 오로지 혼자였다. 한때 우정을 다졌던 이탈리아 여성 그라치아와의 재회는 그에게 다시 숨겨진 열정을 불러일으키지만, 그녀의 죽음으로 그는 자신에게 던져진 모든 운명을 수긍하고 받아들인다. 병석에서 조용히 자신의 최후를 맞이한 그는 서서히 꺼져가는 호흡과 더불어 주마등처럼 지나가는 자신의 전 생애를 본다. 어머니 루이자, 올리비에, 앙투아네트, 자비네 등의 모습이 보인다. 이처럼 죽음의 순간에 장 크리스토프는 일생 동안 마음속 깊이 간직된 내적 대상들과 마지막 대화를 나눈다. 그러나 그들 곁에 아버지의 모습은 보이지 않는다. 죽는 순간까지도 그의 오이디푸스 갈등은 여전히 해소되지 못한 상태이기 때문으로 보인다.

피란델로의 <작가를 찾는 6인의 등장인물>

 1934년 노벨 문학상을 수상한 이탈리아의 극작가 피란델로(Luigi Pirandello, 1867-1936)는 현대 전위적 부조리극의 원조로 꼽히는 인물이다. 그의 대표적 희곡 <작가를 찾는 6인의 등장인물>은 1921년 로마에서 초연되어 극중극이라는 새로운 시도로 크게 주목받은 작품이며, 이후 베케트, 이오네스코 등의 반연극 운동에도 지대한 영향을 끼쳤다. 하지만 오늘날에 와서 피란델로를 기억하는 사람들은 의외로 적다. 그 이유는 난해한 작품 내용 탓일 수도 있겠지만, 스스로 파시스트임을 공언했던 피란델로 자신의 이념적 배경과 독재자 무솔리니의 전폭적인 지원 아래 세계적인 명성과 성공을 이루었다는 사실 등 떳떳하지 못한 배경에 기인한 것일 수도 있다.

 <작가를 찾는 6인의 등장인물>에는 아버지와 어머니, 아들, 그리고 1남 2녀인 의붓형제들이 등장하는데 중심인물은 아버지라 할 수 있다. 문제는 연출가와 배우들, 그리고 관객들 모두가 예기치 못한 실제 인물들의 등장으로 인해서 극심한 혼란에 빠진다는 점이다. 여기서 원래 작가가 의도했던 배역의 성격은 극 중 배역의 실제 인물들이 갑자기 나타나 사실과 다르게 각색한 작가를 향해 강력한 항의를 제기함으로써 모든 것을 엉망진창으로 만들어 버리고 시간이 지날수록 무대와 객석 전체가 허

구와 현실 사이에서 혼미한 상태로 접어들게 되는 것이다.

극 중 등장인물들의 대표자인 아버지가 실제로 저지른 비행이 폭로되고 양녀와의 불륜 관계가 드러나게 되면서 사태는 걷잡을 수 없는 방향으로 돌아가게 되는데, 결국 연출가는 겁에 질려 도주하고 연극의 리허설은 불발로 그치고 만다. 결국 허구와 진실이 교묘하게 결합된 가상의 진실 게임은 희극도 아니고 비극도 아닌 일종의 희화적 파탄으로 마무리되고, 이 장면을 끝까지 지켜본 관객들의 마음속에 남는 기분은 한마디로 뭔가 개운치 않은 환멸뿐이다. 피란델로는 바로 그런 혼돈과 환멸의 공유를 원한 것이다.

흥미로운 사실은 피란델로가 태어난 마을 이름이 혼돈을 의미하는 카오스라는 점에 있다. 카오스 마을은 예로부터 미신적인 전통과 의식이 매우 강했던 곳으로 이런 출신 배경이 그의 주된 작품 소재가 되었다. 또한 피란델로 자신도 스스로를 카오스의 아들로 지칭하기를 즐겨 했다. 유황 광산 소유주였던 아버지 스테파노는 일찍이 가리발디 장군이 이끄는 이탈리아 통일 운동에 적극 가담했던 애국자였으나 그런 열정은 곧 지독한 환멸과 분노로 이어져 그 후에는 사업에만 전념했던 인물이다.

어머니 카테리나는 피란델로에게 이상적인 구원의 여인상이었지만, 아버지 스테파노는 자신의 앞길을 항상 가로막는 장애물일 뿐이었다. 아버지는 자신의 광산 사업을 물려받도록 강요하고 법학을 공부하도록 압박했으며, 사촌인 리나와의 결혼도 방해했다. 한술 더 떠서 아버지는 자신의 사업에 동참하면 리나와의 결혼도 허락해 주겠다는 감언이설로 아들을 유혹하기도 했으나 그 약속은 이루어지지 않았으며, 결국 아버지가 정해준 다른 광산업자의 딸 안토니에타와 결혼해야만 되었다.

그런 와중에 피란델로는 우연히 아버지의 불륜 사실을 알게 되면서 더욱 아버지와 거리를 두게 되었으며, 그럴수록 어머니에 대한 애착은 무한한 존경과 숭배하는 태도로 이어졌다. 결국 그는 출세작 〈작가를 찾는 6인의 등장인물〉을 통해 노골적으로 아버지란 존재의 위선적 태도와 불륜 사실을 폭로함으로써 통쾌한 복수를 가한 셈이다. 여기에 등장하는 어머니는 매우 포용적이고 관대한 이상적 어머니의 전형으로 나타난다.

더 나아가 피란델로는 자신의 근친상간적 욕구를 은폐하기 위해 아버지의 근친상간적 비행과 불륜을 극 중에서 폭로하고 부각시킴으로써 관객들의 관심을 아버지에 대한 비난과 경멸 쪽으로 돌리는 데 성공한다. 그리고 피란델로의 은밀한 욕망은 아내의 편집증적 의부증을 오랜 세월 방치함으로써 누가 보더라도 그 자신의 불륜을 포함한 모든 문제의 책임이 마치 정신병을 앓는 아내에게 있었던 것처럼 보이도록 상황을 연출한 것이다. 그런 점에서 피란델로는 이미 그 자신의 삶 자체를 극중극처럼 연출한 셈이며, 과연 무엇이 진실이고 무엇이 광기인지 구분하기 어렵게 의도된 고도의 전략을 동원한 것이다.

1903년 피란델로는 아버지와 아내가 공동으로 투자해서 운영하던 광산이 산사태로 무너지면서 모든 것을 잃게 되었다. 그는 한순간에 무일푼 신세로 전락하면서 한때는 자살까지 고려할 정도로 심각한 위기를 맞이한 셈인데, 더구나 설상가상으로 아내 안토니에타까지 그 충격으로 정신병 증세를 보이게 되면서 그 후로 15년간이나 그는 악몽과도 같은 세월을 보내야만 했다. 결국 그의 아내는 1919년 요양소에 입원하게 되는데, 그때까지 15년간 피란델로는 아내의 심한 의부증에 시달려야만 했다. 아내는 1959년 요양소에서 죽었다.

이처럼 극심한 혼돈을 겪은 그를 구원해 줄 수 있는 유일한 탈출구는 당시 무질서한 혼란 속에서 강력한 질서의 확립을 외치며 나타난 무솔리니의 파시즘이었다. 게다가 피란델로에게 아버지의 존재는 줏대 없는 실패자일 뿐이며, 반면에 무솔리니는 성공한 제왕으로 다가왔을 것이다. 실제로 세속적 성공과 명예에 대한 그의 집착과 야심은 전적으로 무솔리니의 도움으로 이루어질 수 있었다. 노벨 문학상 역대 수상자 가운데 피란델로는 유일한 파시스트 작가로 기록된다는 점에서 그의 존재는 매우 역설적이다. 다행히 그는 제2차 세계대전 발발 직전에 사망함으로써 무솔리니와 같은 처참한 말로를 피해 갈 수 있었다.

피란델로가 세계 연극사에 끼친 공로는 부인할 수 없는 사실이다. 그의 획기적인 시도는 실험적인 현대 부조리극과 전위극의 초석이 되었으며, 해체와 파괴를 주 무기로 삼아 한 시대를 풍미했던 포스트모더니즘의 전조를 알리는 것이기도 했다. 그러나 피란델로 한 개인의 심리적 배경을 탐색하다 보면, 그가 보인 혼돈과 환멸, 그리고 연민에 이르는 과정을 더욱 선명하게 이해할 수 있게 된다.

이상적인 구원의 여인상으로서 어머니를 향한 애착과 숭배, 강압적인 권위상으로서의 아버지에 대한 환멸과 분노, 아버지의 일방적인 강요에 의한 결혼과 아내의 정신병 발작, 그리고 경제적 파산과 파시즘의 대두 등, 일련의 모든 과정이 피란델로의 창작 활동과 결코 무관치 않으며, 특히 그의 출세작 〈작가를 찾는 6인의 등장인물〉을 통해 피란델로 자신의 심리적인 미해결의 갈등을 엿볼 수 있다는 점에서 마치 정신분석 과정에서 자유 연상을 통해 전개되는 의미 있는 등장인물들과의 내면적 관계를 엿보는 듯하다.

그런 점에서 볼 때, 결국 〈작가를 찾는 6인의 등장인물〉은 위장된 형태의 또 다른 오이디푸스극이라 할 수 있다. 왜냐하면 피란델로 자신의 근친상간적 욕망을 아버지의 근친상간적 불륜의 희화적 폭로를 통해 은폐시키고 있기 때문이다. 적어도 관객들의 관심을 엉뚱한 곳으로 돌리고 있다는 점에서 피란델로의 무의식적 전략은 일단 성공한 것으로 보인다. 비록 그는 파시즘을 옹호하고 그것에 힘입어 출세 가도를 달렸지만, 결코 행복하지 못했던 그의 개인적 삶의 여정을 돌이켜 본다면, 그 자신이 세상 자체를 환멸과 연민의 정으로 보았듯이 독자들 역시 작가의 심리적 취약성에 대해 환멸과 연민의 정을 동시에 느낄지도 모르겠다.

앙드레 지드의 <전원 교향악>

 프랑스의 소설가 앙드레 지드(Andre Gide, 1869-1951)는 1947년 노벨 문학상을 받았다. 그의 대표작으로 알려진 <좁은 문>은 앙드레 지드 자신의 핵심적인 주제가 가장 두드러지게 나타난 소설로, 청년 시절부터 알게 된 자신의 동성애적 성향 때문에 지독한 자기혐오와 죄의식에 시달리는 가운데 자신의 원죄 의식에서 벗어나기 위해 끊임없는 자기 탐구와 신앙적 고백을 통해 극적인 자기 반전을 시도한 결과로 볼 수 있다.
 <좁은 문>의 제목은 누가복음 13장에 나오는 성경 말씀에서 딴 것으로 이 소설의 핵심적인 메시지이기도 하다. 물론 신이 요구하는 좁은 문은 금욕적인 희생을 요구하는 길로서 그것은 모든 욕망을 포기하라는 주문이기도 하다. 그러나 지드는 여기에 새로운 신학적 해석을 가함으로써 일종의 극적인 반전을 시도한 것이다. 다시 말해서 신은 인간에게 모든 희열과 쾌락을 향유하며 자신들의 삶을 충만하게 살도록 허락했다고 믿고 또 그것을 설득하고자 했다는 것이다. 따라서 인간의 행복을 억압하는 것은 신이 아니라 오히려 인간 자신이 스스로 부과한 도덕과 윤리라는 것이 지드의 주장이기도 하다.
 하지만 인간의 원초적 욕망에 대한 정당성을 부여했던 지드 자신은 역설적이게도 매우 금욕적인 삶을 살았다. 비교적 유복한 개신교 집안에

서 파리 대학 법학 교수의 아들로 태어난 그는 어려서부터 매우 허약하고 예민한 아이였으며, 게다가 아버지가 일찍 세상을 떠난 뒤에는 엄격한 어머니의 숨 막히는 청교도적 분위기 속에서 자라 결코 행복하지 못한 아동기를 보냈다. 더욱이 그는 자신의 사촌 누이 마들렌과 결혼했지만 정작 부부 관계는 일체 피하고 지냈다. 그것은 아가페적인 사랑뿐 아니라 성에 대한 두려움 또한 컸기 때문이었을 것이다. 그런 두려움은 곧 근친상간적인 욕망 및 환상에 대한 것이기도 하며, 따라서 그가 취할 수 있는 유일한 태도는 아가페적인 사랑의 형태를 유지하는 길이었을 것이다.

이성에 대한 이와 같은 이율배반적인 태도는 결국 동성에 대한 관심으로 이끌 수 있다. 그는 자신의 내면에 간직된 동성애적 성향에 대해서도 매우 양가적인 태도를 취하고 있었으며, 또한 그 때문에 괴로움을 겪었던 인물이다. 그는 자신의 오이디푸스적 욕망과 청교도적 초자아 사이에서 갈등을 겪었으며, 그런 복잡한 감정을 소설 속의 주인공들에게 투사함으로써 자신의 무의식적 미해결 갈등을 해소하고자 했다.

지드의 결혼은 한마디로 명색만 유지한 일종의 상호기만적인 부부 관계였다고 볼 수 있는데, 이처럼 모순되고 자가당착적인 결혼 생활을 유지하는 가운데 지드는 〈배덕자〉에 이어 발표한 〈좁은 문〉과 〈교황청의 지하도〉, 그리고 〈전원 교향악〉을 통하여 자신의 내적 고뇌와 갈등을 우회적으로 드러내기도 했다. 그것은 개신교와 가톨릭의 대립적 구도를 보여주는 동시에 인간의 잠재된 욕망 세계 및 실천적 행동의 가치를 더욱 강조하는 듯이 보인다. 그중에서도 특히 〈전원 교향악〉은 금욕적인 한 성직자의 숨은 욕망과 자기기만적인 태도 사이에 서로 부딪히는 모순과 불협화음을 드러낸 문제작이다.

〈전원 교향악〉은 눈먼 소녀 제르트뤼드를 양녀로 맞아들인 목사가 처음에는 순수한 연민의 정으로 시작되었다가 결국에는 이성적인 사랑으로 기울어진 결과 아내의 질투심뿐만 아니라 그녀를 사이에 두고 자기 아들과도 경쟁을 벌이게 된다는 이야기다. 목사의 아내 아멜리는 다섯 자녀를 젖혀두고 오로지 제르트뤼드에게만 헌신적인 관심을 기울이는 남편에게 분통을 터뜨리지만, 그는 이에 아랑곳하지 않고 성서를 읽으며 제르트뤼드의 순수성을 그대로 보존시키고자 애쓴다.

목사는 한 소녀의 불행한 영혼을 구제한다는 일종의 구원 환상에 따라 이 세상이 얼마나 아름답고 순수한 것으로 가득 차 있는지 열심히 가르치지만, 수술을 통해 시력을 회복한 제르트뤼드의 눈에 비친 세상은 그동안 믿고 있던 사실과 너무도 다른 위선과 비열함으로 가득 찬 현실일 뿐이었다. 설상가상으로 아들 자크가 그녀에게 이끌려 청혼까지 하기에 이르자 목사는 질투심에 불탄 나머지 그 결혼을 한사코 반대한다.

결국 제르트뤼드는 그동안 목사를 통해 알고 있던 상상 속의 아름다운 세상과 비열한 현실이 너무도 다른 점에 낙담하고 강물에 뛰어들어 자살을 시도하기에 이른다. 다시 세상을 볼 수 있게 된 그녀에게 다가온 현실은 위선적인 늙은 목사의 모습이었으며 오히려 그의 아들 자크가 더욱 순수한 인간이었던 것이다. 그런 점에서 자신의 사악한 의도를 깨닫지 못한 목사야말로 진정한 의미의 눈뜬장님이었던 셈이다. 그야말로 예수의 말씀대로 장님이 장님을 인도한 꼴이 된 것이다.

하지만 분석적으로 말하자면, 목사는 자신의 근친상간적 욕망을 때 묻지 않고 순수한 영혼의 소유자인 양녀를 통해 은밀한 방식으로 해소하려 든 것으로 볼 수 있는데, 여기에 아들 자크가 끼어들게 되면서 문제가 복잡하게 뒤엉키고 만 것이다. 그런 점에서 제르트뤼드는 목사의 가정에 숨겨진 오이디푸스 갈등 문제의 희생양이 되었다고 볼 수도 있으며, 그것은 달리 말해서 부자지간에 벌어지는 사랑싸움인 동시에 부모에 대한 환상에서 시작해 환멸에 이르는 과정을 상징하는 것이기도 하다.

 물론 이 작품의 주된 기조는 거짓된 윤리적 허상에 있다. 그러나 자세히 들여다보면 부모에 대한 환상과 더불어 그것에 이어진 환멸을 엿볼 수 있다. 다시 말해, 그런 환멸의 배경에는 성에 대한 지드의 양가적 태도가 자리 잡고 있음을 알 수 있으며, 선과 악의 이분법적 구도 안에서 방황하는 지드의 핵심적인 화두가 여실히 드러나기도 한다. 그런 점에서 위선적인 목사의 태도는 지드 자신의 위선적인 결혼 생활에 대한 뼈아픈 자성의 몸짓을 드러낸 것이 아니었을까 싶기도 하다.

카프카의 <아버지께 드리는 편지>

　20세기 서양 문학에서 가장 불가사의한 인물이라 할 수 있는 프란츠 카프카(Franz Kafka, 1883-1924)는 독일어를 사용한 체코 태생의 유대계 작가로 혈통과 언어 및 국적이 모두 서로 다른 특이한 배경을 지닌 소설가다. 그런 점에서 그의 대표작 <심판>, <성>, <변신>, <아메리카> 등은 바로 카프카 자신의 어둡고 혼란스러운 내면세계를 비롯해 주위 환경으로부터 철저히 소외되고 억압당한 약자로서 감내할 수밖에 없는 상황적 모순과 괴리를 다루고 있다고 볼 수 있다. 또한 그는 자신의 실존적 불안과 정체성 혼란 역시 많은 작품 속에 여실히 드러내고 있다.
　체코의 수도 프라하에서 독선적이고도 매우 강압적인 유대인 상인의 아들로 태어난 그는 출세와 신분 상승에 집착한 아버지의 강압에 의해 대학에서 법학을 공부한 후 보험 회사 직원으로 일하면서 퇴근 이후에는 밤늦게까지 소설을 썼다. 원래 그의 아버지는 천민 출신의 야심 많은 인물로, 비천한 신분의 유대인이 겪을 수밖에 없는 서러움과 모욕을 너무도 잘 알고 있었기에 자기 아들만큼은 관직으로 진출시켜 성공시켜야만 한다는 강박 관념에 사로잡혀 있던 인물이었다. 하지만 아들이 법대를 졸업해서 관료의 길로 들어서기를 간절히 바랐던 아버지의 뜻을 거스르고 카프카는 작가의 길을 걸었다. 어머니는 그런 부자간의 반목과 갈등

관계에서 명확한 태도를 취하지 못할 만큼 매우 소극적인 성격의 소유자여서 아버지의 횡포로부터 아들을 제대로 지켜주지 못했다.

따라서 권위주의적인 폭군 아버지에 대한 두려움과 혐오감은 카프카의 성격을 더욱 위축시키고 염세적으로 몰고 갔으며, 자신의 그런 복잡한 감정을 한 번도 본인에게 전달된 적이 없는 〈아버지께 드리는 편지〉를 통해 그 자신에게 평생 화두가 되었던 '아버지'라는 문제와 씨름하고 있었다. 36세 때 쓴 이 장문의 편지는 철저한 자기 분석과 내적 성찰의 기록으로 유대인 폭군을 어버이로 섬겨야만 했던 나약한 아들의 모습이 적나라하게 드러나 있다.

"왜 아버지가 두려운가"라는 질문으로부터 시작하는 이 편지는 시종일관 자신이 아버지를 두려워할 수밖에 없는 이유와 때로는 반론을 제기하기도 하면서 아버지의 뜻에 거스를 수밖에 없는 아들의 입장에서 아버지를 이해시키려 애쓰고 있는데, 그런 가운데서도 아버지에 대한 변함없는 애정을 수시로 표현하며 비위를 맞추기도 하는 등 상당히 복잡한 양가적 태도를 드러내고 있다.

카프카는 자신이 겁 많고 소심하다는 사실을 인정하면서 어린 시절 밤중에 자다 일어나 훌쩍거리며 울고 있을 때, 아버지가 화를 내며 문밖으로 쫓아내 오랜 시간 서 있도록 한 사실, 수영장 탈의실에서 아버지의 억세고 딱 벌어진 몸집을 보고 기가 죽었던 일, 밥 먹을 때 식탁 앞에서 항상 고개를 내젓거나 손가락으로 탁자를 두드리며 빈정거리는 말투로 힐난하던 모습들, 아들이 호감을 갖는 상대만 있으면 해충에 비유하며 개와 벼룩에 관한 속담을 즉석에서 인용하던 버릇 등, 감히 맞대놓고 할 수 없는 아버지의 결함들을 말하고 있다. 그러면서 그는 상대의 입장을 전혀 고려하지도 않고 서슴없이 내뱉는 말에 대해서 일말의 책임감이나 연민의 정도 전혀 느끼지 않는 아버지에 대하여 "그 누구도 아버지 앞에서는 결코 항거할 수 없었다."라고 털어놓는다.

이처럼 독선적이고 가학적인 아버지에 대해서 카프카는 불가항력적인 모순된 감정으로 고통받고 있었음을 알 수 있다. 동시에 아버지에 대한 자신의 한 맺힌 분노의 감정을 그 스스로가 두려움과 죄책감으로 대하고 있었으며, 어떻게 보면 스스로 용납할 수 없는 적개심을 거의 자학적인 형태로 해소하려 했던 것으로 보이기도 한다. 그런 점에서 아버지로부터의 탈출이야말로 카프카에게 주어진 가장 큰 숙제요 과업이었음에 틀림없다. 비록 그는 그 문제를 살아생전에 해결하지는 못했지만, 자신의 창작 활동과 여성 관계를 통하여 극복하려고 필사적인 노력을 기울인 것은 사실이다.

어찌 됐건 카프카와는 달리 그의 누이동생 오틀라는 그런 아버지에 대해 노골적으로 반항하며 관계를 단절하다시피 했으나 소심한 카프카는 감히 아버지를 거역할 수 없었다. 그는 자신의 집을 감옥에 비유하고 스스로를 죄수로 간주했지만, 그럼에도 불구하고 그는 감히 자신의 감옥에서 스스로 탈출할 생각조차 지니지 못했던 것으로 보인다. 오틀라는 과감히 감옥을 박차고 뛰쳐나가 버렸지만, 소심한 카프카는 그럴 엄두조차 낼 수 없었다. 다만 오틀라를 포함한 카프카의 세 누이동생, 그리고 한때 그의 연인이기도 했던 밀레나 예젠스카 등은 모두 나치의 강제 수용소에 끌려가 죽었다.

카프카는 자신이 창조한 작품 속의 주인공 K처럼 우유부단하고 무기력한 모습을 보여준다. 그리고 그 자신이 안고 있는 한계, 달리 말해서 자신의 내면적 모순과 갈등, 그리고 양가적인 혼돈 상태의 본질을 받아들이기 거부하는 몸짓을 통해 거의 자학적인 환상에 가까운 내용들을 작품화한 것으로 보인다. 어느 순간 한 마리 벌레로 변해버린 주인공의 비극적인 최후를 묘사한 소설 〈변신〉이 가장 대표적인 예라 할 수 있다.

성공과 출세욕에만 사로잡힌 아버지라는 존재가 유약하고 민감한 카프카의 눈에는 사랑할 수밖에 없지만, 동시에 혐오스럽기 짝이 없는 속물로만 보였을 것이다. 이처럼 카프카 부자는 두 사람 모두 각자의 갈등 해소에 어려움을 겪고 있었겠지만, 그들이 처한 시대적, 환경적 상황도 결코 무시할 수 없는 요인이 될 것이다. 아버지 헤르만 카프카는 매우 가학적인 모습으로 자신의 비굴한 처지를 거부하고 사회적 신분 상승과 출세를 통해 자신의 약점과 열등감을 보상받고자 했다면, 그의 아들 프란츠 카프카는 아버지에 대한 두려움과 거세 공포, 그리고 뿌리 깊은 열등감 및 자학적인 환상 등을 자신만의 독특한 창작 활동을 통해 극복하려 했다는 점에서 달랐던 것이다.

특히 카프카는 아버지에 대한 두려움과 혐오감, 어머니와 누이 등 여성들에 대한 의존성, 사회적 불이익과 인종 차별에 대한 분노와 좌절 속에서 제 나름대로의 해법을 찾고자 노력했으나 결국 모두 실패하고 말았으며, 자신의 내면적 변화를 통한 새로운 탈바꿈에는 그 어떤 내적 통찰도 지니지 못한 채 짧은 생애를 마감하고 말았다. 이처럼 40세 나이로 요절한 그는 아버지 노릇을 해본 적이 없으며, 여성들과의 관계에서도 결정적인 순간에 약혼을 취소하고 번복하는 우유부단함을 보였는데, 카프카에게 결혼과 성, 아버지 등의 화두는 결코 가까이할 수 없는 기피 대상이었을 뿐이다. 적어도 그에게 가족이란 단어는 매우 생소한 것으로, 따라서 그는 〈변신〉의 주인공처럼 사회로부터 소외되었을 뿐만 아니라 자신의 가족으로부터도 소외되었다. 카프카가 안주할 수 있는 장소는 세상 어디에도 존재하지 않았다.

생전에 이름이 전혀 알려지지 않은 무명작가였던 카프카는 죽으면서 친구 막스 브로트에게 남긴 마지막 유언에서 그때까지 발표되지 않은 자신의 유고들을 모두 불태워 달라고 부탁했다. 하지만 그의 재능을 안타깝게 여긴 막스 브로트가 약속을 어기고 출간함으로써 카프카의 작품들은 오늘날까지 살아남게 되었다. 물론 그는 자신의 작품 속에서 "우리가 없어진다고 해서 아쉬워할 사람은 아무도 없을 것이다."라고 매우 자조적인 말투로 말하기도 했지만, 비록 그가 세속적인 일과 사랑에는 실패했을지 몰라도 그때까지 그 누구도 시도하지 못한 내면적 고통의 기록들을 작품으로 남김으로써 자신에 주어진 한계를 뛰어넘어 영원히 기억될 인물로 환생한 셈이다.

D. H. 로렌스의 <아들과 연인>

　20세기 영문학에서 에로티시즘 문학을 대표하는 작가로 알려진 D. H. 로렌스(David Herbert Lawrence, 1885-1930)는 과감한 성 묘사로 인해 외설 시비에 휘말린 소설 <채털리 부인의 연인>, <무지개>, <사랑하는 여인들> 등으로 숱한 오명에 시달렸을 뿐만 아니라 실생활 면에서도 대학 시절 자신의 은사였던 교수의 아내를 유혹해 해외로 달아남으로써 사회적 지탄의 대상이 되기도 했다. 결국 보수적인 영국 사회에 발을 붙일 수 없었던 그는 마지막 정착지로 자유롭게 숨 쉴 수 있는 땅, 미국으로 건너가 뉴멕시코의 한 목장에 안주했으나 결국 고질적인 결핵을 극복하지 못하고 44세를 일기로 생을 마감해야 했다.
　영국 중부에 위치한 탄광촌 이스트우드에서 가난한 광부의 아들로 태어난 그는 술주정뱅이에 걸핏하면 폭력을 휘두르는 무지막지한 폭군 아버지와 그런 남편에게 실망하고 오로지 아들에만 의지해 위안을 얻고자 했던 어머니 사이에서 힘겨운 어린 시절을 보내야 했다. 그렇게 아버지로부터 학대받는 어머니를 폭군의 손아귀에서 어떻게든 구해내야만 한다는 구원 환상에 사로잡힌 그는 결국 청년 시절 어머니가 일찍 세상을 뜨게 되자 하늘이 무너지는 듯한 충격에 빠졌으며, 그 후 얼마 가지 않아 스승의 아내를 빼앗아 달아나는 불륜을 일으켜 거센 여론의 뭇매를 맞기도 했지만, 로렌스 개인의 입장에서 보자면 그것은 오래전부터 자신에게 주어진 신성한 임무를 상징적으로 완수한 것에 지나지 않았다.

　문맹인 남편과는 달리 전직 교사 출신의 인텔리였던 어머니 리디아는 특히 어려서부터 허약 체질이었던 아들 로렌스를 마치 연인처럼 대했으며, 그런 어머니와 맺은 밀착된 관계는 아들의 성격 형성과 작품 활동에도 결정적인 영향을 끼쳤다고 할 수 있다. 특히 어머니에 대한 죄책감으로 인해 이성 교제에 어려움을 겪었는데, 어머니 이외의 다른 여성을 사랑한다는 자체가 그녀를 배신하는 행위이기 때문이다. 솔직히 말하면 아들에 대한 독점욕에 사로잡힌 어머니가 달리 한눈을 팔 수 없도록 어려서부터 그렇게 세뇌를 시킨 것으로 볼 수도 있는데, 그런 이유로 그의 오랜 문학적 조력자로 알려진 제시 체임버스와의 사랑도 불발로 그치고 말았다.

　노팅엄 대학을 졸업한 로렌스는 소설 〈하얀 공작〉으로 문단에 정식 데뷔했으나 그 해에 어머니가 암으로 사망하자 거의 탈진 상태에 빠져 한동안 아무 일도 할 수 없을 정도로 큰 충격을 받았다. 가까스로 원기를 되찾은 후 자전적인 소설 〈아들과 연인〉을 써서 비로소 어머니의 보이지 않는 굴레에서 벗어나는 듯싶었지만, 곧이어 대학 시절의 은사였던 위클리 교수의 부인 프리다를 만나 걷잡을 수 없는 사랑에 빠지면서 한동안 어머니라는 틀에서 벗어나고자 했던 그의 노력도 한순간에 수포로 돌아가고 말았다. 솔직히 말해서 〈아들과 연인〉에 나오는 아들 폴과 어머니 모렐 부인은 작가 자신과 어머니 리디아를 모델로 한 것으로 소설에서 묘사된 모자 관계는 로렌스 자신의 실제 모습과 거의 똑같다. 마치 연인 사이처럼 끈끈히 맺어진 밀착 관계를 보여주는 그들의 모습은 결국 프로이트가 말한 오이디푸스 콤플렉스를 그대로 드러낸 것이기도 하다.

어쨌든 자신보다 6년이나 연상인 유부녀 프리다를 유혹해 단둘이 해외로 애정의 도피 행각을 떠난 로렌스에 대해 세인들은 거세게 비난의 욕설을 퍼부었다. 하지만 젊은 작가와 눈이 맞아 가정을 버리고 달아난 프리다 역시 욕을 먹기는 마찬가지였다. 그도 그럴 것이 그녀는 독일 귀족의 후예로 품위 있는 교수의 아내이자 세 자녀의 어머니였기 때문이다. 그런 여성이 20대의 젊고 야심에 가득 찬 노동자 계급 출신의 신진 작가와 함께 놀아나 평화로운 가정을 헌신짝 내던지듯 버리고 해외로 달아났으니 보수적인 영국 사회에서 따가운 눈총을 받을 수밖에 없었다.

세인들의 비난을 피해 한동안 독일로 달아났다가 이탈리아를 거쳐 귀국한 이들에 대해 마침내 위클리 교수가 한발 물러나 이혼을 승낙함으로써 두 사람은 1914년 정식으로 결혼하는 데 성공했으나, 곧바로 제1차 세계대전이 발발하면서 이들 부부는 새로운 곤경에 처하고 말았다. 프리다가 적국인 독일의 스파이 혐의를 받고 군 당국으로부터 거주지를 떠나라는 명령을 받았기 때문이다. 그렇지 않아도 소설 〈무지개〉가 외설 시비에 휘말려 경찰에 압수당하는 수모를 겪은 로렌스는 이래저래 못살게 구는 영국 사회에 환멸을 느끼고 아내와 함께 정처 없는 해외 여정에 올랐다. 그는 스스로 그 여행을 '야만의 순례길'이라 지칭했는데, 결국에는 자신들의 마지막 정착지를 미국으로 정하고 1922년 뉴멕시코주 타오스의 목장에 삶의 터전을 잡았다.

하지만 당시 폐결핵에 걸린 상태였던 그는 원시적인 목장 생활을 즐길 짬도 없이 다시 이탈리아로 건너가 요양 생활을 보내야 했으며, 요양소를 나온 직후 프랑스 방스에 머물던 중에 숨을 거두고 말았다. 당시 요양 기간 중에 이미 프리다는 12년이나 연하인 이탈리아인 남성 안젤로 라발리와 불륜 관계에 있었는데, 그들의 불륜 현장을 직접 목격하기도 했던 로렌스는 그런 체험을 토대로 〈채털리 부인의 연인〉을 쓰게 되었다고 전해진다. 어쨌든 로렌스의 재는 그의 유언에 따라 뉴멕시코로 옮겨져 안장되었는데, 그 후 프리다는 라발리와 함께 타오스 목장에 계속 살았으니 지하에 묻힌 로렌스가 땅을 치고 통곡했을 것 같다.

T. S. 엘리엇의 <황무지>

　미국 태생이지만 영국으로 귀화한 현대시의 거장 T. S. 엘리엇(Thomas Sterns Eliot, 1888-1965)은 주지주의 문학을 대표하는 시인으로 1948년 노벨 문학상을 받음으로써 20세기 최대의 시인으로 추앙받기에 이르렀는데, 특히 그의 대표적인 장시 <황무지>는 제1차 세계대전 직후의 황폐된 세상과 현대인의 환멸, 소외 등을 대변하는 작품으로 비평가들로부터 극찬을 받아 동시대의 젊은 시인들에게는 일약 우상적 존재로 떠올랐다. 하지만 엘리엇의 시는 일반 대중에게 감동을 주기에는 지나치게 난해한 데다 더욱이 방대한 고전 지식과 복잡한 사고력을 요구한다는 점에서 접근이 결코 용이하지 않다는 핸디캡도 안고 있다.
　매우 강박적인 성격의 소유자였던 엘리엇은 원래 미국 미주리주 세인트루이스의 부유한 사업가의 6남매 중 늦둥이 막내로 태어났는데, 그의 아버지는 말소리를 전혀 알아듣지 못하는 청각 장애인이었으며, 어머니는 자선 사업 활동에 바쁜 나머지 그의 양육은 주로 하녀에게 맡겨졌다. 아버지는 사업 일에 쫓겨 마주칠 기회가 적었으며, 형은 8년이나 연상으로 껄끄러운 상대였을 뿐이다. 한마디로 그에게는 남성적 모델이 되어줄 적절한 동일시의 대상이 없었을 뿐만 아니라 네 명의 누나들 역시 어린 동생에게 관심을 기울이지 않았다. 그런 그에게 가장 이상적인 존재는 시를 쓰기도 했던 낭만적 성향의 어머니였다고 할 수 있는데, 결국 그 자신도 나중에 어머니처럼 시인이 되었다. 그의 이름 토머스 스턴스도 외조부 이름을 딴 것이다.

태어날 때부터 선천성 탈장을 지닌 데다 사교성까지 부족했던 그는 어린 시절에도 급우들과의 게임이나 운동에 함께 끼어들지 못해서 항상 고립되고 외로운 아이였는데, 그런 외로움을 고전 탐독으로 달래면서 일찍부터 시를 쓰기 시작했다. 하버드 대학에서 철학을 공부한 후 유럽으로 건너가 학업을 계속한 그는 때마침 제1차 세계대전이 발발하자 런던에 그대로 눌러앉은 채 두 번 다시 부모의 곁으로 돌아가지 않았는데, 물론 그것은 천박하고 무질서한 미국에 환멸을 느낀 반면에, 귀족적인 기품과 질서정연한 전통을 중시하는 영국 사회 분위기가 자신의 성격에 딱 들어맞았기 때문이다. 하지만 다른 한편으로는 부당하게 어머니를 차지한 아버지와 두 번 다시 상종하고 싶지 않았기 때문일 수도 있다.

결국 그는 부모의 반대를 무릅쓰고 정서적으로 매우 불안정한 여성 비비안 헤이우드와의 결혼을 강행하고 교편생활을 유지하는 가운데 시작에 몰두했으나 얼마 가지 않아 결혼과 직장 모두 그에게는 끔찍스러운 재앙으로 다가왔다. 변덕이 죽 끓듯 하는 아내의 히스테리와 적성에 맞지 않는 교사 직업으로 인해 시인으로 성공하는 데 큰 걸림돌이 된다고 여겼기 때문이다. 더욱이 아내가 철학자 버트런드 러셀과 염문까지 퍼뜨리면서 극심한 신경 쇠약에 빠진 그는 스위스의 정신과 의사 비토즈 박사에게 치료를 받고 가까스로 회복된 후 마침내 1922년 〈황무지〉를 완성해 발표함으로써 영국 시단에 일대 돌풍을 일으키게 되었다.

따라서 그가 〈황무지〉를 쓴 시점은 엘리엇의 삶에서 가장 고통스럽고 온갖 환멸과 스트레스로 가득 찬 시기로 부모의 반대를 무릅쓴 결혼, 미국으로 돌아가지 않고 부모와 결별한 사실, 학문적 경력으로 철학을 포기한 사실, 생계를 위해 어쩔 수 없이 교사 노릇을 한다는 점 등이 그로서는 실로 감당하기 어려운 일이었다. 수업을 극도로 싫어했던 그는 결국 교사직을 포기하고 로이드 은행 해외 식민국에 일자리를 얻었지만, 히스테리적인 아내 비비안이 쉴 새 없이 쏟아내는 불만과 잔소리에 지칠 대로 지친 나머지 극심한 불안과 우울, 의욕 상실에 빠져 두 번 다시 글을 쓸 수 없게 되면 어쩌나 하는 두려움에 사로잡히기도 했다.

 이처럼 잘못된 결혼 때문에 완전히 낭비된 삶을 살고 있다는 자괴감에 빠진 엘리엇은 결국 그것이 모두 불결하고 혐오스러운 성생활로 인한 정력 낭비에서 비롯된 결과일 뿐 아니라 구차하게 생활비 버는 일에 시간을 낭비하는 바람에 자신의 아까운 재능 역시 낭비하고 있다고 여기게 되었다. 그런 점에서 당시 그에게 가장 고통스러운 단어가 있었다면 그것은 바로 낭비(waste)라는 어휘였을 것이다. 강박적인 성격의 사람들이 가장 두려워하는 것이 시간 낭비, 돈 낭비, 정력 낭비, 재능 낭비, 인생 낭비 등등이라고 봤을 때, 이 모든 끔찍스러운 낭비의 쓰레기더미들이 한곳으로 결집된 낭비의 땅(waste land)이야말로 그에게는 지옥 그 자체였으며, 죽음의 땅이기도 했을 것이다. 지옥처럼 끔찍스러운 바로 그 시기에 나온 〈황무지〉는 그 자신이 가장 두려워했던 낭비된 삶의 절망적 상황을 나타낸 것으로 결국 엘리엇 자신의 정신적 위기를 가장 상징적으로 잘 드러낸 작품이기도 하다.

 황무지란 바로 그렇게 온갖 낭비로 점철된 엘리엇 자신의 정신적 황무지를 상징한다. 낭비를 그토록 두려워했던 엘리엇에게 〈The Waste Land〉는 곧 황무지임과 동시에 낭비의 땅으로 그것은 황폐해진 자신의 정신세계를 우회적인 방식으로 드러낸 것이다. 그에게는 정력도 낭비요,

결혼도 낭비였으며, 자신의 부모 형제와 그가 태어난 조국, 그리고 자신이 꿈꿨던 철학, 청춘의 꿈과 희망 등 모든 것을 잃어버린 시기였다. 그것은 바로 인생의 낭비요 쓸모없는 삶이었다. 불모의 정신세계, 결국 그는 황무지 같은 자신의 마음 상태에서 탈출하고자 〈황무지〉를 쓴 것이다.

삶을 허비하고 낭비한 죄. 엘리엇 개인에게 이처럼 정확히 그의 핵심적인 문제를 지적하는 단어는 달리 없을 것이다. 삶의 낭비란 그의 동료 에즈라 파운드가 이미 충고했듯이 예술가에게는 일종의 범죄에 해당하는 행위였기 때문이다. 황무지가 나오기까지 그는 완전히 인생을 낭비하고 살아온 셈이다. 그래서 시의 첫머리도 마치 어둠 속에 천둥이 울리듯 이렇게 시작된다. "4월은 잔인한 달/죽은 땅에서 라일락을 키워내고/추억과 욕정을 뒤섞고/잠든 뿌리로 봄비를 깨운다./겨울은 오히려 따뜻했다."

죽은 땅에서 새로운 생명들이 움트고 도약하는 4월이 왜 그토록 잔인하게 느껴진 것일까. 그는 모든 생명을 저주하고 질투했을까. 아니면 모든 삶의 축제를 거부한 것일까. 그에게는 모든 세상이 차디찬 죽은 땅으로 남아있어야만 자비의 땅으로 축복될 것인가. 하지만 그의 이런 역설적 표현은 결국 자신의 내면적 황무지를 거부하고 새로운 질서와 순결을 지향하는 그 나름대로의 몸부림으로 해석할 수도 있다. 4월의 새봄은 욕정이 움트는 춘정의 계절이기도 하다. 그러나 무의미한 욕정에 몸을 내던지는 현대인의 성을 엘리엇은 불결 그 자체로 보았다. 따라서 그에게는 온갖 추억과 욕정이 움트는 봄보다 차라리 모든 것이 잠든 겨울이 더욱 따뜻했던 것이다.

결혼을 일종의 지옥 체험으로 받아들였던 그로서는 오히려 모든 생명체의 번식이 본격적으로 시작되는 4월의 봄이야말로 추악한 생명의 본색을 드러내는 춘정의 계절로서 도로 묻어버리고 싶은 심정이었을 것이다. 보들레르를 논하는 자리에서 엘리엇은 악하지도 선하지도 않은 어중간한 상태보다는 차라리 악한 편이 낫다고 말했는데, 이는 마치 강력한 힘을 지닌 지배자 또는 가해자의 논리를 대변하는 듯이 들린다. 그는 분명 약하고 힘없는 사람들에 대한 연민의 정이나 동정심조차 느낄 수 없는 냉담한 성격의 소유자였음에 틀림없다.

엘리엇처럼 강박적이면서 나르시시즘적 성격의 소유자들은 타인에게 베풀고 공감하는 능력에 상당한 결함을 지니고 있기 마련이다. 그들의 가장 큰 약점은 애정 관계를 포함한 감정적 교류가 매우 곤란하다는 점이다. 따라서 그토록 두려운 감정의 세계로부터 도피할 수 있는 유일한 수단은 이성적 판단이 요구되는 지성의 세계, 다시 말해서 사고의 영역에만 전적으로 매달리는 것이다. 정신분석에서는 그런 현상을 지성화(intellectualization)라고 부른다. 그런 점에서 엘리엇의 주지주의는 결국 지성화의 산물이라 할 수 있다.

결벽증과 완전벽에 사로잡힌 엘리엇에게 결혼 생활은 지옥 체험 바로 그 자체였다. 결혼이라는 짐은 그만큼 그의 삶을 수렁 속으로 몰아넣은 끔찍스러운 고문이요 무덤이었던 셈이다. 그는 결국 아버지 노릇을 한 번도 해보지 못하고 말았다. 자식을 낳지 않았기 때문이다. 물론 불행한 결혼에서 비롯된 성적 갈등과 심리적 지옥 체험은 그의 출세작 〈황무지〉를 쓰게 만든 결정적인 계기를 이루었지만, 매우 강박적인 성격의 그에게는 극심한 히스테리를 부리는 아내의 존재야말로 죽음보다 더 끔찍스러운 마녀 체험 그 자체였다고 할 수 있다. 그래도 그는 꾹 참고 잘 견디었다. 그리고 그에 대한 보상으로 노벨 문학상뿐만 아니라 영국 왕실로부터 훈

장까지 받는 등 그 어떤 예술가들보다도 세속적인 성공을 거두는 행운이 뒤따랐다.

하지만 정서적으로 메마른 엘리엇뿐 아니라 정서적으로 매우 불안정한 아내 비비안 역시 자신의 심적 부담을 감당하지 못하고 결국 정신병원에 입원하는 신세가 되고 말았는데, 엘리엇은 그녀가 1938년에 입원해서 1947년 세상을 떠나기까지 10년 가까운 입원 기간 내내 단 한 번도 그녀를 방문하지 않았다. 그녀가 숨을 거둔 그해는 바로 엘리엇이 모교인 하버드 대학에서 명예 박사 학위를 받은 해이기도 했다. 그리고 이듬해 그는 생애 최대의 영예인 노벨 문학상을 수상했다. 결국 그는 문학적 성공으로 무엇에도 견줄 수 없는 영예를 안았지만, 그의 아내 비비안은 정신병원에서 오랜 투병 생활 끝에 불행한 삶을 마감하고 말았다.

엘리엇은 비록 미국에서 태어난 미국인이었지만, 귀머거리 장애인이었던 아버지의 나라, 품위 없이 천박한 땅, 미국을 떠나 머나먼 조상의 나라이며 품위 있는 귀족의 나라 영국에 귀화해 시민권을 얻음으로써 마침내 귀족의 일원이 되었다. 그는 영국인들과 똑같이 정장 차림으로 외출하기를 좋아했지만, 단순히 국적만 얻는 것으로는 완전치가 않았다. 따라서 완전한 영국인이 되기 위해 그는 성공회로 개종까지 한 것이다.

완벽주의자였던 그는 모든 불결함과 무질서, 성과 육체에 대해서 지독한 혐오감을 보였는데, 그런 특성은 자연스레 친가톨릭, 반유대주의적 성향을 보이는 보수 우익 노선으로 기울게 했다. 그가 자신의 조국을 바꾼 것은 곧 아버지의 나라를 바꾼 셈이 되지만 다행히 모국어는 잃지 않아도 되었다. 더 나아가 그 모국어로 시를 써서 세계적인 명성까지 얻게 되었으니 그에게 어머니는 유일한 이상향이고 구원자였던 셈이다. 하지만 어머니에 대한 그의 애정은 현실적으로 불가능했으며, 세속적 쾌락과 행복을 포기한 채 살아가는 어머니에게 연민의 정을 느꼈다. 따라서 그에게 불가능한 사랑의 땅, 미국은 더욱 견디기 어려운 땅이었다. 결국 그는 천박하고 교양 없는 무질서의 나라 미국을 떠나 보다 고상하고 귀족적인 멋과 질서의 나라 영국을 새로운 조국으로 선택한 것이다. 그의 대표작 〈황무지〉 역시 시인 자신의 정신적 갈등과 황폐함뿐 아니라 무질서한 세상을 한탄하고 질서에 대한 갈망을 노래한 것이 아니겠는가.

유진 오닐의 <상복이 어울리는 엘렉트라>

20세기 미국 문학을 대표하는 극작가로 1936년 노벨 문학상을 수상한 유진 오닐(Eugene O'Neill, 1888-1953)은 최초의 장막극 <지평선 너머>를 비롯해 <안나 크리스티>, <느릅나무 밑의 욕망>, <상복이 어울리는 엘렉트라>, <밤으로의 긴 여로> 등의 걸작 비극을 남겼으며, 대부분의 작품에서 꿈과 이상을 실현하려고 애쓰다가 결국에는 현실에 대한 환멸과 절망에 빠져 몰락하는 과정을 보여줌으로써 작가 자신의 염세주의를 그대로 드러내고 있다.

오닐은 뉴욕의 브로드웨이에 있는 한 호텔에서 배우의 아들로 태어났는데, 공교롭게도 죽을 때 역시 호텔에서 생을 마쳤다. 이처럼 호텔에서 태어나 호텔에서 죽은 그는 오랜 기간 고질적인 우울증과 알코올 중독에 시달렸으며, 50대에 접어들어서는 수전증이 심해져 더 이상 작품을 쓸 수 없을 지경에 이르렀다. 그는 보스턴의 쉐라톤 호텔에 머물다 숨을 거둘 때, 혼자 중얼거리듯 "난 알고 있었지. 호텔에서 태어나 호텔에서 죽으리라는 걸."이라는 말을 마지막으로 남기며 죽었다고 한다.

어린 시절 알코올 중독에 빠진 아버지와 모르핀 중독에 시달리던 어머니 밑에서 성장한 그는 일찌감치 기숙학교에 보내져 독서로 외로움을 달래는 시간이 많았다. 그런 음울한 성장 배경은 그의 자전적인 희곡 <밤으

로의 긴 여로〉에 그대로 반영되었는데, 한 가족 사이에서 빚어지는 애증과 환멸, 파멸의 이야기는 〈느릅나무 밑의 욕망〉, 〈상복이 어울리는 엘렉트라〉에서도 적나라하게 드러난다.

특히 〈상복이 어울리는 엘렉트라〉는 오이디푸스 갈등의 핵심을 이루는 근친상간과 부친 살해, 모친 살해 등이 총망라된 마논 일가의 비극을 다루고 있는데, 미국 남북 전쟁 직후 뉴잉글랜드를 무대로 펼쳐지는 현대판 그리스 비극이라 할 수 있다. 등장인물과 상관없이 제목에 엘렉트라의 이름이 붙은 것은 여주인공 라비니아가 고대 그리스 비극에 나오는 엘렉트라처럼 아버지를 살해한 어머니에게 복수한다는 설정이 똑같기 때문으로 보인다.

남북 전쟁에서 돌아온 에즈라 마논 장군은 아내 크리스틴과 그녀의 정부 브란트 선장의 음모로 독살된다. 범행 현장을 목격한 딸 라비니아는 아버지의 복수를 다짐하고 자신의 계획에 남동생 오린을 끌어들이려 하지만 어머니를 사랑한 그는 누나의 말을 믿지 못한다. 하지만 어머니와 브란트의 밀회 장면을 목격하고 질투심에 격분한 오린은 브란트를 살해하고 이에 충격을 받은 어머니는 자살하고 만다.

그 후 오린은 누나에게서 어머니와 똑같은 모습을 발견하고 그녀를 사랑하게 되지만 그녀가 자신의 친구 피터와 결혼하려 들자 질투심을 이기지 못하고 자살한다. 결국 모든 것을 포기한 라비니아는 무덤처럼 적막이 감도는 집에 홀로 남아 죽은 망령들과 함께 지내기로 결심한다. 그리고 그렇게 스스로 징벌을 가하면서 죽은 자들과 함께 사는 것이 죽음이나 감옥보다 더 무서운 정의의 심판이라는 자조적인 독백을 읊조린다.

이처럼 아버지를 독살하는 어머니, 딸과 아들의 복수, 어머니와 아들의 자살로 이어지는 마논 일가의 저주받은 운명은 마침내 상복을 입은 딸이 집의 모든 창과 문을 걸어 잠근 채 죽은 가족들의 망령과 함께 지내기로 결심하는 장면으로 막을 내리는데, 여기에는 딸의 아버지에 대한 사랑과 어머니를 향한 증오심, 어머니에 대한 아들의 집착과 배신감, 남매 지간의 사랑과 좌절 등이 모두 녹아 있어 오이디푸스 갈등의 결정판이라 할 수 있으며, 특히 엘렉트라 콤플렉스를 이해하는 데 교과서적인 모델을 제시한다는 점에서 이채롭다.

한 가족의 파멸 과정을 통해 현대 심리극의 정수를 보여주는 데 일가견을 지닌 유진 오닐은 〈밤으로의 긴 여로〉와 〈상복이 어울리는 엘렉트라〉 외에 〈느릅나무 밑의 욕망〉에서도 그리스 신화의 비극적 요소를 가미시키고 있는데, 여기에는 자식을 살해하는 복수의 화신 메데이아, 그리고 의붓아들을 유혹하는 계모 페드라의 이야기가 서로 중첩되어 19세기 중반 뉴잉글랜드의 음산한 시골 농가를 무대로 사악한 계모 애비 퍼트넘과 의붓아들 에벤 캐봇을 중심으로 내세워 다시 재연된다.

젊은 후처와 아들의 불륜 사실과 더불어 갓난아기까지 죽인 사실을 알고 그들을 미친 듯이 저주하는 75세 노인 에프람 캐봇은 매우 탐욕적인 호색한으로 〈밤으로의 긴 여로〉에 등장하는 폭군적인 아버지의 모습과도 비슷하다. 그런 아버지에 반항하는 아들과 어머니에 대한 죄책감 등이 일관된 주제로 다루어진다는 점에서 이들 작품은 유진 오닐 자신의 자전적인 요소가 많이 반영된 것으로 볼 수 있다.

김소월의 <엄마야 누나야>

　일제 강점기에 활동하며 〈진달래꽃〉, 〈산유화〉, 〈금잔디〉, 〈초혼〉, 〈엄마야 누나야〉 등 민족 고유의 정서를 담은 향토색 짙은 수많은 시를 남긴 김소월(金素月, 1902-1934)은 우리나라에서 가장 많은 애송시를 남긴 민족시인으로 한국인이면 그의 시를 모르는 사람이 없을 정도로 많은 사랑을 받은 국보급 시인이다. 하지만 개인적으로는 가난과 우울증에 시달리며 몹시 불행한 삶을 누리다가 32세라는 젊은 나이로 음독자살하는 바람에 더 이상의 작품을 낳지 못하는 아쉬움을 남기고 말았다.

　김소월은 평북 구성 태생으로 본명은 김정식(金廷湜)이다. 그가 두 살 무렵에 아버지는 철도 공사장에서 일하던 일본인 인부들에게 집단 폭행을 당한 후 정신 이상 증세를 보여 몸져누워 지내게 되었는데, 그런 환경 탓에 소월은 일찌감치 광산을 경영하는 조부에게 맡겨져 자랐다. 정주 오산 학교 시절부터 시를 쓰기 시작한 그는 재학 중이던 14세 때 조부의 강요로 홍단실과 마음에도 없는 혼인을 했으며, 그 후 동경 유학을 떠났으나 관동 대지진으로 중퇴하고 귀국했다.

　고향에 돌아온 그는 생전에 시집 〈진달래꽃〉을 출간하기도 했지만, 광산 경영과 동아일보 지국 운영에 연달아 실패하자 극심한 가난에 허덕여야 했으며, 처가에 얹혀 지내면서 시름을 잊기 위해 술로 세월을 지새

웠다. 원래 심약하고 예민했던 그는 수시로 아내에게 함께 죽자고 말하기도 했는데, 결국 우울증을 견디지 못하고 아편 음독으로 자살하고 말았다.

그가 20세 때 처음 발표한 시 〈진달래꽃〉은 이별의 아픔을 그린 서정시로 민요조의 가락을 통해 한국 고유의 한의 정서를 담아 표현한 애송시다. 사랑하는 연인을 어쩔 수 없이 떠나보내는 한 여성의 다부진 마음가짐을 읽을 수 있는 시인데, 자신이 역겹다고 떠나는 길이지만 임이 가는 길에 오히려 진달래꽃을 뿌려주며 죽어도 아니 눈물 흘리겠다는 여인의 다짐이 매우 당차 보인다.

그러나 이처럼 당찬 여성의 모습에 비해 정작 소월 자신은 매우 상처받기 쉬운 연약한 심성의 소유자로 정신 이상자인 아버지와 과잉보호적인 어머니, 엄격하고 고집 센 조부, 그리고 마음에도 없는 강요된 결혼 등으로 많은 괴로움을 안고 살아야 했다. 실제로 그는 시만 쓰는 시인이었지 현실적인 생활력은 무능하기 짝이 없는 인물로 자신에게 주어진 경제적, 도덕적 책임에 몹시 버거워했다.

처자식 생계 부담으로 엄청난 스트레스를 받은 소월은 그런 삶의 굴레에서 벗어나고픈 욕구가 매우 컸을 것으로 보이며, 그런 점에서 소월의 시 〈엄마야 누나야〉는 지극히 짧으면서도 그의 오랜 소망을 간절히 담고 있는 작품이라 할 수 있다. 평화롭고 아름다운 강변에서 엄마와 누나랑 영원히 살고 싶다는 어린 소년의 소박한 심정을 노래하고 있기 때문이다.

엄마야 누나야 강변 살자.
뜰에는 반짝이는 금모래 빛
뒷문 밖에는 갈잎의 노래
엄마야 누나야 강변 살자.

매우 짧고 단순한 노래지만 여기에는 소월의 오랜 꿈과 소망이 담겨있는 것처럼 보인다. 왜냐하면 아버지의 존재가 보이지 않기 때문이다. 사실 정신이 오락가락하는 아버지는 소월의 삶에서 빠지고 없는 존재나 마찬가지였다. 따라서 아버지 없이 자란 것이나 다를 바 없던 그에게 유일한 삶의 의지처는 오로지 어머니였을 뿐이다. 더군다나 그는 14세라는 어린 나이에 내키지 않는 결혼까지 억지로 해야만 했다. 그에게는 사랑하지도 않는 아내의 존재란 제구실을 하지 못하는 아버지만큼이나 무의미한 것이었고, 그래서 오직 엄마와 누나랑 함께 강변에서 살고 싶다는 오이디푸스적 소망을 노래한 것이 아니겠는가.

그런 점에서 그가 자신의 시 〈초혼(招魂)〉에서 그토록 절절이 구슬프게 부른 이름의 주인공이 과연 누구일까 생각해 본다면, 그것은 바로 그 자신의 어머니였기 쉽다. 소월의 삶에서 그가 진정으로 사랑하고 의지했던 여성은 어머니밖에 달리 없었기 때문이다. 비록 어머니는 일자무식의 문맹이었지만, 시집을 오자마자 남편이 정신 이상자가 되는 바람에 오로지 아들에게만 정을 쏟으며 위안을 삼았는데, 소월은 그런 어머니를 몹시 사랑하고 의지하면서도 다른 한편으로는 소통의 단절과 수치심 때문에 매우 양가적인 태도를 지닐 수밖에 없었다.

잘 알려진 작품은 아니지만 소월의 시 〈고락(苦樂)〉을 보면 자신에게 주어진 삶을 얼마나 부담스러워했는지 어느 정도 짐작게 해준다. 물론 그의 시는 애달픈 이별의 아픔과 슬픔을 노래한 경우가 많지만, 이처럼 노골적으로 자신의 힘겨운 상태를 드러낸 작품은 그리 흔치가 않다. 그럼에도 불구하고 그는 이러지도 저러지도 못하는 자신의 처지를 우주 순환론적인 자연관을 통해 극복하고자 하는 모습을 보이고 있는데, 예를 들어 버겁다고 무조건 짐을 내던지는 게 능사가 아니요 그런 삶의 부담과 괴로움을 그대로 지고 가면서 어떻게든 견디는 사람만이 진정으로 사람다운 사람이라고 강조한다. 그러면서 아무리 칼날 위에 춤추는 인생이라 할지라도 그것을 견디지 못하고 물속에 몸을 던진 여인의 나약함을 비웃고 있다.

하지만 소월 역시 그런 미친 춤을 추다가 스스로 생을 마감한 여인처럼 그 자신도 결국에는 그토록 무거운 짐을 내던지고 자살하고 말았다. 물론 시와 현실이 반드시 일치할 수는 없기 마련이고, 더군다나 그것이 일치한다면 오히려 시가 될 수도 없는 노릇이겠지만, 그와 동시대에 죽지 못해 살아가던 일제 식민 치하의 수많은 동포가 그나마 소월의 시를 읽고 위안을 받으며 용기와 희망을 잃지 않았다는 점을 생각한다면, 그의 비극적인 최후는 당시의 동포들에게 더욱 큰 실망과 아픔으로 와닿았을 것으로 보인다.

말년에 이르러 자포자기 심정에 빠져 지내던 그는 가장 절친했던 문우 나도향이 일찍 죽은 데다 시인 이장희마저 자살로 생을 마감하자 더욱 큰 충격을 받은 것으로 보인다. 어느 추운 겨울날 소월은 뒷산 무덤가를 배회하다가 하산해 귀가한 후 아내와 함께 밤늦게까지 술을 마셨으며, 술에 취한 아내에게 장에서 구해 온 아편을 은단이라고 속여 먹게 했으나 그것을 뱉어버린 아내는 살아남고 소월은 다음 날 숨을 거두었다.

조지 오웰의 <1984>

　영국의 소설가 조지 오웰(George Orwell, 1903-1950)은 무정부주의적 사회주의 작가로 전체주의를 조롱한 풍자 소설 <동물농장>과 스탈린의 독재 체제를 비판한 공상 소설 <1984>로 유명하다. 에릭 아서 블레어가 본명인 그는 대영 제국 식민지였던 인도의 벵갈 지방에서 태어났는데, 그의 아버지는 식민국의 관리로 아편 수출 업무를 감독하는 일을 맡고 있었다. 당시 영국은 대규모의 아편을 중국으로 수출하여 막대한 이익을 얻고 있었다. 오웰의 증조부는 자메이카 농장에 많은 노예를 거느리며 살았던 인물이다. 이처럼 오웰의 가족 배경을 보면 전형적인 식민 제국주의자 집안이었음을 알 수 있다.

　하지만 두 살 때 어머니와 함께 영국으로 돌아와 자랐기 때문에 네 살 무렵에 잠시 귀국했던 아버지를 본 것 외에는 아홉 살이 될 때까지 서로 상종할 기회가 거의 없었다. 비록 그는 상류층 자제들이 다니는 이튼 학교에 들어갔으나 보잘것없는 외모에 신분상의 차별까지 절감하고 지독한 열등감에 사로잡혔으며, 성적 또한 바닥이어서 스스로 실패한 인생이라는 자괴감에 빠져 지내야 했는데, 그런 느낌은 일생 동안 그를 괴롭히는 화두가 되었다. 결국 형편없는 성적 때문에 옥스퍼드 대학 진학을 기대할 수 없게 되자 그는 차라리 자신의 아버지처럼 식민지 관료의 길을 택하게 되었다. 버마에 상주하는 제국 경찰이 된 그는 다른 동료들처럼 원주민들을 가혹하게 다루지는 않았지만, 불교 승려들을 비롯한 현지인들에 대해서는 몹시 경멸하는 태도를 지니고 있었다.

하지만 5년에 걸친 식민지 관리 생활은 그에게 극심한 자기혐오감을 심어주었을 뿐이며, 결국 가족의 반대를 무릅쓰고 제국주의 하수인 노릇을 청산한 뒤 작가의 길로 들어섰다. 그러나 작가의 길은 생각처럼 결코 순탄치가 않았다. 그의 작품은 계속 빛을 보지 못했으며 밑바닥 생활을 전전하는 고된 나날이 계속 이어졌다. 그렇게 생활고에 허덕이며 오랜 기간 굶주린 탓에 건강마저 해치고 말았는데, 그런 고생을 한 오웰이었으니 그가 무정부주의적 사회주의에 기울어진 것은 어쩌면 당연한 결과였다.

1935년 하숙집 주인의 소개로 만난 아일랜드 여성 아일린 오쇼네시와 결혼한 그는 이듬해 그녀와 함께 스페인 내전에 참전해 공화파를 위해 싸웠으나 총상을 입고 후송되어 모로코에서 요양했다. 제2차 세계대전 기간에는 〈동물농장〉을 탈고했으나 스탈린에 대한 조롱 섞인 비유 때문에 출간되지 못하다가 아내 아일린이 사망한 1945년에 비로소 발표했다. 〈동물농장〉의 성공으로 유명 작가로 떠오른 그는 곧바로 〈1984〉 집필에 착수했는데, 폐결핵이 악화돼 힘겨운 상태임에도 불구하고 마침내 작품을 완성했다. 그 후 탈진한 그는 소냐 브라우넬의 보살핌을 받으며 지내다가 숨을 거두기 불과 석 달 전에 그녀와 결혼식을 올렸다. 밝고 자유분방한 성격의 소냐는 〈1984〉의 주인공 윈스턴이 사랑했던 줄리아의 모델이 된 여성으로 1980년에 런던에서 사망했다.

오웰이 〈1984〉에서 묘사한 대양국 오세아니아는 빅브라더의 지배를 받는 가상 국가다. 마치 스탈린을 염두에 두고 창조한 듯이 보이는 빅브라더의 존재는 특히 민중의 사고와 감정까지 완벽하게 통제한다는 점에서 소름 끼칠 정도로 두려운 대상이다. 진리성에 근무하는 주인공 윈스턴 스미스는 당이 강요하는 위선적인 체제에 저항해 줄리아를 상대로 애정성에서 금지하고 있는 연애에 빠지면서 진정한 사랑을 깨닫는다. 하지만 내부 당원 오브라이언의 함정에 빠진 그는 애정성에 끌려가 혹독한 고문과 세뇌를 받고 결국에는 다른 사상범들과 똑같이 빅브라더를 뼛속까지 사랑하는 인간으로 거듭나면서 빅브라더의 은총에 감사하는 마음과 더불어 기쁨에 겨운 눈물을 흘리며 처형장으로 향한다.

그런데 대양국에서 특히 주목할 부분은 민중의 사고와 감정을 철저하게 통제하는 빅브라더의 가공할 지배 전략이다. 대양국 진리성의 벽에 걸린 3대 슬로건, '전쟁은 평화, 자유는 예속, 무지는 힘'이라는 구호는 그야말로 사고의 전도 그 자체라 할 수 있는 것으로, 이처럼 전도된 가치의 세뇌 교육을 통해 지배자는 완벽하게 민중을 구속한다. 오웰은 그것을 '이중사고'로 명명했는데, 무지가 곧 힘이라는 교육을 통해 자유 의지를 말살하고 전적으로 수동적인 인간으로 개조하는 체제의 구속은 바로 지옥 그 자체다. 그런 이중사고의 주입은 거의 집단적 망상 단계로까지 발전시킨다. 이는 곧 모든 민중을 파블로프의 개로 만들어 버리는 결과를 초래한다. 이처럼 자동인형으로 변해버린 민중은 학습된 사고와 개념 및 정의 이외에 존재할 수 있는 다른 가능성에 대해서는 상상조차 할 수 없게 된다.

물론 오웰은 스탈린의 무자비한 독재를 비판할 목적으로 〈1984〉를 썼지만, 그가 창조한 빅브라더는 단순한 정치적 풍자나 비유를 넘어서 이 세상에 존재하는 모든 폭군적인 아버지를 상징한 것일 수도 있다. 왜냐하면 오웰의 삶에서 아버지의 존재는 빅브라더와 같이 눈앞에 보이지는 않지만, 항상 배후에 숨어서 막강한 지배력을 행사하는 존재였기 때문이다. 그는 어린 시절 주로 어머니와 누이들과 함께 살면서 아버지가 안겨준 신분적 한계 때문에 상당한 나르시시즘적 상처와 열등감에 젖어 지내야만 했다. 그가 아버지의 지배 영역을 벗어나고 또한 아버지를 능가할 수 있는 유일한 탈출구는 세상을 변혁시키는 길밖에 없었다.

그가 처음에 사회주의에 기울어진 이유는 평등에 대한 열망 때문이었지만, 평등을 얻어도 자유가 말살된 소비에트 사회는 그의 이상에 맞지 않았다. 그는 결국 다소간의 불평등을 인정하더라도 자유가 보장된 자본주의 사회로 돌아서기도 했으나, 그의 이념적 혼란은 마치 어머니와 아버지 둘 중의 하나를 선택해야만 하는 아들의 입장과 비슷하다. 피지배자인 어머니를 구원하기 위해 평등을 얻고자 싸웠으나 어머니를 사랑할 수 있는 자유가 박탈된 세상을 그는 도저히 참을 수가 없었다. 따라서 자유를 위해서는 평등을 희생시키는 수밖에 없었던 것이다.

〈1984〉의 주인공 윈스턴은 이성에 대한 쾌락을 추구했다는 이유만으로 감옥에 갇힌 상태에서 잔혹하고 끔찍스러운 쥐 고문을 당한 후 마침내 회심하게 되는데, 실제로 오웰은 쥐를 몹시 두려워했으며, 스페인 전선에서 싸울 때도 밤에 쥐 떼를 보고 겁에 질려 쥐에게 총을 난사한 적까지 있다고 한다. 어쨌든 윈스턴이 당한 쥐 고문은 프로이트가 분석했던 환자 '쥐 사나이(Rat Man)'의 쥐 고문에 대한 강박 사고와 거세 공포를 연상시키기에 족하다. 왜냐하면 공포에 질린 윈스턴이 결국 처음으로 사랑을 느꼈던 줄리아를 포기하고 빅브라더만을 사랑하기로 마음을 돌린 것은 어머니에 대한 독점을 포기하고 아버지의 권력에 따르기로 회심한 오이디푸스기 남아의 타협 과정과 매우 유사하기 때문이다.

사실 따지고 보면, 우리의 진정한 유토피아는 어머니의 자궁이다. 출생 이후 우리에게 주어진 세계는 디스토피아일 수밖에 없다. 원초적 모자 관계에서 벗어나 아버지의 존재가 출현하는 시점은 본격적인 디스토피아의 시작을 알리는 서막에 불과하다. 대양국의 빅브라더가 절대 권력을 행사하는 세계는 아버지가 지배하는 디스토피아와 다를 바 없다. 따라서 오웰의 무의식적 환상은 그런 가부장적 지배 체제에 반기를 들고 모권 사회적 유토피아를 갈망하는 것이다. 결국 그에게 어머니는 천국이요, 아버지는 지옥인 셈이다. 오웰에게는 어머니가 존재하지 않는 세계 그 자체야말로 지옥이며, 아버지의 보복과 감시를 두려워하며 전전긍긍해야만 하는 세상은 단지 악몽일 뿐이다. 결국 그에게 어머니는 유토피아의 상징이며 아버지는 디스토피아의 상징이 되는 셈이다.

프랭크 오코너의 <나의 오이디푸스 콤플렉스>

아일랜드를 대표하는 단편 소설가로 손꼽히며 '아일랜드의 체호프'라는 별칭으로 불리는 프랭크 오코너(Frank O'Connor, 1903-1966)는 아일랜드인의 소박한 삶을 풍부한 유머와 세련된 문장으로 묘사하는 동시에 아일랜드의 비참한 역사를 통해 벌어진 가슴 아픈 이야기들을 매우 사실적인 수법으로 묘사함으로써 아일랜드 국민의 사랑을 독차지했던 작가였다.

본명이 아버지와 똑같은 마이클 오도노반으로 아일랜드 남부 코어크에서 당시 영국 군대에 근무하던 군인의 외동아들로 태어난 오코너는 어려서부터 폭력적인 술주정뱅이 아버지 때문에 몹시 불행한 아동기를 보내야 했다. 알코올 중독자였던 아버지는 항상 빚에 쪼들렸으며 힘겨운 가정부 일로 생활을 꾸려가는 어머니를 잔인하게 학대하고 괴롭혔다. 오코너는 그런 어머니를 따르고 숭배했으며 스스로 마마보이임을 인정하기도 했다. 어머니는 자기 앞에서 아들이 아버지를 욕하고 흉보는 것을 절대로 용납하지 않았지만, 오코너는 항상 아버지에 대한 적개심과 분노에 가득 차 있었다.

폭군 아버지 밑에서 성장한 오코너는 책을 몹시 싫어하는 아버지의 눈치를 보느라 독서조차 마음대로 할 수가 없었으며 학교 수업도 12세 나이로 끝나고 말았다. 교육을 제대로 받지 못한 그는 도서관에서 홀로 공부했는데, 영국에 협조했던 아버지를 혐오하며 15세라는 어린 나이로 아일랜드 독립군에 가담해 싸우다가 포로로 붙들려 옥고를 치르기도 했다. 이처럼 그는 일생 동안 지속된 아버지와의 전쟁을 통해 박해받는 어머니를 보호하고 구원하고자 했으며, 자신의 필명도 아버지의 성 오도노반을 버리고 어머니의 성인 오코넬로 바꿀 정도로 자신과 어머니를 학대한 아버지를 결코 용서하지 않았다.

따라서 그의 일인칭 소설 〈나의 오이디푸스 콤플렉스〉는 전적으로 작가 자신의 실제 아동기 경험과 프로이트 이론에 대한 공감을 토대로 태어난 작품이라 하겠다. 이 소설의 주제는 한마디로 어머니의 침대를 둘러싸고 벌어지는 아버지와 어린 아들의 치열한 경쟁을 희화적으로 다루고 있는데, 처음에는 아버지에게 밀려나 어머니를 빼앗긴 아들이 아버지를 경멸하고 증오하지만, 새로운 아기가 태어나면서 아버지마저 어머니의 침대에서 쫓겨나는 신세가 되어 어쩔 수 없이 아들 곁에서 잠을 자게 되자 비로소 부자지간에 화해가 이루어진다는 이야기다.

특히 질투심에 사로잡힌 아들이 이른 아침에 부모 침실로 달려가 어머니 곁으로 파고들며 아버지에게 발길질을 했다가 두들겨 맞는 장면, 그리고 나중에 어른이 되면 엄마와 결혼해서 아기를 많이 낳겠다고 선언하는 장면과 그런 아들을 보고 흐뭇해하는 어머니의 모습, 어머니의 관심을 모조리 앗아 간 갓난아기의 단잠을 깨우며 의도적으로 괴롭히는 모습 등은 오이디푸스 콤플렉스의 핵심을 드러낸 이 소설의 백미라 하겠다.

토마스 만의 <선택된 인간>

1929년 노벨 문학상을 받은 독일의 소설가 토마스 만(Thomas Mann, 1875-1955)은 대표작 <마의 산>을 비롯해 <부덴브로크가의 사람들>, <토니오 크뢰거>, <베네치아에서의 죽음>, <요셉과 그의 형제들>, <파우스트 박사>, <선택된 인간> 등의 걸작을 남긴 현대 독일을 대표하는 문호다.

70대 중반에 접어든 1951년에 발표한 그의 마지막 대표작 <선택된 인간>에서 소설의 주인공으로 등장하는 교황 그레고리우스는 근친상간에 의해 태어난 비극적 운명의 희생자일 뿐 아니라 더 나아가 자신을 낳은 어머니와 혼인까지 해서 자식을 낳게 되는 이중의 도덕적 죄악에 시달리게 된다.

중세 플랑드르 지방의 통치자 그리말트 군주는 쌍둥이 남매 빌리기스와 지빌라를 얻는 대신 부인을 잃고 만다. 그리말트는 이웃과의 동맹을 강화하기 위해 딸 지빌라를 인접국의 왕에게 시집보내려고 하지만, 빌리기스를 연모하던 지빌라는 아버지의 뜻에 따르지 않는다. 아버지가 죽자 연인 관계로 발전한 이들 남매는 마침내 아기를 낳게 되지만, 근친상간을 저지른 죄악 때문에 아기는 작은 통에 담아 바다에 내버리고, 빌리기스는 속죄의 뜻으로 순례의 길을 떠났다가 죽음을 맞이한다.

한편 어부들에 의해 발견된 아기는 수도원에 인계되어 그레고리우스라는 이름으로 세례를 받고 건장한 청년으로 자란다. 하지만 우연한 기회에 수도원장으로부터 자신에 관한 출생의 비밀을 알게 된 그레고리우스는 수도원을 떠나 세상으로 나간다. 때마침 권력을 탐내는 구혼자로 인해 곤경에 빠져 있던 플랑드르의 지배자 지빌라는 상대를 물리치고 결투에서 승리한 그레고리우스를 남편으로 맞아들여 두 딸을 낳는다. 하지만 행복도 잠시였을 뿐, 이들 부부의 모자 관계가 밝혀지면서 죄의식에 사로잡힌 그들은 제각기 속죄의 길을 떠난다.

그레고리우스는 호수 한가운데 있는 외딴 바위섬에서 혹독한 참회의 시간을 보내고, 지빌라 또한 속세를 떠나 나환자를 돌보며 속죄의 나날을 보낸다. 그렇게 17년의 세월이 흐른 뒤, 교황을 새로 선출해야 할 시점에 이르러 로마의 두 주교가 하늘의 계시를 받고 새로운 교황으로 선택된 그레고리우스를 발견한다. 이처럼 신의 섭리에 따라 교황의 자리에 오른 그레고리우스 앞에 늙은 지빌라가 나타나고 마침내 서로에게 용서를 구한 그들은 신의 은총 안에서 형제자매로 살아가는 길만이 가장 거룩한 일임을 깨닫고 회한의 눈물을 흘린다.

이처럼 남매간의 근친상간과 모자간의 근친상간이라는 비극적 운명의 장난에 휘말린 지빌라와 그레고리우스지만, 소포클레스의 오이디푸스와 이오카스테에 비하면 그래도 그 결말이 결코 어둡지 않다. 그레고리우스는 참담한 고통이 따르는 속죄의 고행을 통해 오히려 신의 선택을 받고 교황의 자리에까지 오르는 은총을 입었으니 말이다.

술독에 빠져 죽은 딜런 토머스

  영국 웨일스 출신의 시인 딜런 토머스(Dylan Thomas, 1914-1953)는 일찍부터 천재 시인으로 인정받으며 대중적인 인기를 독차지했으나, 과도한 폭음으로 인해 39세라는 젊은 나이로 아깝게 요절하고 말았다. 세상의 온갖 위선과 폭력을 질타하는 언행과 시어로 폭발적인 인기를 끌었던 그는 특히 제2차 세계대전 이후 수차례 미국 방문을 통해 강연과 시 낭송으로 젊은이들의 우상이 되었다. 전설적인 포크 가수 밥 딜런도 그의 시에 매료되어 자신의 예명을 딜런으로 지을 정도였다. 하지만 이미 건강이 좋지 않았던 딜런 토머스는 미국 방문길에서도 온종일 폭음을 계속했으며, 심지어는 호텔 침대에서도 술잔을 손에서 놓지 않았다. 결국 39회 생일 파티를 보낸 직후 의식을 잃고 병원 응급실로 옮겨졌으나 끝내 소생하지 못하고 말았다. 항간에는 그가 마지막으로 남긴 말이 "방금 위스키 스트레이트 18잔을 마셨지. 이건 기록이야."라며 자랑을 한 것으로 알려지기도 했다.

  딜런 토머스의 요절은 사실상 자살 행위나 다름없는 폭음 때문에 벌어진 불가피한 결과였다. 그의 무모한 음주 습관은 매우 충동적이고도 자기 파괴적인 성향에 따른 결과로 볼 수 있는데, 어려서부터 의존성이 강한 마마보이로 자란 그는 자신의 내면에 감춰진 소심함과 나약함에 대한 자기혐오를 덮기 위해 더욱 술에 의지하고 그것도 과격한 폭음을 통해 남달리 강한 남성성을 과시한 것으로 보인다. 영국 웨일스 남부의 스완지에서 영어 교사의 아들로 태어난 그는 어머니의 지나친 과잉보호를 받고 자라면서 매우 소심하고 나약한 심성의 소유자가 되었으며, 어려서부터 기관지 천식을 앓아 항상 어머니의 관심과 염려의 대상이 되었다. 따라서 그는 성인이 되어서도 응석받이 노릇을 즐겼을 뿐만 아니라 사람들로부터 관심과 동정심을 이끌어 내는 특별한 재주가 있었다.

더욱이 아버지가 지어준 이름 '딜런'은 웨일스 발음에 따라 '덜런'으로 불렸는데, 어머니는 그런 이름 때문에 아들이 학교에서도 멍청이를 뜻하는 '덜 원(dull one)'으로 불리며 놀림받지나 않을까 전전긍긍하기도 했다. 어머니의 극진한 보살핌이 어느 정도였는지는 그가 일생 동안 삶은 달걀 껍질 벗기는 방법을 전혀 알지 못했다는 사실을 통해서도 알 수 있다. 그래서 그는 결혼한 후에도 삶은 달걀을 먹을 때 아내 케이틀린이 대신 껍질을 벗겨주었다고 한다.

10대 소년 시절부터 시를 쓰기 시작한 그는 워낙 숫기가 없고 수줍음이 많아 학교에서도 별다른 두각을 드러내지 못하고 마치 투명 인간처럼 존재감이 없었는데, 시인으로 데뷔한 초창기에 이미 폭음을 하기 시작했다. 그 무렵 친구의 소개로 술집에서 한 살 연상의 댄서 케이틀린을 처음 만난 그는 술에 취한 상태에서 그녀의 무릎에 머리를 기댄 채 사랑을 고백했으며, 만난 지 불과 10분 만에 함께 잠자리를 가졌다고 한다. 원래 그녀는 소개한 친구의 연인이었지만, 결국 딜런 토머스가 친구의 애인을 가로채고 그녀와 결혼하기에 이른 것이다. 이처럼 매우 충동적인 구애 과정을 보면, 사랑하는 어머니를 아버지에게 빼앗긴 앙갚음을 상징적으로 드러낸 행동으로 보이며, 한마디로 말해서 오이디푸스 콤플렉스에서 비롯된 갈등의 흔적을 우회적인 방식으로 해결한 결과라 할 수 있다.

당시 그는 급진적 좌파에 기울어 반전과 반파시즘을 외치는 공산주의자들과 어울렸으나, 정작 제2차 세계대전이 발발하자 징집을 피하기 위해 지병인 천식을 내세워 위기를 모면하기도 했다. 그럼에도 불구하고 그는 전선으로 떠나는 친구들의 모습을 보고 슬퍼하며 술독에 빠져 지내는 모순된 행동을 보이기도 했다. 더욱이 처자식이 딸린 상태에서 많은 여성과 스캔들을 일으키고 심지어는 전쟁 중에도 불륜을 일으켜 아내 케이틀린을 몹시 화나게 만들었다.

전쟁이 끝난 후 세 차례에 걸친 미국 순회강연을 통해 그 자신 특유의 멜랑콜리한 음성으로 시를 낭송함으로써 청년층에 폭발적인 인기를 얻기도 했으나, 무대에 오르기 직전까지 술을 마신 그의 모습에 시 낭송회를 주최한 측은 곤혹감을 감추지 못했다고 한다. 평소 기관지가 약한 데다 통풍과 위장병이 있음에도 제대로 치료받지 않은 그는 결국 무모한 폭음으로 뉴욕의 호텔에서 의식을 잃은 후 곧바로 성 빈센트 병원으로 후송되었으나 끝내 의식을 되찾지 못하고 숨졌다. 공교롭게도 딜런 토머스가 죽은 같은 해에 그의 누이 낸시가 간암으로 죽었으며, 그 전해에는 아버지가 폐렴으로 사망하고, 어머니는 사랑하는 아들이 죽은 지 5년 뒤에 세상을 떠났다.

딜런 토머스의 죽음에는 온갖 억측이 난무하고 있으나, 분명한 사실 한 가지는 그가 죽도록 미친 듯이 술을 마셨다는 점이다. 왜 굳이 그래야만 했을까. 그런 점에서 구강기 퇴행과 더불어 오이디푸스 갈등의 고리가 적절한 설명을 제공해 줄 수 있을 것이다. 현실적으로 독점할 수 없는 어머니를 대신해 성급하게 선택한 아내 케이틀린을 통해서도 그는 자신의 뿌리 깊은 욕구를 완전히 해소하기 어려웠던 것으로 보인다. 비록 그는 평범한 영어 교사에 불과한 아버지의 능력을 뛰어넘어 영문학계에 뚜렷한 발자취를 남긴 세계적인 시인으로 성공했지만, 그럼에도 자신의 전부이기도 했던 어머니를 차지할 수 없을 뿐만 아니라 그녀를 대신할 상징적 어머니로 선택한 케이틀린은 자신보다 술을 더욱 사랑했으며, 어머니만큼 자신을 사랑하고 보살펴 주지도 못했다. 그런 불만과 좌절이 그를 더욱 우울하게 만들었으며, 무절제한 폭음과 불륜으로 이끌었던 것으로 보인다. 결국 의존성 우울증과 성공 우울증, 구강기적 좌절과 오이디푸스 갈등의 좌절 등이 복합적으로 작용한 결과, 그를 자학적인 몸부림의 벼랑 끝까지 몰고 간 것으로 보인다.

사강의 <슬픔이여 안녕>

소르본 대학 재학 시절 18세의 어린 나이에 발표한 데뷔작 <슬픔이여 안녕>으로 일약 천재 소녀 작가로 세상에 알려진 프랑수아즈 사강(Françoise Sagan, 1935-2004)은 프랑스의 소설가로, 본명은 프랑수아즈 쿠아레(Françoise Quoirez)이다. 이 외에도 <어떤 미소>, <브람스를 좋아하세요> 등의 소설로 승승장구한 그녀는 그 후 '매혹적인 작은 악마'라는 별명이 붙을 정도로 과속 운전, 약물 중독, 과도한 음주, 도박, 탈세 등 온갖 비행의 대명사가 되어 한동안 사회적 지탄을 받기도 했다.

그녀에게 출세의 발판을 마련해 준 <슬픔이여 안녕>은 17세 사춘기 소녀 세실이 주인공이다. 세실의 아버지 레이몽은 바람둥이 홀아비로 아내와 사별한 후 재혼하지 않고 자유분방한 애정 생활을 이어나간다. 당연히 아버지는 세실에게 공부하라는 잔소리도 하지 않는다. 세실은 그런 아버지와 그의 정부 엘자와 함께 한여름을 리비에라 해안 별장에서 즐겁게 보낸다. 더군다나 그녀는 이웃에 사는 20대 청년 시릴과도 사귄다.

그런데 어느 날 죽은 어머니의 친구 안이 별장에 찾아오면서 그동안 유지되던 삶의 균형이 깨지고 만다. 다분히 즉흥적이고 자유분방한 삶을 추구하는 레이몽과 세실 부녀와는 달리 지적으로 세련되고 질서를 추구하는 스타일의 안이 나타나자 아버지의 관심은 온통 안에게 쏠리고 엘자는 뒷전으로 내몰린다. 설상가상으로 죽은 어머니를 대신해 대모 역할을 자처하는 안은 세실의 일거수일투족을 간섭하며 잔소리를 늘어놓는다.

갑작스러운 상황 변화로 세 여자, 세실과 안, 엘자 사이에는 레이몽의 관심을 끌기 위한 보이지 않는 치열한 각축전이 벌어지고, 그런 경쟁은 레이몽과 안이 느닷없이 약혼을 발표하면서 새로운 국면으로 접어든다. 두 사람의 결합을 어떻게든 막아보려던 세실은 결국 아버지의 질투심을 자극하기 위해 엘자와 시릴이 사귀는 척 일을 꾸민다. 그리고 예상한 대로 아버지는 젊은 시릴에게 질투심을 느끼고 엘자에게 다시 관심을 쏟지만, 아버지와 엘자가 함께 있는 장면을 목격한 안은 울음을 터뜨리며 자동차를 몰고 절벽에서 뛰어내려 자살하고 만다. 예기치 못한 안의 비극으로 인해 아버지와 함께 예전의 삶으로 다시 돌아오게 된 세실의 마음은 어둡기만 하다.

이 소설의 전개 과정에서 우리가 알 수 있는 부분은 어머니를 잃고 바람둥이 아버지와 함께 단둘이 사는 딸의 모습이 오히려 매우 만족스럽고 행복해 보인다는 점이다. 그리고 이런 평화는 어머니의 대리인을 상징하는 안의 등장으로 인해 무참하게 깨지게 되면서 세실에게 커다란 위기로 다가오게 된다. 통째로 아버지를 빼앗길 위기에 처한 것이다. 이는 곧 오이디푸스 갈등의 핵심을 의미할 뿐만 아니라 강력한 경쟁 상대인 안을 죽음으로 내몰기까지 함으로써 아버지를 독점하려는 딸의 무의식적 갈망을 드러낸 것이기도 하다.

사르트르의 <말>

무신론적 실존주의 사상을 대표하는 20세기 프랑스 최고의 작가이자 철학자 장 폴 사르트르(Jean Paul Sartre, 1905-1980)는 철학적 대저 <존재와 무>를 비롯해 <실존주의는 휴머니즘이다> 등의 저서로 서구 지식인 사회에 실존주의 철학 붐을 일으킨 바 있으며, 작가로서의 재능도 뛰어나 <구토>, <벽>, <자유의 길> 등의 소설과 <파리떼>, <닫힌 방>, <더러운 손>과 같은 뛰어난 희곡도 남겨 1964년 노벨 문학상 수상자로 선정되기까지 했으나 단호한 태도로 수상을 거부해 화제가 되기도 했다.

이처럼 20세기 서구 사회에 엄청난 사회적 파장과 영향력을 과시한 사르트르는 말년에 발표한 자전적 기록 <말>을 통해 자신의 어린 시절에 대해 상당히 냉소적인 시각으로 다루고 있는데, 평소 프로이트의 정신분석에 대해서도 무시하는 태도로 일관했던 그의 사상적 자부심이 유감없이 발휘되고 있다. 그는 자신의 삶에서 가장 큰 사건이 아버지의 죽음이라고 하면서 아버지의 이른 죽음으로 인해 자기는 자유를 얻었으며, 아버지가 일찍 죽은 탓에 자신은 하찮은 아버지의 지배를 당하지 않아도 되었을 뿐만 아니라 어머니를 독점할 수 있는 특혜까지 누렸다는 것으로, 그런 점에서 그는 아버지의 죽음을 오히려 축복으로 받아들였으며, 아버지의 존재란 인간이 성장해 가는 데 있어서 방해물이 될지언정 그다지 쓸모 있는 존재가 아니라는 인식을 갖게 되었다는 것이다.

그는 갓난아기 시절에 해군 장교였던 아버지가 열병으로 일찍 세상을 떠나게 되자 어머니와 함께 외조부 집에 들어가 얹혀살았는데, 알자스 출신의 어머니 안느 마리 슈바이처는 노벨 평화상을 수상한 밀림의 성자 슈바이처 박사와는 사촌지간으로 그녀의 아버지 샤를 슈바이처는 슈바이처 박사의 백부였다. 하지만 사르트르는 일생 동안 슈바이처 박사의 업적에 대해 무시하는 태도로 일관했으며, 오히려 아프리카에서 무장 게릴라를 지도하며 이끌었던 체 게바라를 더욱 높이 평가했다.

사르트르가 12세 때 마침내 재혼한 어머니는 친정 더부살이 노릇을 청산하고 어린 아들을 데리고 친정을 떠났는데, 이때부터 그는 비록 계부이긴 하나 아버지라는 존재를 처음 알게 되었지만, 적절한 유대 관계를 맺지는 못했다. 그래서인지 그는 죽을 때까지 계부가 아니라 생부의 성을 따르고 사용했다. 더군다나 태어날 때부터 지독한 근시와 사시라는 신체적 결함을 안고 있던 그는 새로 옮긴 학교에서 친구들로부터 괴롭힘을 당했으며, 본인 자신도 매우 반항적인 사고뭉치 소년이 되어 한동안 어머니의 속을 썩였다. 그럼에도 원래 머리가 매우 비상했던 그는 실로 보기 드문 천재로 수재들이나 들어간다는 파리 고등사범을 수석으로 졸업했으며, 당시 그에 못지않은 수재였던 시몬 보부아르는 차석으로 졸업했다. 이들은 결국 평생 연인이자 철학적 동지로 맺어지게 되었는데, 부르주아적 전통에 저항한다는 의미에서 죽을 때까지 결혼하지 않고 동거 생활을 유지했으며, 자식도 낳지 않았다.

아버지라는 존재에 매우 부정적인 태도를 보인 사르트르는 결국 평생 아버지 노릇을 한 번도 해본 적이 없으며, 어쩌면 그런 아버지 역할을 두려워했을 수도 있다. 어린 시절 그는 자신에게 헌신적인 어머니의 지배자로 군림했을 뿐만 아니라 외조부의 관심까지 독점했다. 따라서 그는 평생 누구의 지배도 받지 않았으며, 그 자신 또한 누구를 지배할 뜻도 없음을 당당하게 밝힌 것인데, 더 나아가 아버지의 존재 및 가치를 부정할 뿐만 아니라 신의 존재마저 부정하게 된 것이다. 그런데 문제는 아버지의 존재가 끔찍스러운 지배자에 불과하다는 그의 편견이 그 자신의 경험에서 나온 것이 아니라 오로지 책을 통해서 배운 지식이라는 점에 있다. 한마디로 산지식이 아니라는 말이다. 왜냐하면 그는 생부와 함께 지내본 적이 없으며, 그가 실제로 겪었던 아버지 같은 존재는 계부와 외조부였기 때문이다.

애초부터 무의식의 존재를 부정했던 사르트르는 아버지의 이른 죽음으로 인해서 자신에게는 불완전한 오이디푸스 콤플렉스밖에 남겨진 게 없으며, 초자아의 결핍 문제를 인정한다손 치더라도 어머니는 애초부터 자신의 것이었기 때문에 그 자신은 그 어떤 폭력이나 증오심 또는 질투심도 모르고 컸다고 주장했다. 하지만 아버지의 방해 없이 어머니를 독점할 수 있었던 행운아 사르트르는 자신의 나르시시즘에 대해서는 아무런 언급도 하지 않았다. 실제로 자신만이 옳다는 그의 전지전능감은 일생을 통해 그의 사고와 행동에 영향을 준 강력한 추진력이 되었으며, 그런 나르시시즘은 자신과 다른 관점을 일체 받아들일 수 없다는 점을 통해 확인할 수 있는데, 그는 자신과 견해가 다르게 되면 그 관계를 아예 단절해 버렸다. 그래서 한때 절친했던 메를로-퐁티, 알베르 카뮈와도 일절 상종하지 않았던 것이다.

사르트르는 비록 그 이름을 구체적으로 밝히지는 않았지만, 프로이트가 말한 초자아가 자신에게 없다는 점을 오히려 자랑스레 내세우기도 했다. 하지만 그는 초자아가 아버지의 가치관을 이어받는 것으로 잘못 이해한 것으로 보인다. 초자아가 없는 인간은 존재할 수 없다. 다만 부분적으로 그 기능에 결함은 있을 수 있다. 더욱이 아버지가 없으면 어머니나 조부모의 가치관을 자신의 초자아 일부로 받아들이기 마련이다. 그런 점에서 사르트르가 말한 초자아는 가부장적인 가치관의 전승을 의미한 것으로 이해할 수 있겠다. 그것이 아니라면 그는 스스로를 반사회적 인간임을 자인한 셈이 된다. 초자아가 없는 사람이 어찌 히틀러나 스탈린 또는 미국의 전쟁 범죄를 단죄할 수 있겠는가.

그는 자신 있게 단언하기를, 훌륭한 아버지란 있을 수 없으며, 부자 관계라는 것은 원래 썩어 빠진 것이라고 감히 주장한다. 그러나 훌륭한 아버지를 겪어 보지 못한 자신의 개인적 경험만을 토대로 세상의 모든 아버지를 싸잡아 매도하는 것은 매우 근시안적인 발상이 아닐 수 없다. 하기야 그는 실제로 지독한 근시였으니 그럴 만도 했다. 당연히 그는 이해하지 못하겠지만 이 세상에는 훌륭한 아버지들도 얼마든지 존재한다는 사실을 우리는 너무도 잘 알고 있다. 아버지의 존재를 부정하고 더 나아가 신의 존재까지 부정한 그는 존재란 필연이 아니라 우연이며 우연에 앞서 실존이 우선이라는 매우 허무주의적 실존 철학의 창시자가 되었으며, 무신론적 마르크스주의자로서 자신의 나약하고 무기력한 아버지 대신 강력한 카리스마를 발휘한 독재자 스탈린과 모택동을 숭배했다. 더욱이 그는 무의식의 존재를 부정하고 인간의 자유 의지를 강조하면서 일례로 동성애를 포기하는 일은 레스토랑 종업원이 식당을 그만두는 것보다 더 간단한 일이라고 단언했는데, 이는 실로 심오한 실존 철학의 대가답지 못한 매우 나이브한 발상이 아닐 수 없다.

어쨌든 그는 정상적인 가정에서 자라지 못한 탓에 자신의 불우한 어린 시절이 전적으로 고루한 부르주아적 결혼 제도에서 비롯된 결과로 여긴 나머지 마치 분풀이라도 하듯 전통적인 가족 제도를 부정하고 일생 동안 시몬 보부아르와 혼인 신고 없이 동거 생활을 고집했으며 물론 자식도 낳지 않았다. 성생활을 배제한 이들의 기묘한 동거 생활은 결국 시몬 보부아르가 신성한 어머니의 상징적 대리인 역할을 맡았기 때문으로 보이며, 그런 가운데서도 이들 두 남녀는 제각기 다른 애정 관계를 유지해 나갔는데, 특히 사르트르는 보부아르의 제자 올가에게 열을 올렸으나, 올가가 자신을 거절하고 보부아르의 애인이었던 자크 로랭 보스트와 결혼해 버리자 대신에 그는 그녀의 동생인 완다와 관계를 맺었으며, 이에 그치지 않고 보부아르의 또 다른 제자 비앙카에도 관심을 기울였다.

이렇게 서로 물고 물리는 숨바꼭질이 계속 이어지는 가운데 제각기 다른 애정 관계를 유지하면서도 죽을 때까지 자신들의 동거 생활을 고집스레 유지한 사르트르와 보부아르의 기이한 행적은 아무리 생각해도 실존이나 이념, 자유 의지와는 별다른 관련이 없어 보인다. 오히려 자신의 고백처럼 초자아가 없는 공간을 철학적 사색과 글쓰기로 채우며 일생을 보낸 사르트르는 비록 실존을 이야기한 사람이었지만, 실제로는 이 세상에 홀로 남겨지는 것을 몹시 두려워한 남자였으며, 자유의 실천을 외치기도 했으나 정작 그 자신은 미해결의 오이디푸스적 갈등 문제에서 결코 자유롭지 못했음을 알 수 있다. 그런 점에서 그의 희곡 〈닫힌 방〉에 나오는 대사 가운데 '타인은 지옥'이라는 말도 그저 공허한 말장난으로 들릴 뿐이다.

피터 섀퍼의 <에쿠스>

영국의 극작가 피터 섀퍼(Peter Shaffer, 1926-2016)는 리버풀 태생으로 유대인 부동산 중개업자의 아들로 태어났다. 제2차 세계대전 기간에는 광부로 징용되어 탄광에서 일하기도 했으며, 대학에서 역사학을 공부한 그는 졸업 후에는 서점 점원, 도서관 사서일 등을 전전하다가 극작가의 길로 들어섰는데, 해롤드 핀터만큼 도발적이진 않지만 <에쿠스>, <아마데우스>, <타인의 눈>, <태양 제국의 멸망>, <블랙 코미디>, <고곤의 선물> 등으로 일약 유명해졌다.

특히 미스터리적인 사건 전개를 통해 궁지에 몰린 불완전한 인간의 근원적인 불안 심리를 절묘하게 묘사하는 데 특출난 재능을 보이면서 프로이트적인 심리 분석에 일가견을 지닌 그는 불가피한 현실적 모순 속에 갇힌 인간의 절망적인 상황을 통하여 소외된 현대인의 비극을 드러내고자 했으며, 이러한 곤경에 처한 인간 조건에서 남는 것은 결국 성과 폭력 밖에 없다는 것이 그의 지론이기도 하다.

피터 섀퍼의 출세작 <에쿠스>는 쇠꼬챙이로 말 여섯 마리의 눈을 찔러 멀게 만든 한 소년의 엽기적인 행동에 대해 법원의 판사로부터 정신과적 치료를 의뢰받은 의사가 그 치료 과정에서 겪게 되는 정신적 갈등과 혼란을 다룬 내용으로 성과 공격성뿐 아니라 종교와 신의 문제로까지 비화

한다. 실화에 바탕을 둔 이 작품은 1973년에 발표되어 그 충격적인 내용으로 크게 센세이션을 일으켰으며, 1977년 시드니 루멧 감독에 의해 영화로 만들어지기도 했다. 그러나 이 영화는 동물 애호 협회로부터 거센 비난을 들어야 했다.

헤스터 살로몬 판사로부터 한 문제아의 이상 행동에 대한 치료를 의뢰받은 소아정신과 의사 마틴 다이사트는 17세 소년 앨런을 처음 보는 순간 그의 심상치 않은 눈빛을 통해 뭔가 불길한 예감을 받는다. 그리고 점차 앨런의 심리 상태에 접근해 가는 과정에서 그는 소년이 처한 상황과 자신의 상황이 별반 다르지 않음을 느끼고 모순에 가득 찬 이 세상의 실상에 점차 눈이 떠간다. 그뿐 아니라 오히려 앨런의 뜨거운 열정에 질투심을 느끼면서 자신이 맡은 임무에 회의를 느낀다. 다이사트가 겪는 갈등은 결국 문명이냐 아니면 야만이냐의 갈림길에 선 한 지식인의 고뇌를 반영하는 것이기도 했다. 다이사트가 앨런을 치료하는 과정에서 알아낸 사실들은 실로 놀라운 것들뿐이었다.

무신론자 아버지와 광신적인 기독교인 어머니 사이에서 친구도 없이 고립된 소년 앨런에게 유일한 낙은 주말에 마구간에서 일하며 말들을 돌보는 일이다. 그는 말과 하나가 되어 들판을 달릴 때 신비로운 희열감을 느끼며 성적인 매력까지 느끼게 된다. 결국에는 에쿠스를 자신의 신적인 존재로 받아들인다. 그러던 어느 날 새로 생긴 여자 친구 질 메이슨과 함께 성인 영화를 보러 간 앨런은 그곳에서 아버지를 만나게 되고 아버지 역시 자신처럼 완벽한 인간이 아님을 깨닫는다. 그런 직후 질과 함께 마구간에서 사랑을 나누려던 순간 그를 지켜보는 에쿠스의 시선에 두려움을 느낀 나머지 앨런은 갑자기 소리치며 말들의 눈을 쇠꼬챙이로 잔혹하게 찔러버린다.

앨런을 동정해 그의 정신적 고통을 없애주기를 바라는 헤스터 판사에게 다이사트는 인간의 감정이 석고처럼 그렇게 간단히 떼었다 붙였다 하는 것인 줄 아느냐고 반문한다. 그리고 앨런의 고백을 듣는 과정에서 정체성의 혼란에 빠진 소년의 모습을 발견하고 그에게서 점차 다이사트 자신의 모습을 발견한다. 정상적인 타인과의 교류를 통해 자아를 확립할 수 있는 기회가 주어지지 못한 앨런은 결국 말과의 교류를 통해서 자신을 찾고자 하지만, 그것은 또 다른 광기의 입구로 통하는 길이었을 뿐이다. 결국 다이사트는 앨런을 정상으로 되돌려 놓으려 하다가 자신의 본질적인 문제에 봉착하게 되고 더욱 큰 혼란에 빠지고 만다.

물론 앨런은 성장 과정 중에 있는 소년이다. 그리고 인간은 누구나 성장통을 겪으며 사춘기적 방황과 혼란을 겪기 마련이다. 그러나 피터 섀퍼가 다루고자 하는 문제는 그런 심리적 성장 과정에서 마주치는 갈등의 해결에 있는 것이 아니라 보다 근원적인 인간 본질의 문제를 직면시키고자 하는 것으로 보인다. 그것은 곧 신과 원초적 본능에 관한 문제인 것이다. 따라서 인간은 누구나 자신만의 신화를 지니고자 하지만, 그 신화는 언제부턴가 사회적 압력에 의해 거세당하고 단지 무의미한 일상 속에 갇혀버린다.

피터 섀퍼는 매우 상징적인 수법을 동원해서 문제의 핵심을 철학적인 화두로 일반화시키고 있지만, 정신분석적 견해에 따르면, 프로이트의 증례 〈꼬마 한스〉나 섀퍼의 〈에쿠스〉는 오이디푸스 콤플렉스의 핵심적인 화두라 할 수 있는 거세 공포의 주제를 다루고 있다는 점에서 동전의 앞뒷면이나 다름없다고 볼 수 있겠다. 에쿠스는 말을 가리키는 학명이다. 말은 사실 따지고 보면 인간에게 있어서 가장 오랜 친밀 관계를 맺어온 가축 가운데 하나다. 그러나 프로이트의 〈꼬마 한스〉 증례를 통해서도 알 수 있듯이 말은 어린 소년에게 거세 공포를 불러일으키는 대상이기도 하다. 반면에 〈에쿠스〉는 사랑하는 말과 일체감을 지니고 더 나아가서는 말을 신으로 숭배하기까지 하면서도 오히려 말들의 눈을 찌르는 잔인한 행위를 서슴지 않는 한 소년의 이율배반적인 모습을 보여준다는 점에서 〈꼬마 한스〉와는 전혀 다른 내용처럼 보일 수도 있겠다.

꼬마 한스는 아버지의 거세가 두려워 말을 겁내 하지만, 〈에쿠스〉의 앨런은 자신이 숭배하는 신 에쿠스가 두려워 오히려 말에게 보복을 가한 것이다. 하지만 다섯 살에 불과한 한스는 너무 어리기 때문에 아버지에게 복수할 능력이 없는 반면에, 이미 장성한 17세 소년 앨런은 그럴 능력이 충분히 있는 것이다. 따라서 앨런이 말들이 지켜보는 앞에서 질과 사랑을 나눌 때 느낀 두려움은 곧 자신의 근친상간적 욕구에 대한 아버지의 보복을 두려워하는 거세 공포에서 비롯된 것으로 볼 수 있다.

그리고 그가 그렇게 잔혹한 방법으로 죄 없는 말에게 화풀이를 한 것도 아버지에 대한 환상과 두려움이 해소된 직후 벌어진 사건이었다. 왜냐하면 그 직전에 그는 아버지가 신적인 존재가 아니라 자신과 다름없는 별 볼 일 없는 평범한 인간에 불과하다는 사실을 깨달았기 때문이다. 그런 환상이 깨짐과 동시에 그는 안심하고 자신의 신적 존재인 에쿠스, 즉 말들에게 거침없이 보복을 가했던 것이다.

물론 여기서 말이 상징하는 것은 단지 아버지를 의미한다고 볼 수만은 없다. 피터 섀퍼는 그 의미를 더욱 거창하게 신적인 문제로까지 확대한 것으로 보이기 때문이다. 하지만 그것이 작가 고유의 권한에 속하는 문제라 치더라도 결국 신의 존재조차도 아버지상을 투사한 것으로 본다면 이해 불가능한 일은 아니라고 본다. 사람들은 흔히 하나님 아버지라고 부르며 기도하지 않는가. 그런 점에서 앨런이 두려움을 느낀 말과 신의 시선은 곧 아버지의 시선이었다고 할 수 있다.

실비아 플래스의 <아빠>

　31세라는 꽃다운 나이에 충격적인 자살로 생을 마감한 미국의 여류 시인 실비아 플래스(Sylvia Plath, 1932-1963)는 마치 화산 폭발처럼 용솟음치는 도발적인 내용의 고백 시로 인해 오늘날에 와서는 수많은 페미니스트의 우상으로 떠오르면서 여권 운동의 상징적 존재처럼 되기도 했다. 그녀는 미국 사회가 경제 대공황의 돌풍에 휘말려 혼란에 빠져있을 무렵, 보스턴 대학 생물학 교수의 딸로 태어났다. 독일계 이민 출신이었던 아버지는 가부장적인 권위주의자로 타협을 모르는 완고한 인물이었으며, 그보다 20년 연하인 어머니 오렐리아는 비록 생활력은 매우 강했으나 잔정이 없는 여성이었다.

　어려서부터 문학적 재능을 보였던 실비아는 이미 여덟 살 때 처음으로 시를 발표하기도 했지만, 바로 그 무렵에 갑자기 아버지가 세상을 떠나면서부터 그녀에게는 엄청난 시련이 닥치기 시작했다. 아버지의 죽음을 인정할 수 없었던 그녀는 어린 나이임에도 아버지의 무덤을 파헤쳐 확인하고 싶은 충동마저 느낄 정도로 그 충격이 매우 컸던 모양이다. 그 때문에 그녀는 다시는 결코 하느님을 찾지 않을 것이라 맹세하고 이듬해 첫 번째 자살을 시도하기에 이른다.

　아버지가 세상을 떠난 후 어머니는 두 자녀를 데리고 친정에 얹혀살며 교편생활로 생활을 꾸려나갔는데, 스미스 대학에 진학한 실비아 플래스는 재학 중에 우울증이 발병하면서 두 번째 자살을 시도했으며, 정신병원에서 전기 충격 요법을 받은 후 다행히 호전되어 우수한 성적으로 학업을 마칠 수 있었다. 장학금으로 영국 유학을 떠난 그녀는 케임브리지에서 테드 휴스를 만나 서로 첫눈에 반하게 되었는데, 결국 두 사람은 결혼식을 치르고 딸까지 낳았으며, 그동안에 그녀의 첫 시집도 출간했다. 그러나 행복도 잠시일 뿐, 아들을 낳고부터 남편이 애시어 웨빌과 불륜 관계에 있다는 사실을 알고 난 이후 심한 언쟁 끝에 별거를 선언하고 자녀들과 함께 런던에 거주하며 '아빠', '라자러스 부인' 등 많은 시를 썼다.

자살하기 불과 한 달 전 자전적 소설 〈벨 자〉를 영국에서 출간했지만, 당시 극도의 우울증에 빠진 그녀는 이른 아침에 어린 남매가 자고 있는 사이에 가스 오븐에 머리를 박고 자살했다. 그녀의 끔찍스러운 죽음으로 남편 테드 휴스는 죽을 때까지 사람들의 따가운 눈총을 받으며 지내야 했다. 그 후 그는 애시어 웨빌과 살면서 딸까지 낳았지만, 다시 외도를 시작하는 바람에 그녀 역시 실비아 플래스와 똑같은 방법으로 가스 오븐에 머리를 처박고 어린 딸과 함께 동반 자살하고 말았다. 실비아 플래스가 죽은 지 6년 후의 일이었다.

비록 짧은 생애였지만, 어릴 때부터 이미 자살 기도까지 했던 실비아 플래스는 극심한 우울증에 시달리며 매우 고통스러운 삶을 살았던 여성이었다. 어머니의 사랑을 제대로 받지도 못하고 일찍 아버지를 잃었으며, 자신의 불행한 삶을 보상해 주리라고 믿었던 결혼 생활마저 남편의 배신으로 극도의 절망감에 빠진 나머지 끔찍스러운 자살로 생을 마감한 그녀의 비극적인 삶은 수많은 여성에게 공분을 느끼도록 하기에 충분하다. 그런 점에서 거침없이 쏟아내는 그녀의 시어들은 독자들의 간담을 서

늘케 할 정도로 날카롭고 거칠며 난폭하기 그지없다. 물론 그 중심에는 사랑에 대한 갈망과 원망, 분노와 좌절, 그리고 지독한 증오심이 자리 잡고 있다. 가장 대표적인 예로 피어린 절규에 가까운 그녀의 가장 유명한 시 〈아빠〉는 "아빠는 개자식, 난 이제 끝났어."라는 시구로 끝을 맺고 있는데, 이 한마디로 인해 수많은 페미니스트가 열광의 도가니에 빠지고 말았다. 물론 여기서 말하는 아빠는 반드시 아버지만을 뜻하는 것이 아니라 남편까지 포함한 말이기도 하다. 물론 그녀는 이 세상 모든 남자를 의식하고 이 시를 쓴 것은 아니었겠지만, 많은 여성은 "모든 남자는 개자식, 이젠 끝났어."라는 의미로 받아들임으로써 그토록 열광한 게 아니었겠나. 그런 점에서 '아빠'의 마지막 부분을 인용해 보자.

"만일 제가 한 남자를 죽였다면 / 전 둘을 죽인 셈이에요. / 자기가 아빠라고 하며 / 내 피를 일 년 동안 빨아 마신 흡혈귀 / 아니, 사실은 칠 년 만이지만요. / 아빠, 이젠 누우셔도 돼요. / 아빠의 살찐 검은 심장에 말뚝이 박혔어요. / 그리고 마을 사람들은 조금도 아빠를 좋아하지 않았어요. / 그들은 춤추면서 아빠를 짓밟고 있어요. / 그들은 그것이 아빠라는 걸 언제나 알고 있었어요. / 아빠, 아빠, 이 개자식, 난 이제 끝났어."

그런데 여기서 7년 동안 내 피를 빨아먹은 흡혈귀는 아버지가 아니라 남편 테드 휴스다. 그녀의 결혼 생활이 7년 만에 파경을 맞이했기 때문이다. 물론 아버지는 딸이 여덟 살 때 그녀를 버리고 훌쩍 세상을 떠나고 말았지만, 그녀를 착취한 적은 없다. 다만 두 남성의 이미지가 아빠라는 호칭 속에 중첩되어 나타난 것만은 분명하다. 그것은 자신이 한 남성을 죽였다면 두 남성을 죽인 것이나 마찬가지라고 주장한 점에서도 드러난다. 하지만 마을 사람들이 춤추며 짓밟고 지나갈 정도로 그녀의 아버지는 몹쓸 짓을 한 적이 없는 사람이다. 그는 단지 땅벌 연구에만 몰두했던 고지식한 생물학 교수였을 뿐이다. 오히려 사람들로부터 손가락질을 받은 인물은 남편 테드 휴스였다.

아무리 고백시라고 해도 분명 실비아 플래스는 지나치게 과장된 어법으로 일관하고 있다는 느낌을 받는다. 자신이 아버지를 죽였어야 마땅하지만 그럴 시간이 주어지지 않았다는 점을 아쉬워하면서도 정작 그녀 자신은 아버지가 죽은 직후 자살을 시도하기까지 했다. 이처럼 이율배반적인 모습은 처음부터 끝까지 일관되게 유지된다. 더욱이 아버지를 음탕한 독일어나 구사하는 나치 아리안족으로 몰아세우고 그녀 자신은 아우슈비츠에서 희생당한 유대인에 비유하면서 스스로 정화한다. 그러나 그녀의 태도는 극단적인 이분법적 흑백 논리에 빠져있음을 알 수 있다. 선악의 구분이 지나치게 단순하다. 오히려 그녀는 자신의 내면에 감추어둔 악한 부분을 상대에게 투사한 후 그렇게 스스로 조작해 낸 악인을 상대로 무모한 싸움을 벌이는 모습처럼 보인다. 정신분석에서는 그것을 투사적 동일시라고 한다.

이처럼 그녀는 아버지를 그토록 증오하면서도 강한 집착을 보였으며, 어머니에 대해서도 역시 마찬가지로 극심한 양가적 태도를 지녔는데, 일반 독자들은 주로 그녀의 작품을 통해 어머니 오렐리아가 매우 냉담하고 거절적인 여성이었다는 인상을 받기 쉽다. 실제로 어머니는 곧잘 자신의 이름 오렐리아가 해파리의 학명 Aurelia와 같다는 농담을 딸에게 던지곤 했는데, 해파리는 다른 용어로 메두사라고도 불린다. 그리스 신화에서 메두사는 저주받은 마녀로 머리카락이 온통 뱀으로 되어있는 끔찍스러운 괴물이다. 메두사와 눈이 마주친 사람은 모두 돌로 변하고 만다는 무시무시한 마녀로 알려져 있으며, 프로이트는 그런 현상을 거세 공포의 결과로 해석하기도 했다.

실비아 플래스는 어머니를 그런 메두사에 비유했으니 독일계 이민 출신의 아버지를 나치에 비유한 것만큼이나 과장이 너무 심했다. 이처럼 자기를 부모의 희생양으로 간주한 그녀는 환상 속에서 아버지를 흡혈귀 나치로 간주하고 그녀 자신은 그 희생자인 유대인으로 설정하면서 결국 그녀는 그런 흡혈귀와 메두사인 부모 사이에 벌어진 격렬한 투쟁의 비극적 부산물로 자신의 위치를 고정한다. 이처럼 임의로 설정된 구도 속에서 그녀 자신은 숭고한 희생양으로 거듭나는 것이다.

그런 점에서 본다면 그녀는 큰 것을 바란 것도 아니고 단지 한 여성으로서 행복한 가정을 꾸리며 살고 싶다는, 어찌 보면 매우 소박한 꿈을 지녔던 것으로 보이기도 한다. 다만 일상적 주부로서의 자질구레한 뒤치다꺼리 일들 때문에 창작 활동에 걸림돌이 되는 것을 두려워했을 수는 있겠다. 그러나 무엇보다 그녀에게 더욱 큰 걸림돌이 되었던 것은 오랜 기간 적절히 해소되지 못한 오이디푸스 갈등 문제를 그대로 안은 채 너무 서둘러 결혼으로 도피한 점이라 할 수 있다.

더군다나 어려서 아버지를 잃은 직후 자살을 시도할 만큼 남다른 집착을 지녔던 딸의 입장에서 볼 때, 아무런 해명도 없이 갑자기 자기 곁을 떠나버린 아버지는 단지 병으로 세상을 뜬 것이 아니라 이 세상에 자기만을 홀로 남겨둔 채 훌쩍 종적을 감춰버린 무책임한 배신자에 불과했을 것이다. 그런 점에서 어머니는 그녀에게 단지 연적에 지나지 않았던 존재였으며, 자신의 모든 것을 의탁할 삶의 안식처로는 자리 잡지 못한 것으로 보인다. 꿩 아니면 닭이라는 말도 있지만, 아버지라는 꿩을 잃어버린 딸의 입장에서는 모든 것을 잃었다는 절망감 때문에 어머니가 꿩 대신 닭이 될 수도 있다는 사실을 인정하지 않았다.

물론 남편을 잃은 어머니의 비통한 심정을 이해할 만한 공감 능력을 어린 딸에게 요구한다는 게 무리일 수도 있겠지만, 바로 그런 점이 실비아 플래스의 나르시시즘이 지닌 한계였을 것이다. 자신이 세상의 중심이요, 세상은 오로지 자신만을 위해 봉사해야 한다는 그녀의 나르시시즘은 이미 비극적 사건의 씨앗을 잉태하고 있었던 것이다. 자신의 기대만큼 상대가 헌신적이지 못할 때 나르시시스트들은 엄청난 좌절과 분노를 폭발시킨다. 그런 감정적 폭발의 중심에는 스스로 감당하기 어려울 정도로 강한 질투심이 도사리고 있기 쉽다.

그녀의 부모는 그리 살갑고 다정한 사이는 아니었다. 그래서 그녀는 어머니를 따돌리고 손쉽게 아버지를 독점할 수 있었다. 그러나 그녀에게 아버지의 상징적 대리인이었던 테드 휴스는 아버지와 전혀 달랐다. 그는 바람둥이였던 것이다. 남편의 외도는 그만큼 그녀에게 도저히 용납될 수 없는 나르시시즘적 좌절과 분노를 불러일으킨 셈이다. 그녀의 자존심은 남자에게 사랑을 구걸하는 따위의 행위를 결코 용납하기 어려웠다. 오로지 배신을 당했다는 증오심만이 그녀를 온통 사로잡았을 뿐이다.

별거 후 그녀는 매우 자학적인 우울 상태로 빠져들었다. 그녀의 일기는 자신에 대한 자학적인 태도를 적나라하게 보여준다. 자신을 추녀라 부르고 남자를 유혹할 능력이 없음을 한탄하며 그런 자신의 모습에 스스로 자괴감을 감추지 못한다. 그래서 그녀는 다음과 같이 일기에 썼다. "증오가 내 살갗에 퍼석거리며 야단법석을 떨어댄다. 찬란한 이미지를 전복하는 그을음. 내 얼굴을 나도 모르겠다. 어느 날은 개구리처럼 흉측한 모습이 거울에 반사되어 툭 튀어나온다. 두꺼운 모공투성이의 피부, 체처럼 거칠고 부드러운 고름으로 점들이 비집어 나오고, 시꺼먼 더러움, 불순하고 딱딱한 핵들, 거칠게 긁히는 소리."

이처럼 자신의 얼굴 모습을 마치 흉측한 괴물이나 마녀의 얼굴처럼 묘사한 대목을 읽다 보면 그녀가 왜 하필이면 자신의 얼굴을 가스 오븐 속에 밀어 넣고 자살했는지 그 동기를 얼핏 이해할 수 있을지도 모르겠다. 분노와 증오심에 가득 찬 얼굴이 아름답게 보일 리 만무하다. 그녀는 자신의 얼굴에서 메두사의 끔찍스러운 몰골을 보았는지도 모른다.

더욱이 메두사는 해파리의 다른 명칭이기도 하며 해파리의 학명 Aurelia는 그녀의 어머니 이름과 똑같다는 점에서 실비아 플래스는 자기 얼굴에서 스스로 인정하고 싶지 않은 나쁜 어머니의 모습을 보았을지도 모른다. 그것은 일종의 투사이며 자신의 나쁜 측면에 대한 부정이기도 했다. 실제로 그녀는 시 '메두사'를 통해 어머니에 대한 부정적인 이미지를 표현하기도 했다. 그리고 시 〈거울〉에서 그녀는 이렇게 외친다. "매일 아침 어둠을 대치하는 것은 그녀의 얼굴이다. / 내 속에서 젊은 소녀를 익사시키고, 그리고 내 속에서 늙은 여인이 / 매일 아침 그녀를 향해 솟아오른다. 끔찍한 물고기같이."

여기서 그녀의 내면에 간직된 젊은 소녀는 누구이고 그 소녀를 익사시킨 늙은 여인은 과연 누구를 지칭하는 것일까. 그리고 그 늙은 여인은 왜 끔찍한 물고기인가. 그러나 그토록 끔찍한 물고기처럼 솟아오르는 늙은 여인의 모습은 바로 메두사 또는 오렐리아로 불리는 해파리의 이름과 동일한 어머니 오렐리아인 동시에 그녀가 익사시킨 젊은 소녀는 플래스 자신이 되는 것이다. 이처럼 가해자와 피해자의 이미지가 중첩된 가운데 그녀는 자신의 모든 부정적인 측면들을 일거에 지워버리고자 하는 충동에 휘말렸기 쉽다. 물론 그녀 자신의 내면에 자리 잡은 파괴적인 대상과의 동일시가 퇴행적으로 변형된 결과 오히려 희생자와 결합된 모습으로 나타난 것으로 볼 수도 있다.

  그런 점에서 실비아 플래스는 홀로 죽은 게 아니다. 그녀의 선택은 상징적 동반 자살로 볼 수 있기 때문이다. 다시 말해서 그녀 자신의 내면에 간직된 모든 내적 대상들과 함께 죽은 것이다. 그녀를 그토록 힘겹게 만들었던 부모와 남편 모두와 함께 말이다. 따라서 그녀는 결코 혼자 죽은 것이 아니다. 이 세상 모두를 껴안고 함께 죽은 셈이다. 그렇게 생을 마감함으로써 그녀는 오늘날에 와서 모든 박해받는 여성을 대표하는 희생자요 순교자로 거듭나기에 이른 것이다.

김언희의 <말라죽은 앵두나무 아래 잠자는 저 여자>

　실비아 플래스가 매우 도발적인 시를 남기고 자살한 지 수십 년이 지난 2000년에 한국의 여류 시인 김언희(1953-)는 더욱 충격적인 시집 <말라죽은 앵두나무 아래 잠자는 저 여자>를 발표해 세상에 큰 물의를 일으켰는데, 여과 없이 쏟아내는 지독한 어휘들과 살기마저 느껴지는 독설들의 잔칫상 앞에서 수많은 독자가 당혹감을 금치 못했을 것이다. 왜냐하면 그녀가 거침없이 내뱉은 세계는 한마디로 딸과 아버지 사이에 벌어지는 성적 환상과 욕구로 가득 차 있기 때문이다. 그런 점에서 마치 껌 씹듯 내뱉는 그녀의 엽기적인 독설과 시어들은 독자들에게 기묘한 전율을 불러일으키기도 한다.
　시인이자 문학 평론가인 남진우는 가족 간의 금기에 대한 파괴와 해체를 목표로 김언희가 개설한 가족극장의 시나리오, 즉, 아버지와 어머니, 그리고 딸이라는 세 배우를 통하여 온갖 착란과 전락의 소용돌이를 보여준다고 지적하면서, 결국 성과 가족을 둘러싼 모든 금기와 신화를 산산이 부숴버림으로써 근친상간은 서커스의 일종이 되고 근친 살해는 막간의 여흥거리가 된다고 논평했다.
　특히 마지막 3부의 가족극장 연작시 부분은 부모에 대한 적개심과 혐오감이 절정에 이른 감이 있다. 여기에 나타난 세계는 인간의 마음속에 전개되는 지옥도 그 자체라 할 만큼 가장 극단적이고도 여과되지 않은 증오의 표현으로 가득하다. "아버지가 내 얼굴에 던져 박은 사과 / 아버지가 그 사과에 던져 박은 식칼"로 시작하는 가족극장의 첫 번째 시를 보면, 아버지, 나의 몸, 던지고 박음, 사과와 식칼이라는 시어가 계속 이어진다. 여기서 사과는 성적 상징의 표현이요, 식칼은 죽이고 싶도록 미운 적개심의 상징적 표현이다. 부녀 사이에 전개되는 도착적인 성적 욕망과 이율배반적인 적개심이 혼재된 모순된 심리 상태가 드러나 있다.

하지만 시의 전면에 드러난 아버지의 성적 횡포, 그에 대한 딸의 강렬한 분노와 저항, 증오심과는 달리 시의 이면에 깔린 전체적인 배경은 오히려 자신의 근친상간적 욕망을 부정하며 아버지에게 투사하는 딸의 모습이라 할 수 있으며, 그녀가 지닌 강렬한 무의식적 욕망의 반어법이기 쉽다. 따라서 적어도 시에서는 부도덕한 아버지가 힘없는 딸을 강제로 겁탈하는 듯한 묘사로 일관하고 있지만, 무의식의 진실은 그와 정반대일 수 있다는 말이다. 그런 점에서 독자들은 전도된 메시지를 읽게 되는 것이다. 따라서 김언희의 시는 단순히 근친상간적 성폭행을 고발하는 시가 아니다. 단순히 성폭행을 고발하기 위해서 그토록 적나라하고 치밀하며 자극적인 시어의 반복은 굳이 필요치 않기 때문이다.

근친상간을 노래하는 시는 귀가 아니라 눈과 상상력을 요구한다. 즉, 관음증적 시선을 통하여 성적인 공상 또는 정신적 자위행위에 호소한다. 따라서 시인의 시어 선택과 표현 기법은 자연히 시각적 자극을 중심으로 전개되는데, 이러한 전략은 오늘날의 시각적 세대를 대표하는 젊은이들에게 특히 섹스어필하기 마련이다. 일례로 〈과부가 된 아버지〉에서는 허리를 꼬는 아버지, 과부가 된 아버지, 생리 중인 아버지, 시뻘건 아버지의 음부, 아버지의 질, 빗자루 손잡이와 그 짓을 하고, 자동차 뒷자리에서 스무 켤레의 구두와 하고, 유리 상자 속에서 왕뱀과 동거를 하는 아버지, 나를 부르는 아버지 등의 표현처럼 굶주린 성적 욕구에 몸부림치는 과부의 모습에 아버지를 비유하면서 딸을 요구하는 아버지의 동물적 욕구를 묘사하고 있는데, 이는 딸의 성적 욕구를 아버지에게 투사함과 동시에 겉과 속이 서로 다른 반동 형성의 방어 기제를 드러낸 것이기도 하다.

모든 대상을 성적인 의미로 바라보는 시인의 사물 인식은 〈껌〉에서도 마찬가지다. 찌르고 찔리고 벌리고, 고무질과 고무살, 음부, 씹고, 한입에, 처덕처덕 등의 표현은 노골적인 성적 환상을 자극한다. 〈반죽〉에서는 절단된 다리, 자궁 속에서 썩어가는 걸레, 붉어지는 사마귀의 눈동자, 충혈된 단백질, 금단의 고기 반죽, 진기한 오물, 등에 와서 달라붙는 그것, 녹슨 부엌칼로 밤새도록 자르는 잘리는 그것의 대가리, 밤새도록 내가 물고 잠드는 썩은 생선 대가리 등의 표현처럼 성행위와 남근에 대한 극단적인 혐오감 및 증오심을 나타내고 있지만, 이는 곧 남근 선망을 억압하고 오히려 그에 상반되는 부정적 감정을 드러내는 반동 형성임을 알 수 있다. 〈이리 와요 아버지〉에서는 더욱 노골적이다. "이리 와요 아버지 내 음부를 하나 나눠 드릴게"로 시작해서 "사지를 버르적거리며 경련하는 아버지 좋으세요"로 마무리되는 이 시를 보면 근친상간적 욕구가 어느 정도인지 알 수 있다.

이토록 작가가 집요할 정도로 일관되게 근친상간적 표현과 성에 대한 극단적인 부정적 태도를 유지하도록 하는 힘은 무엇일까. 독자들로 하여금 일종의 지옥 체험과도 유사한 끔찍스러운 잔혹미의 극치를 느끼게끔 할 것이 뻔한 의도를 작가는 왜 그토록 고집하는 것일까. 시집의 서두에서 작가는 다음과 같이 경고하고 있다. "임산부나 노약자는 읽을 수 없습니다. 심장이 약한 사람, 과민체질, 알레르기가 있는 사람도 읽을 수 없습니다. 이 시는 구토, 오한, 발열, 흥분의 부작용을 일으킬 수 있습니다. 무엇보다 이 시는 똥 핥는 개처럼 당신을 싹 핥아 치워버릴 수도 있습니다."

이처럼 작가는 의도적으로 부작용을 일으키기 위해 작품을 썼으며, 동시에 그녀의 표현대로 자신의 유혹에 걸려든 독자, 즉 똥 같은 타인들을 개처럼 핥아 치워버림으로써 자신의 내면에 소용돌이치는 부정적 감정을 자신의 일부로 인정하지 않고 그것을 오히려 외부로 투사해 일반화하고 있다. 그런 점에서 그녀의 다음과 같은 말은 매우 의미심장하다. "제 몸 어딘가에 남근이 남아있거나 아니면 뽑혔거나 할 거예요. 여자는 잠재적으로 남자지요."

남근을 지닌 여자, 이빨 돋은 자궁, 이들 용어는 이미 정신분석의 고전적 문헌들에서 언급된 표현들로, 남근 선망을 말한 프로이트에 대해 그토록 페미니스트들이 줄기차게 쇼비니스트로 비난해 왔던 바로 그 주제가 아니던. 남근을 지니지 못했다는 원망, 자신에게도 남근을 나눠주고 공유해 주기를 바라는 소망은 결국 좌절되기 마련이며, 그로 인한 딸의 뼈아픈 좌절감은 남근을 지닌 아버지에 대한 적개심으로 돌변한다. 아버지에 대한 성적 갈망과 소유하지 못할 남근을 차라리 제거해 버리려는 복수심은 모든 남성에 대한 적개심과 경쟁 심리로 나타나기 마련이며, 더 나아가 불감증의 주된 원인도 된다. 그러나 이 모든 시나리오는 무의식 안에서 이루어지는 과정이기 때문에 인간의 일상적인 의식 세계에서는 도저히 납득하기 어렵다.

그런 점에서 "개 같은 똥 같은 갈보 같은 구멍"으로 시작하는 〈황혼이 질 때면〉을 보면, 그녀의 시에서 가장 두드러진 특징이 구멍에 대한 혐오감, 남근에 대한 복수심이라는 점을 알 수 있다. 그리고 상당히 엽기적으로 들리는 이런 표현을 통해 독자들의 마음에는 과연 어떤 감정들이 떠오를까 궁금해진다. 시인은 바로 그런 효과를 노리고 있기 때문이다. 그녀의 시 〈그러엄, 이내〉 역시 마찬가지다. "도마는 칼, 때문에 있는 거야, 칼 맞는 재미로 사는 거라구, 난자당하는 맛에, 그래 금방 익숙해질테니 두고봐" 여기서 시인은 남성의 상징을 칼에, 그리고 여성의 상징을 도마에 비유하고 남녀의 성관계를 난도질의 현장으로 묘사하고 있다. 칼과 도마, 피와 난자 등 극단적으로 잔혹한 표현을 통하여 사랑이 소실된 육체들의 동물적 본능과 마비되고 실종된 윤리 의식을 드러낸다고 볼 수 있는데, 남근을 상징하는 칼은 엄청난 적개심의 대상으로 등장해 〈파〉에서는 칼을 으적으적 씹어 먹는 것으로 묘사한다.

그런 적개심은 "한 입 또 한 입 나를 / 베어 무는 당신 / 피 빨고 노래 빨고 / 질겅질겅 씹어 재떨이에 / 내뱉는 당신"이라고 노래하는 〈늙은 창녀의 노래 2〉에서 정점에 달한다. 여기서는 남성에 대한 극도의 혐오감을 드러내고 있는데, 여성을 짓밟고 학대하며 성적인 착취에 혈안이 되어있는 마귀의 모습으로 묘사하고 있다. 동시에 작품마다 아버지로 대표되는 남성에 대하여 극도의 잔혹한 복수심과 증오심, 혐오감을 노골적으로 드러낸다. 물론 프로이트는 이를 남근 선망으로 설명하기도 했지만, 선망은 강렬한 적개심을 동반하기 마련이다. 세상에는 질투 때문에 살인까지 벌어지는 일이 결코 드물지 않다. 그런 점에서 살인의 역사보다 질투의 역사가 더 오래되었다고 할 수도 있다. 카인이 아벨을 죽인 것도 결국 질투 때문이지 않은가.

김언희의 시는 한마디로 근친상간 주제의 엽기적인 잔혹시다. 노래하는 시가 아니라 차라리 뱉어내는 시에 가깝다. 어찌 보면 세기말적인 허무주의에 가까운 극단적인 퇴폐시라고 할 수도 있겠지만, 그녀의 시에 흘러넘치는 성과 폭력, 죽음의 이미지들은 결국 아버지를 갈망하고 부인하며 살해하고자 하는 양가적 모순을 드러낸 것으로 볼 수 있다. 따라서 그녀는 독자들의 관음증적 호기심을 자극해 인간의 내면에서 끊임없이 실랑이를 벌이는 의식과 무의식 사이에 벌어진 그 틈새를 여지없이 파고들어 각자의 비밀을 엿보게 하는 기회로 삼고 있다고 볼 수도 있겠으나, 오히려 결과는 매우 유감스럽게도 무의식적 진실을 왜곡하는 방향으로 흐르고 만 느낌이 든다.

3장
미술의 세계

카라바조의 붓과 칼

중세 이탈리아에서 활동한 화가 카라바조(Amerighi da Caravaggio, 1571-1610)는 그의 삶 자체가 매우 불가사의한 사건으로 점철되어 있어서 서양 미술사에서도 가장 수수께끼 같은 행적을 남긴 인물로 간주되고 있으며, 그의 성장 과정이나 마지막 행적조차 제대로 알려진 적이 없다. 그가 사망한 후 카라바조의 존재는 수백 년간 지하에 묻힌 상태로 사람들의 기억에서 사라졌다가 20세기에 들어서서야 비로소 그의 가치가 재발견되어 오늘날에 와서는 중세 바로크 미술을 대표하는 거장의 반열에 오르게 되었다.

미켈란젤로 메리시가 본명인 그는 밀라노에서 실내장식가의 아들로 태어나 5세 무렵에 흑사병을 피해 부모와 함께 카라바조 마을로 이주해서 그곳에서 자랐다. 하지만 아버지가 일찍 죽고 13세 때에는 어머니마저 세상을 떠나 어린 나이에 천애고아가 되고 말았는데, 그 무렵부터 이미 회화를 배우기 시작해 바로크 미술의 대가로 성장하는 기초를 닦았다. 그 후 그는 자신이 자란 마을 이름인 카라바조로 알려지게 되었다.

하지만 원래 난폭하고 거칠기 짝이 없는 성격의 소유자였던 그는 가는 곳마다 칼싸움을 벌이고 다니며 문제를 일으키는 무법자였다. 처음에는 로마에서 난동을 부리다가 살인을 저지르고 나폴리로 도주했으나 그곳마저 안전치 못하자 말타섬으로 피신해 말타 기사단의 일원이 되었다. 그러나 얼마 가지 않아 기사 한 명에게 중상을 입히고 감옥에 갇히는 신세가 되는 동시에 기사단에서도 축출당했다.

가까스로 탈옥에 성공한 그는 시실리를 경유해 다시 나폴리로 도주했다가 자신에게 복수를 다짐하는 추적자들을 피해 로마로 가던 도중에 38세라는 젊은 나이로 의문사하고 말았는데, 소문에는 얼굴에 중상을 입고 열병에 걸려 죽었다고도 하고 추적자들에 의해 살해되었다는 풍문도 있지만 확인된 사실은 없다. 짐작건대 그를 살해하기 위해 그토록 집요하게 조직적으로 추적한 집단은 말타 기사단이거나 아니면 그에게 결투 중에 살해당한 토마소니 가문일 것으로 추정되지만 입증된 사실은 아니다. 당시 사형 선고를 받고 쫓기는 신세였던 그는 잠잘 때도 옷을 벗지 않고 손에 검을 쥔 상태로 잠들 정도로 극도의 피해망상에 사로잡혀 있던 것으로 보인다.

물론 카라바조의 성장 과정이 알려져 있지 않기 때문에 그의 기이하고 난폭한 성격의 배경을 정확히 이해할 수는 없겠지만, 오늘날 남아있는 그의 대표작 〈골리앗의 머리를 든 다윗〉, 〈세례자 요한의 머리를 들고 있는 살로메〉, 〈홀로페르네스의 목을 자르는 유딧〉 등을 통해 그의 심리적 일면을 엿볼 수는 있겠다. 이들 작품의 공통 주제는 칼로 목을 자르는 참수에 있다고 보는데, 공교롭게도 목이 잘린 피해자들의 얼굴이 모두 카라바조 자신의 얼굴로 묘사되어 있다는 점이 특징이다. 더군다나 카라바조 자신이 상습적으로 칼싸움을 벌이고 다니며 살인까지 마다하지 않았다는 점을 고려한다면 그가 얼마나 칼에 집착한 인물이었는지 알 수 있다.

우선 〈골리앗의 머리를 든 다윗〉을 보면, 다윗의 손에 들린 골리앗의 잘린 머리가 바로 카라바조 자신의 얼굴로, 검은 머리와 텁석부리 수염,

짙은 눈썹을 지닌 카라바조의 표정은 반쯤 입을 벌린 상태로 고통에 가 득 찬 모습을 하고 있다. 그런데 그는 왜 하필이면 골리앗의 얼굴을 자 신의 얼굴로 바꿔치기한 것일까. 자신을 무적의 장수 골리앗과 동일시 한 것인가. 하지만 손에 쥐고 있는 골리앗의 머리를 바라보는 다윗의 표 정이 매우 수심에 가득 차 있는 모습임을 볼 때, 여기서 다윗은 괴물처럼 변한 자신의 현재 모습에 연민의 정을 느끼는 카라바조 자신의 젊은 시 절을 상징하는 것일 수도 있다. 따라서 이는 곧 순수했던 젊은 시절의 카 라바조가 세속적인 욕망에 물든 성인 카라바조를 스스로 응징하고 처단 했음을 전하고 있는 셈이다.

그는 이 그림을 로마의 실력자이며 교황 바오로 5세의 조카인 보르게 세 추기경에게 보냈는데, 자신이 저지른 살인 행위에 대한 용서와 사면 을 구한 것으로 볼 수도 있다. 하지만 정신분석적 관점에서 보자면, 이는 곧 카라바조 자신의 거세 공포를 의미하는 장면으로 이해할 수도 있다. 정신분석에서 참수는 상징적인 거세 행위로 보기 때문이다. 다시 말해서 반항적인 아들 다윗이 감히 대적할 수 없는 강력한 경쟁 상대인 상징적 아버지 골리앗을 쓰러뜨리고 그 목을 잘라 응징하지만 그런 행위에 대한 죄의식 때문에 다윗의 표정이 어두운 것이며, 다윗과 동일시한 카라바조 자신도 뭔가 죄의식에 이끌린 나머지 골리앗 대신에 자신의 얼굴을 삽 입시킴으로써 스스로 거세당하는 모습으로 표현한 것인지도 모른다. 그 렇게 해서라도 그는 자신의 부도덕한 부친 살해 욕구를 상쇄하고 싶었을 것이다.

그의 또 다른 걸작 〈세례자 요한의 머리를 들고 있는 살로메〉에서는 살로메가 들고 있는 쟁반 위에 세례 요한의 잘린 목이 올려져 있는데, 그 얼굴 역시 카라바조 자신의 모습이다. 옆으로 비스듬히 놓여있는 그의 얼굴 표정은 차라리 평온한 모습인 데 반해서 쟁반을 들고 있는 살로메는 오히려 잘린 목을 외면하고 서 있다. 소심해 보이기까지 하는 그녀의 자태로 봐서는 요부의 이미지를 떠올리기 힘든 모습이 아닐 수 없다. 상식적으로 이해하기 어려운 이 그림을 카라바조는 과거에 자신을 돌봐준 말타 기사단장에게 보냈는데, 말타에서 저지른 자신의 범죄 행위에 대한 용서를 구걸하는 의미로 그랬을지도 모른다.

하지만 이 장면 역시 오이디푸스 상황을 상징한 것으로 볼 수 있다. 광야의 예언자 요한은 헤롯 안티파스왕과 헤로디아의 부도덕한 결혼을 비난했다는 이유로 감옥에 갇히고 마는데, 어머니 헤로디아의 사주를 받은 딸 살로메가 왕에게 간청해 요한의 목을 자르게 한 것이다.

물론 여기서 요한은 카라바조 자신으로 상징적인 부모의 결합을 비난하고 방해한 죄 때문에 거세까지 당한 모습을 나타낸 것일 수 있다. 살로메가 굳이 외면을 하고 있는 이유는 분명치 않으나 그녀가 유혹적인 춤을 아버지 앞에서 추어 보였다는 점에서 그녀 역시 오이디푸스 상황에 처해 있었다고 볼 수 있다. 따라서 부모의 관계를 질투한 결과 그런 참혹한 징벌을 당할 수도 있다는 사실 앞에 그녀는 외면할 수밖에 없었다고 본다.

〈홀로페르네스의 목을 자르는 유딧〉에도 목이 잘려 누워있는 적장 홀로페르네스는 카라바조의 얼굴로 둔갑하고 있다. 고통에 못 이겨 절규하는 듯이 보이는 카라바조의 일그러진 표정에 반해 예리한 검으로 그 목을 자르는 유딧의 표정은 오히려 못할 짓을 한다는 듯이 눈살을 찌푸리고 있다. 이 작품 역시 온갖 비행을 저지르고 다닌 자신을 스스로 처단하는 의미로 그린 것처럼 보이기도 하지만, 카라바조 자신의 무의식적 거세 공포를 드러낸 것으로 볼 수도 있다. 물론 적장 홀로페르네스는 어머니를 사이에 두고 아들과 경쟁하던 연적이기도 했던 아버지를 상징하는 것이며, 유딧으로 상징되는 어머니가 그런 부자를 상대로 동시에 징벌을 가하는 모습으로 이해할 수 있다.

그런 점에서 볼 때, 청년 시절에 그린 〈메두사〉는 끔찍스러운 뱀들로 뒤덮인 머리 형상의 메두사가 공포에 질린 모습을 하고 있는데, 그 얼굴은 바로 카라바조 자신의 모습이니 그것은 다름 아닌 카라바조 자신의 거세 공포를 묘사한 것으로 볼 수 있다. 일찍이 프로이트는 메두사의 형상을 보고 남성들이 극도의 공포심에 사로잡히는 것은 곧 거세 공포 때문이라고 해석했는데, 뱀은 남근의 상징이기도 하기 때문이다. 초기작인 〈도마뱀에게 물린 소년〉 역시 거세 공포를 드러낸 것으로 볼 수 있다. 한편 나폴리에서 그린 〈일곱 가지 자비로운 행동〉의 작품 우측 하단에는 감옥에 갇힌 아버지 시몬에게 젖을 먹이는 딸 페로의 모습이 보이는데, 이는 뒤이어 소개할 루벤스의 〈시몬과 페로〉에서 상세히 다루기 때문에 여기서는 생략하기로 한다.

어쨌든 카라바조는 삶을 사랑하기보다 오히려 죽음에 대해 더욱 큰 친화력을 지닌 듯이 보이기도 하는데, 그런 점에서 그는 프로이트가 말한 에로스와 타나토스 중에서 타나토스의 힘에 더욱 압도당해 살았다고 할 수 있다. 에리히 프롬의 용어를 빌면 삶에 친화적인 바이오필리아(biophilia)보다 죽음 친화적인 네크로필리아(necrophilia)에 더욱 가까운 매우 자기 파괴적인 유형의 인물이었던 셈이다. 결국 그의 삶을 파탄으로 몰고 간 것은 남근의 상징인 칼이었으며, 그것을 제멋대로 휘두른 나머지 살인까지 저지르고 평생을 쫓기는 신세로 도망 다녀야 했으나 그래도 칼이 아닌 붓으로 자신의 부도덕한 욕망을 승화함으로써 위대한 걸작을 남김으로써 스스로 자신을 구원했다고 볼 수 있다.

루벤스의 <시몬과 페로>

17세기 바로크 시대를 대표하는 벨기에의 천재 화가 루벤스(Peter Paul Rubens, 1577-1640)는 원래 독일 태생으로 변호사였던 아버지가 불륜을 저지르고 감옥에 간 사이에 태어났는데, 그는 그런 아버지를 경멸하고 어머니와 긴밀한 관계를 유지하며 성장했다. 그가 10세 때 아버지가 세상을 떠난 후 어머니와 함께 벨기에로 이주해 안트워프에서 자랐다.

20대 초에 떠난 이탈리아 여행은 루벤스에게 큰 영향을 주었는데, 8년에 이르는 체류 기간을 통해 루벤스는 이미 그 실력을 인정받는 유명 화가로 떠올랐으나 어머니가 위독하다는 연락을 받고 서둘러 귀국해야만 했다. 하지만 그가 도착하기도 전에 어머니는 숨을 거두고 말았다. 어머니의 장례를 치른 후 루벤스는 두 번 다시 안트워프를 떠나지 않겠다고 결심했으며, 그 결심은 이사벨라 브란트와 결혼한 이후에도 변함이 없었다. 그만큼 어머니에 대한 애착이 남달리 컸다고 볼 수 있다.

루벤스는 아내 이사벨라가 30대 젊은 나이로 흑사병에 걸려 갑자기 세상을 떠나자 한동안 실의에 빠져 지내다가 53세 무렵에 불과 16세의 어린 소녀 엘렌 푸르망과 결혼해 비로소 활기를 되찾았다. 그녀의 모습은 <모피를 두른 엘렌 푸르망>에서 보듯이 비너스를 연상시키는 관능미를 물씬 풍기고 있다. 엘렌의 풍만한 몸매는 그 후 루벤스의 작품에 등장하는 비너스를 포함해 많은 여성상의 모습에 큰 영감을 준 것으로 보인다.

이처럼 풍만한 여체에 대한 루벤스의 집착은 그 후 '루벤시안'이라는 신조어까지 낳았는데, 이는 물론 모성에 대한 그리움의 반영일 수 있으며, 수많은 성모상을 그린 배경도 설명할 수 있을지 모른다. 그런데 그가 엘렌과 결혼한 1630년 무렵에 그린 〈시몬과 페로〉는 숱한 외설 시비를 낳으며 구설수에 오르게 되면서 루벤스의 명예에 큰 오점을 남기고 말았다. 왜냐하면 감옥에 갇힌 늙은 아버지에게 젖을 먹이는 딸의 모습이 너무도 관능적이고 근친상간적 분위기를 풍겼기 때문이다. 더군다나 그 노인과 딸의 얼굴은 여지없이 루벤스 자신과 엘렌의 모습을 그대로 옮긴 것이어서 더욱 큰 논란을 낳았다. 하기야 37년이라는 나이 차로 따지자면 부녀 관계나 마찬가지라고 할 수도 있는데, 추측해 보건대 부부 각자가 지녔던 오이디푸스 콤플렉스를 서로 충족시켰을 것으로 본다. 그러지 않고서야 그런 작품을 굳이 남길 리 없지 않겠는가.

물론 고대 로마에서 전승된 시몬과 페로의 감동적인 이야기는 아버지의 목숨을 살린 딸의 갸륵한 효성에 관한 내용으로 수많은 화가의 작품에서 즐겨 다루어진 주제이기도 한데, 루벤스 역시 1612년에 이미 동일한 주제의 그림을 그린 적이 있지만, 그 분위기가 더욱 에로틱해졌다고 볼 수 있다. 어쨌든 그런 논란 때문에 세상에서 매우 부도덕한 인물로 낙인찍힌 루벤스는 그 후 왕족들로부터 주문이 끊기게 되는 수모를 겪게 되었으며, 주로 풍경화 쪽으로 관심을 돌리게 되었다. 그가 62세 나이로 사망할 당시 엘렌은 그의 여덟 번째 자녀인 아기를 잉태하고 있었으니 정력 하나만큼은 매우 남달랐던 모양이다.

아버지의 정부를 가로챈 마네

  프랑스의 인상파 화가 마네(Édouard Manet, 1832-1883)는 강렬한 붓 터치와 풍부한 색채감으로 한 시대를 풍미했던 화가로 인상주의 미술의 효시로 꼽힌다. 초기작에 속하는 〈풀밭 위의 점심 식사〉는 누드 상태의 모델을 등장시켜 비평가들의 혹평을 받았으나 일상적인 삶의 모습을 주로 다룬 작품 주제는 그 후에도 마네의 일관된 창작 태도로 이어졌다. 마네의 작품 소재는 단순한 풍경이나 정물 묘사에 머물지 않고 동시대를 살아가는 다양한 인간 군상들의 모습을 화폭에 담았다.

  파리에서 부유한 법관의 아들로 태어난 그는 외삼촌의 권유로 그림을 그리기 시작했으나 법률가가 되기를 원한 아버지의 고집 때문에 한동안 애를 먹기도 했다. 하지만 공부 체질이 아니었던 마네는 학업을 등한시하고 화가가 될 뜻을 굽히지 않았는데, 아버지는 법관이 되지 못할 바에야 차라리 군인이 되는 게 낫겠다 싶어 해군 사관학교에 지원하도록 했으나 계속 낙방을 거듭하자 어쩔 수 없이 미술 교육에 동의하고 말았다.

  이처럼 아버지의 뜻을 거스르고 화가의 길을 걸은 마네는 30세 때 아버지가 세상을 떠나자 마치 기다렸다는 듯이 곧바로 과거 아버지의 정부였던 네덜란드 출신의 피아노 교사 수잔 렌호프와 결혼했다. 3년 연상인 그녀는 소년 시절 마네에게 피아노를 가르친 여성으로 마네와 결혼할 당시 이미 혼외정사로 낳은 열한 살짜리 사생아 아들 레옹을 두고 있었으니 결국 마네는 자신의 배다른 동생을 아들로 받아들여 키운 셈이다.

레옹의 모습은 마네의 작품 〈칼을 든 소년〉에서 볼 수 있는데, 자기 키만큼 기다란 검과 무거운 가죽 허리띠를 두 손에 공손히 받쳐 들고 걸어가는 모습은 아버지의 심부름을 하고 있는 것처럼 보인다. 그것은 마치 거세 공포를 지닌 아들이 아버지의 부름을 받고 가면서 혹시 아버지가 그 검으로 자신을 해치지나 않을까 조심스러워하는 모습처럼 보이기도 하는데, 물론 검은 남근을 거세하는 위협의 상징이며 가죽 허리띠는 매질을 의미하는 체벌의 상징이다. 평소 아버지에 대한 마네 자신의 불안과 두려움을 레옹에게 투사한 것으로 볼 수 있다.

어쨌든 마네는 법을 집행하는 사람으로 불륜까지 저지른 아버지에 대해 참으로 기묘한 방식을 통해 복수한 셈이다. 아버지의 연인과 그 아들 모두를 차지함으로써 결과적으로 아버지에 대한 승리를 만끽한 것으로 볼 수 있기 때문이다. 그런 점에서 아버지와 깊은 관계를 맺고 아이까지 출산한 수잔 렌호프는 마네에게 어머니를 대신한 상징적 존재로 볼 수 있으며 그의 근친상간적인 욕구를 만족시켜 준 존재라 할 수 있다.

하지만 부도덕한 아버지를 상대로 복수한 마네 역시 도덕적으로는 그리 떳떳한 입장이 될 수 없었다. 왜냐하면 이미 40대부터 매독에 걸린 상태였기 때문이다. 더군다나 만성 류머티즘까지 겹친 그는 의사를 불신한 나머지 치료를 거부한 상태에서 오랜 기간 극심한 통증과 사지 마비에 시달렸는데, 마지막에는 제대로 걷기조차 할 수 없었다. 결국 다리가 썩기 시작해 왼쪽 발을 절단하는 수술 후 불과 열흘 만에 세상을 뜨고 말았다.

세잔과 아버지의 숨바꼭질

　현대 미술의 아버지로 불리는 폴 세잔(Paul Cézanne, 1839-1906)은 19세기 프랑스 미술을 대표하는 화가로, 겉으로 보이는 현상에 머물지 않고 사물의 내적인 생명을 묘사하는 데 집착해 사과가 썩을 때까지 오랜 시간 지켜보며 그림을 그렸다는 일화로 유명하다. 세잔은 부유한 은행가의 아들로 태어났는데, 아버지는 돈밖에 모르는 매우 권위적인 인물이었던 반면에 어머니는 몹시 활달한 여성으로 다소 변덕이 심하긴 했으나 그래도 세잔은 그런 어머니를 의지하며 자랐다. 어린 시절 그는 학교에서 친구들에게 괴롭힘을 당하던 에밀 졸라를 구해준 일이 계기가 되어 오랜 세월 우정을 함께 나눴는데, 아버지의 극심한 반대를 물리치고 화가가 되겠다는 꿈을 펼치기 위해 파리행을 결심하게 된 배경에는 죽마고우였던 에밀 졸라의 적극적인 격려가 크게 작용했다.

　파리에서 세잔은 9년 연상인 피사로를 만나 처음에는 우정 관계로 시작했으나 차츰 스승과 제자 사이로 발전하면서 피사로를 아버지처럼 따르고 숭배하게 되었는데, 그런 배경에는 실제 친아버지에 대한 반감이 크게 작용한 것으로 보인다. 피사로를 상징적인 새로운 아버지로 받아들인 세잔은 그에게서 결정적인 영향을 받았다. 물론 그때까지만 해도 세잔은 〈아버지의 초상〉을 그릴 정도로 아버지의 비위를 거스르지 않기 위해 무진 애를 썼다. 아버지가 매달 부쳐주는 생활비로 파리 생활을 근근이 이어 나갔기 때문이다.

하지만 나이 서른에 자신보다 열두 살이나 연하인 모델 오르탕스 피케와 동거에 들어가게 되면서 부자 관계도 삐걱대기 시작했다. 비록 어머니는 그런 사실을 알고 있었음에도 불구하고 불같은 성격의 남편을 자극하지 않기 위해 비밀에 부치고 있었던 것인데, 세잔 역시 아버지가 두려워 처음 7년 동안 자신의 동거 사실은 물론 아들이 생겼다는 사실마저 숨기며 아버지를 감쪽같이 속였지만, 결국 아버지가 그 사실을 알게 되면서 생활비 지원을 끊어버리겠다는 위협까지 하기에 이르렀다. 하지만 말은 그렇게 했으면서도 정작 처자식이 딸린 아들의 처지가 딱했던지 오히려 생활비를 더 올려 보태 주었다.

결국 세잔은 아버지가 88세가 되어 기력이 쇠해졌을 무렵에 가서야 비로소 15년에 걸친 동거 생활을 청산하고 정식 결혼식을 치렀는데, 당시 그의 나이 47세였다. 바로 그해에 아버지가 숨을 거두면서 물려준 유산으로 생계 걱정을 덜게 되었지만, 이미 그때는 아내에 대한 애정이 식은 상태라 별거와 재결합을 반복하는 모습을 보이기도 했다. 거세 공포의 진원지로 두려움의 대상이었던 아버지의 존재가 사라짐으로써 어머니의 상징적 대리인인 아내에 대한 관심도 그만큼 상대적으로 줄어든 셈이다. 따라서 아내와 별거할 때는 어머니와 누이 곁으로 돌아가 지내다가 나중에는 홀로 은둔 생활을 보내다 세상을 떴다.

연상의 창부와 동거한 고흐

  네덜란드가 낳은 천재 화가 빈센트 반 고흐(Vincent van Gogh, 1853-1890)는 19세기 서양 미술에서 가장 위대한 화가의 한 사람으로 꼽히는 인물로, 생전에는 인정을 받지도 못하고 가난과 외로움, 정신병에 시달리며 불행한 삶을 살다가 결국에는 37세라는 아까운 나이에 총기 자살로 생을 마감한 비운의 화가였다. 춤추는 불덩이처럼 이글거리며 타오르는 그의 독특한 화풍은 광기에 휩쓸린 고흐 자신의 내적 혼란을 그대로 반영한 것으로 평가되기도 하는데, 특히 고갱과 불화 끝에 헤어진 뒤 흥분을 이기지 못한 나머지 자신의 귀를 면도칼로 자른 후 그것을 신문지에 싸서 사창가로 달려가 한 매춘부에게 잘 보관하라고 맡긴 행동을 통해서도 알 수 있듯이 광기로 가득 찬 그의 말년은 수시로 정신병원을 드나들어야 하는 그야말로 비극적인 삶의 전형을 보여준다.

  정신병원에 입원한 후에도 그는 혼자 자는 것을 거부하고 다른 환자들과 함께 잠을 자겠다고 떼를 쓰는가 하면, 간호사의 뒤를 쫓아다니며 어린애처럼 조르기도 했는데, 그것은 마치 엄마 치마폭에서 떨어지지 못하고 보채는 어린아이의 모습과 매우 닮은 퇴행적인 행동이기도 했다. 더군다나 그는 누가 시키지도 않았는데도 불구하고 종교적인 속죄 의식을 치르기라도 하듯이 병동 구석에 놓인 석탄 양동이를 자주 씻는 이상한 행동까지 보였는데, 어쩌면 자신의 내면에 억압된 부도덕한 욕망에서 비롯된 죄의식이 작용했기 때문이 아니었을까 짐작되기도 한다.

이처럼 몹시 혼란스러운 광기를 보였던 고흐는 네덜란드의 준데르트에서 개신교 목사의 아들로 태어났는데, 독실한 신자였던 어머니는 매우 엄격하고 고지식한 편이어서 애정 표현에 인색한 여성이었다. 그런 영향 때문인지 어려서부터 남달리 예민하고 정서적으로 불안정한 모습을 보였던 고흐는 특히 집을 떠나있기를 몹시 두려워해서 10세 무렵 기숙학교에 보내졌을 때는 자신이 버림받은 것으로 여기고 집에 보내 달라며 떼를 쓰기도 했다. 한때 아버지처럼 목사가 되고자 암스테르담 대학 신학과를 지망하기도 했으나 시험에 낙방하자 탄광촌에 가서 전도사로 일하던 그는 그곳에서도 상식 밖에 벗어난 행동으로 인해 교회 당국과 마찰을 일으킨 끝에 결국 귀가하고 말았다. 당시 고집불통인 아들과 극심한 불화를 겪은 아버지는 한동안 고흐를 정신병원에 입원시킬 생각까지 할 정도로 고흐의 행동은 분명 정도에서 벗어나 있었다.

하지만 그것은 오히려 약과였다. 그는 28세 때 뜬금없이 7년 연상의 외사촌 누나로 아들 딸린 과부 케 보스-스트리커에게 청혼해 사람들을 놀라게 했다. 당연히 그녀는 일언지하에 거절하고 말았지만, 그녀의 부모인 큰이모와 당시 유명 신학자였던 이모부 역시 완강히 반대했다. 크게 낙심한 고흐는 그 후부터 교회에 발도 끊고 아버지와도 크게 다투게 되었다. 더욱이 고흐는 성병에 걸려 병원에 입원까지 했으며, 한술 더 떠서 아이가 딸린 주정뱅이 매춘부 마리아 호르니크와 동거하는 등 전통적인 성직자 집안의 체면에 먹칠하는 행동으로 부모를 골탕 먹이기도 했다.

마리아 호르니크는 고흐보다 세 살 연상으로 그녀가 낳은 아들 빌렘은 자신의 아버지가 고흐라고 믿기도 했지만, 입증된 사실은 아니다. 어쨌든 그녀와 아이들을 단념하고 헤어지라는 아버지의 요구를 처음에는 완강하게 거절하던 고흐도 마침내 그런 생활이 자신의 창작 활동에도 걸림돌로 작용할 것임을 깨닫고 비정상적인 동거 생활을 청산하고 헤어졌는데, 그 후 호르니크는 고흐가 죽은 지 14년이 지나 강물에 투신자살하고 말았다.

이처럼 기이할 정도로 매춘부에 강한 집착을 보인 고흐의 심리 자체를 무조건 광기의 소산으로만 보기는 어려울 것이다. 물론 어려서부터 집을 떠나기 몹시 두려워했던 사실로 보아 어머니 곁을 떠나는 것에 대한 분리 불안과 극심한 애정 결핍에 시달린 것으로 볼 수도 있겠지만, 다른 한편으로는 사랑을 구걸하기에는 너무도 신성한 위치에 있는 어머니라고 여겼기 때문에 감히 범접할 수 없는 어머니 대신 결코 자신을 거부하는 법이 없는 창녀를 상대하는 일이 그에게는 더욱 손쉽고도 현실적인 의지처가 되었기 쉽다. 프로이트는 그것을 마돈나-창녀 콤플렉스로 부르기도 했지만, 한때 목사를 꿈꿨던 고흐였음을 상기해 본다면, 성스러움과 세속적인 욕망 사이에서 극심한 갈등과 고통을 겪으며 지냈음을 알 수 있다.

여성을 상대하는 기술이 매우 서툴렀던 고흐는 실제로 지지리도 여복이 없었으며, 숱하게 사랑을 구걸하고 때로는 막무가내로 스토킹을 하기도 했으나 번번이 퇴짜를 맞았다. 결국 그를 기꺼이 받아들인 여성들은 창녀밖에 없었다. 특히 고흐는 몸집이 큰 연상의 창녀를 좋아했는데, 그의 어머니 역시 몸집이 풍만한 여성이었다. 그가 자살하기 2년 전에 그린 어머니의 초상화를 보면 자애로운 미소를 머금은 매우 이상적인 모습을 보이고 있는데, 평소 거칠게 흔들리는 그의 독특한 화풍과는 달리 매우 이례적으로 투명하고도 안정적인 화법으로 그린 작품임을 알 수 있다. 어쨌든 그토록 신성한 어머니를 독점한 성직자 아버지에게 고흐는

3장 미술의 세계 **179**

부도덕한 성병과 매춘부 관계를 통해 복수를 가한 것으로 볼 수 있다.

하지만 정작 행복한 가정을 한 번도 꾸려보지 못했던 고흐 개인으로서는 너무도 고독하고 불안정한 삶의 연속이었을 뿐이다. 말년에 이르러서는 자신의 유일한 후원자였던 동생 테오마저 자신을 이용해 돈을 벌려고 든다는 피해망상까지 보였는데, 숨을 거두기 직전에 그는 동생에게 마지막으로 "슬픔은 영원히 지속될 거야."라는 말을 남겼다고 한다. 그가 말한 영원히 지속될 슬픔이라는 것은 결국 영원히 이루어질 수 없는 사랑, 어머니에 대한 금지된 사랑에서 오는 슬픔을 의미한 것이 아니었을까. 그 후 급격히 건강이 나빠진 테오는 이듬해 34세 나이로 죽었으며, 테오의 부인은 남편의 유해를 고흐의 곁에 나란히 묻어주었다.

뭉크의 절규

　노르웨이가 낳은 표현주의 화가 에드바르 뭉크(Edvard Munch, 1863-1944)는 그동안 미술의 불모지라 할 수 있는 북유럽에서 혜성처럼 나타나 인간 내면의 고통스러운 감정과 갈등을 문학적 요소를 가미한 수법으로 묘사함으로써 심리 회화의 효시로 꼽힌다. 특히 일생 동안 줄기차게 그린 뭉크의 자화상은 자신의 심리적 변천 과정을 고스란히 담고 있어서 마치 그림일기를 보는 듯한 착각을 불러일으킬 정도다.
　뭉크의 대표작으로 꼽히는 〈절규〉는 마치 해골처럼 보이는 인물이 양쪽 귀를 손으로 틀어막고 공포에 질린 나머지 절규하고 있는 모습을 보여주고 있는데, 그 얼굴은 어찌 보면 유령 같기도 하고 갓 태어난 태아처럼 보이기도 한다. 안구 없는 시체처럼 보이는 그 모습은 마치 좀비를 연상시키기도 하지만, 출구가 보이지 않는 막다른 길에 처한 절망적인 상황임을 드러낸다. 이 장면을 통해 뭉크는 세상과 동떨어진 자신의 우울과 불안, 분노를 대담하게 드러냈다는 점에서 사실 그림의 주인공은 뭉크 자신이라 할 수 있다.
　북유럽의 어둡고 차가운 하늘처럼 80세로 세상을 뜰 때까지 결혼도 하지 않고 독신으로 살면서 우울하고 고독한 삶을 보낸 뭉크는 동시대에 활동한 고흐의 불타오르는 광기와는 정반대로 오히려 얼음처럼 차가운 광기로 일관한 화가였다고 볼 수 있다. 사실 뭉크는 한때 코펜하겐에 있는 정신병원에 입원할 정도로 정신적으로 몹시 취약한 상태였는데, 광장 공포증과 편집증, 우울증 등의 증세에 오랜 기간 시달렸으며, 일생 동안 사악한 악령의 존재를 믿은 인물이기도 했다.

　이처럼 평생을 통해 자신의 고통스러운 내면을 펜이 아니라 붓으로 묘사한 뭉크는 그 스스로도 고백했듯이 자신이 그린 거의 모든 작품은 뭉크 자신의 내면을 드러낸 자기 고백인 동시에 일기였다고 할 수 있다. 여성들을 두려워하고 혐오한 나머지 죽을 때까지 독신을 고수하며 금욕적인 생활로 일관했던 그는 대신에 자신의 그림들을 자식처럼 여겼으며, 자신이 지닌 정신적 결함을 오히려 예술적 영감의 원천으로 삼아 수많은 걸작을 남겼다.

　자신의 고통스러운 삶과 화해하지 못하고 죽을 때까지 불화를 겪은 뭉크는 그의 연작 시리즈 〈삶의 프리즈〉에서 보여주듯이 자기 자신이 겪어온 정신적 고통과 슬픔, 불안과 우울, 편집증적 두려움 등 모든 것을 담고 있다는 점에서 그림을 그리는 키르케고르요, 스트린드베리였다고 할 수도 있다. 일생 동안 그를 괴롭힌 화두는 결국 자신이 원하지도 않았는데 무슨 이유로 태어나게 되었는지에 대한 의문이었으며, 그런 풀리지 않는 의문에 대한 저주와 성찰이 뭉크 예술의 가장 큰 원동력이 된 것으로 보인다.

　그런 점에서 뭉크 자신의 고백을 들어보면 그의 예술적 특성이 더욱 분명해진다. "나의 그림들은 곧 나의 일기이다. 내게는 내 그림 이외의 다른 자식들은 없다. 나의 예술은 일종의 자기 고백이었고, 내게 삶의 불안과 병이 없었다면, 나는 노 없이 나아가는 배였을 것이다." 하지만 뭉크는 자신의 삶을 그토록 저주하고 원망하면서도 저주 속에 단순히 침몰

한 것이 아니라 그런 삶과의 불화 관계를 화폭 위에 승화시켜 드러내 보임으로써 자신의 악몽 속에 그대로 안주하기를 끝까지 거부한 결과 삶과의 끈질긴 투쟁에서 승리할 수 있었다고 본다. 따라서 자신의 심리적 갈등을 마치 일기를 쓰듯이 일생을 통해 화폭에 옮긴 뭉크야말로 진정한 심리 회화의 선구자라 하겠다.

그렇다면 뭉크는 무슨 이유로 그런 화두에 그토록 집요하게 매달린 것일까. 그 배경을 이해하려면 무엇보다 뭉크가 살아온 과정부터 알아야 할 것 같다. 뭉크는 다섯 살 때 일찍 어머니를 잃었는데, 폐결핵을 앓았던 어머니는 30세 나이로 어린 5남매를 두고 세상을 뜨고 말았다. 성모처럼 신성한 존재로 여기던 어머니의 죽음은 어린 뭉크에게 지울 수 없는 상처를 남겨주었지만, 설상가상으로 그 후 자신을 다정하게 대해준 누나 소피에마저 결핵에 걸려 15세 어린 나이로 죽게 되자 그는 극도의 상실감에 시달려야 했다. 그런 상처 때문에 뭉크는 병실과 침대, 검은 상복, 애도하는 사람들을 주제로 한 작품들을 많이 남겼다.

그렇게 자신을 버리고 일찍 세상을 떠난 사랑하는 두 여성의 죽음을 통해 뭉크는 그 후 세상의 그 어떤 여성도 가까이하지 않는 태도를 고수하게 되었다. 그는 비록 젊은 시절 한때 툴라 라르센과 교제한 적이 있지만, 변덕스러운 히스테리 여성이었던 그녀가 권총을 휘두르며 뭉크의 손에 부상까지 입히는 사태가 벌어지자 여성에 대한 피해 의식이 더욱 커지고 말았다. 화가에게 손의 부상은 사형 선고나 다름없기에 그 사건 이후로 뭉크는 여성과의 접촉을 완전히 끊고 평생 독신으로 지내게 되었다.

그는 여성의 접근에 대하여 매우 병적인 거부감과 두려움을 느꼈는데, 사랑하는 두 여성을 구제하지 못한 아버지에 대한 원망과 분노 때문에 정상적인 동일시 과정을 거치지 못함으로써 스스로 남성으로서의 정체감을 확립하지 못하고 여성도 남성도 아닌 어중간한 중성 역할에 만족한 채 살아야만 했다. 그에게 결혼이란 끔찍스러운 악몽 그 자체였으며, 성이란 불결과 부도덕을 가리키는 것이기도 했다. 따라서 순결의 문제는 뭉크에게 있어서 매우 중요한 테마였으며, 소녀야말로 그러한 순결의 상징이 될 수 있었다. 그리고 그의 삶에서 순결한 여성으로 유일한 존재는 어머니와 누나 소피에 뿐이었다.

더군다나 의사였던 아버지에 대한 불신도 그의 부정적인 삶의 태도에 한몫 거들었다. 의사면서도 사랑하는 가족들의 생명을 구하지도 못하는 무능력한 아버지에 대한 불신은 "그는 애당초 의사가 되지 말았어야 했다."라는 뭉크 자신의 말에서도 여지없이 드러난다. 이런 아들의 불만은 마치 사랑하는 어머니의 죽음을 아버지가 수수방관하며 그대로 방치한 듯한 말투로 들린다.

뭉크는 공대 지원을 강요하는 아버지의 뜻을 거역하고 끝내 화가의 길을 선택했지만, 성장한 이후에도 아버지와 거의 접촉하지 않았다. 그에게 아버지라는 존재는 아무런 의미도 없었기 때문이다. 그래서인지 뭉크는 죽을 때까지 아버지 노릇을 한 번도 해본 적이 없다. 팔십 평생 장수를 누리면서도 독신 생활을 고집했던 그에게 가족이라는 개념은 차라리 악몽 그 자체였을 뿐이다.

북유럽의 춥고 어두운 날씨처럼 뭉크의 집안은 결코 밝고 쾌적한 분위기가 아니었다. 그곳은 항상 무겁고 칙칙한 침묵이 감도는 장소였을 뿐이다. 이처럼 항상 죽음의 기운이 감도는 침울한 집안 분위기는 그 후 뭉크의 작품에 결정적인 영향을 끼쳤다. 그래서 뭉크는 말하기를, "내게 그림을 그리는 행위는 일종의 병이요, 도취이다. 그 병은 벗어나고 싶지 않은 병이요, 그 도취는 내게 필요한 도취이다."라고 고백하기까지 했다. 이처럼 평생을 금욕적인 수도승처럼 은둔해 살았던 뭉크는 나치 독일 점령하에 있던 1944년 오슬로 근교 자택에서 80세를 일기로 조용히 숨을 거두었다.

난쟁이 화가 로트렉의 마지막 한마디

    19세기 프랑스의 인상파 화가 로트렉(Henri de Toulouse Lautrec, 1864-1901)은 파리 몽마르트의 명물로 소문난 매우 특이한 화가로, 귀족 출신이면서도 상류 계층과는 담을 쌓고 살면서 사창가를 드나들거나 저속한 캉캉 춤의 발상지인 술집 물랭루주에 틀어박혀 온종일 술에 취한 상태에서 가수나 무희들의 모습을 화폭에 담고 있었으니 화제의 주인공이 될 수밖에 없었을 것이다. 더욱이 그는 난쟁이에다 항상 헐렁한 바지 차림에 롱코트와 중절모를 걸치고 지팡이를 짚고 다녔는데, 방탕한 생활로 인해 얻은 매독과 알코올 중독에 의해 스스로 수명을 단축한 나머지 36세라는 젊은 나이에 요절하고 말았다.
    로트렉은 프랑스 남부 스페인 국경 부근에 위치한 유서 깊은 도시 알비에서 백작의 아들로 태어났다. 하지만 어려서부터 부모의 근친혼으로 인한 선천성 질병에 시달린 데다 다리 골절상이 낫지 않아 더 이상 자라지 못하고 난쟁이가 되고 말았다. 설상가상으로 그가 5세 때 부모의 불화로 어머니가 집을 나가 멀리 파리로 떠나버리는 바람에 로트렉의 양육은 전적으로 유모에게 맡겨졌다. 그 후 8세 무렵에 어머니가 그리워 파리에 살던 그녀를 찾아가 함께 지내기도 했으나 11세 때 아들의 건강을 염려한 어머니는 그를 다시 아버지가 있는 알비로 보내고 말았다. 피레네 산중의 온천 도시에서 요양을 마친 뒤 다시 파리로 간 그는 아들을 화가로 성공시키겠다는 어머니의 야심에 따라 마침내 미술 공부에 전념했다.

하지만 몽마르트 화가들의 보헤미안 스타일에 매료된 그는 자기 아버지를 포함한 귀족 사회에 강한 반감을 지니고 위선적인 그들과는 달리 자유분방한 모습으로 살아가는 서민들과 어울려 지내면서 그들의 애환을 자신의 화폭 속에 담기 시작했는데, 그가 주로 그린 대상들은 서커스, 술집, 가수, 창녀, 무도장 등으로 귀족들의 삶과는 무관한 세상이었다. 더욱이 그는 의도적으로 자신의 아버지를 골탕 먹이려는 듯이 몹시 방탕한 생활로 일관했는데, 사창가를 드나들며 매독에 걸려 고생하는가 하면, 온종일 술집에 처박힌 상태로 술을 마시며 그림을 그렸다. 그런 모습은 분명 귀족 아버지에 대한 일종의 반항심에서 비롯된 도발적 행동으로 보이며, 더군다나 당시 교양 있는 귀족들이 혐오감을 표시하던 캉캉 춤의 발상지 물랭루주에 온종일 틀어박혀 지낸 것은 일종의 자학적인 자기 부정이기도 했다.

그렇게 알코올 중독에 빠져 지낸 그는 주로 무희들과 가수, 창녀들에 의지해 마음의 위안을 얻었으며, 특히 여성들의 풍만한 젖가슴에 파묻혀 오똑 선 콧날의 콧구멍을 올려다보는 순간 가장 큰 희열을 느꼈다고 하는데, 그것은 마치 엄마 품에 안긴 상태에서 가장 큰 만족을 느끼는 유아적 소망을 드러낸 모습처럼 보이기도 한다. 작은 키에 비해 유달리 큰 성기를 지녔던 그는 적어도 섹스만큼은 자신감에 가득 차 있었다고 하지만, 그가 상대한 여성들의 대부분은 화류계에 몸담은 여성들이다.

이처럼 무절제한 생활로 건강이 악화된 그는 한때 요양원 신세를 지기도 했으나 결국 그런 아들을 보다 못한 어머니가 자신의 영지인 말로메성으로 데려가 보살폈는데, 얼마 가지 않아 그곳에서 숨을 거두고 말

앉다. 그가 죽으면서 내뱉은 마지막 말은 '바보 같은 늙은이'였는데, 이는 그의 아버지를 염두에 둔 말처럼 들린다. 아버지에 대한 환멸과 반감이 얼마나 컸으면 마지막 순간까지 그런 말을 내뱉었을까 싶기도 하다. 그렇게 아들이 죽은 후 어머니는 로트렉의 작품을 널리 알리는 일에 주력했으며, 그가 태어난 고향 알비에 미술관을 세워 아들의 그림들을 전시하기도 했다.

이처럼 불행한 삶을 보내다 36세라는 젊은 나이로 숨진 로트렉은 한마디로 설명하기 어려운 복잡한 심리의 소유자였다고 할 수 있다. 다만 분명한 사실 한 가지는 장애인이라는 열등감을 성적인 우월감으로 만회하고자 했으나 창녀를 통해 옮은 매독으로 자포자기 상태에 빠지고 말았으며, 더욱이 어머니를 향한 애정과 의존적 욕구를 술에 의지해 해소하려 했다가 오히려 돌이킬 수 없는 상태로 자기 몸을 망치고 말았다는 점이다.

따라서 어린 나이에 자기 곁을 매정하게 떠나버린 어머니에 대한 원망과 그렇게 어머니를 떠나게 만든 아버지에 대한 오이디푸스적 분노와 반감이 자포자기적인 방탕한 삶으로 이끈 원인이 되었을 것이다. 또한 그가 창녀에 의지해 마음의 위안을 얻은 사실도 보들레르의 경우와 비슷한 동기로 이해할 수 있겠다. 감히 범접하기 어려운 어머니 대신 양심의 가책을 덜 받는 창녀를 상대하는 편이 도덕적으로 보다 수월한 길이기 때문이다. 두 사람 모두 한평생 어머니의 속을 썩이다 마지막으로 죽기 직전에 가서야 어머니의 품으로 돌아간 점도 비슷하다.

세상에서 영원히 격리된 카미유 클로델

　프랑스의 여류 조각가 카미유 클로델(Camille Claudel, 1864-1943)은 열아홉 꽃다운 나이에 당대 최고의 조각가 로댕의 문하생이 되면서부터 곧바로 뜨거운 연인 사이로 발전했다. 이미 처자식을 두고 있던 로댕은 당시 43세였다. 이들은 무려 24년의 나이 차에도 불구하고 열애에 빠져 아이까지 임신하게 되는데, 카미유가 결혼을 요구하자 화들짝 놀란 로댕은 비겁하게도 그녀를 버리고 아내 곁으로 황급히 달아나고 말았다.

　홀로 독립을 선언하긴 했으나, 로댕의 그늘에 가려 좀처럼 빛을 보지 못하던 그녀는 결국 불륜과 낙태라는 부도덕한 행위로 세상뿐 아니라 가족으로부터도 버림을 받고 극심한 광기에 빠진 나머지 자신의 작품을 때려 부수는가 하면 로댕이 자신의 아이디어를 도용했으며, 심지어는 자신을 죽이려 든다는 피해망상 증세까지 보이기 시작해 결국 정신병원으로 끌려가 그곳에서 30년의 세월을 보낸 뒤 79세 나이로 외롭게 생을 마쳤다.

　어린 시절 카미유 클로델은 아들만을 편애하는 어머니의 냉대와 무관심으로 많은 상처를 받는데, 그런 어머니에 대한 반항심과 남동생 폴에 대한 질투심으로 매우 고집 세고 남에게 지기 싫어하는 선머슴 같은 왈가닥 소녀였다. 어려서부터 항상 주머니에 칼을 갖고 다니며 진흙을 잘게 부수는 행동을 보였던 그녀의 모습에서 당시 어머니에 대한 적개심이 어느 정도였는지 알 수 있게 한다. 그나마 그녀에게 유일한 힘이 되어 준 자상한 아버지가 있었으나, 딸의 입장을 전폭적으로 지지하고 온갖 지원을 아끼지 않던 그는 1913년 세상을 뜨고 말았는데, 그동안 그녀를 못마땅하게 여기던 어머니와 동생 폴은 기다렸다는 듯이 곧바로 그녀를 정신병원에 입원시키면서 아버지의 사망 소식을 그녀에게 알리지도 않았다.

그 후 아들의 출세에 지장을 줄까 염려한 어머니는 일체의 면회나 서신 교류도 금지했는데, 유일하게 허용된 방문객은 시인이자 외교관으로 성공한 남동생 폴 클로델뿐이었다. 그나마 폴이 면회한 것은 30년 입원 기간에 단 일곱 차례에 불과했다. 그동안 담당 의사의 퇴원 권유가 있었음에도 그때마다 펄쩍 뛰며 반대하고 나선 어머니의 태도에 대해 당시 언론이 맹비난을 가하기도 했으나, 이들 모자의 입장은 전혀 흔들림이 없었다.

이처럼 기묘한 양상을 띤 그녀의 가족 관계는 전형적인 오이디푸스 갈등 상황을 보여주는 구도라 할 수 있다. 모자지간과 부녀지간의 밀착된 관계, 아들만을 편애하는 어머니에 대한 딸의 적개심과 질투심, 아버지의 상징적 대리인이라 할 수 있는 연상의 유부남 로댕을 상대로 벌인 불륜과 낙태, 아버지의 사망 즉시 딸을 영구적으로 세상에서 격리한 어머니와 아들의 보복적인 행동, 그리고 주치의의 퇴원 권유에 대한 어머니의 단호한 거부, 딸에게 애정과 관심, 지원을 아끼지 않은 유일한 인물이었던 아버지의 죽음을 알리지도 않아 장례식 참석조차 방해한 사실 등등 일련의 상황들이 모두 오이디푸스 갈등 구도에 딱 맞아떨어지기 때문이다. 다만 그녀의 광기 자체를 단순히 오이디푸스 갈등과 직접적인 관련을 짓기는 무리라고 본다,

피카소의 여인들

20세기 입체파를 대표하는 추상주의 미술의 거장 피카소(Pablo Picasso, 1881-1973)는 92세 나이로 사망할 때까지 쉬지 않고 정력적인 활동을 벌여 일생 동안 무려 3만여 점에 이르는 그림과 조각품, 도자기 작품을 남겼을 뿐만 아니라 화가로서는 매우 드물게도 세계적인 거부가 되었다. 초기 데뷔 시절 오로지 청색만으로 소외된 빈민 계층의 어두운 모습을 묘사한 '청색 시대'를 거쳐 그 후 큐비즘의 영향을 받아 극단적인 추상화로 나아간 그는 비록 어린 시절 가톨릭 전통에 따라 세례를 받았지만, 성인이 되어서는 스탈린을 숭배하는 무신론자가 되어 1950년에는 소련 정부에서 수여하는 스탈린 평화상을 받았으며, 1962년에도 레닌 평화상을 받는 등 열성적인 공산주의자이기도 했다.

스페인의 최남단 안달루시아 지방의 해안 도시 말라가에서 화가의 아들로 태어난 피카소는 7세 무렵부터 아버지로부터 직접 미술을 배웠는데, 그가 13세가 되었을 때 아버지는 아들의 재능이 자신을 능가함을 깨닫고 그 이후로는 그림을 포기하고 손에서 아예 붓을 놓았다고 한다. 그때부터 아버지는 아들이 혼자 미술 공부에 전념할 수 있도록 집 근처에 방을 구해주기까지 했으나 제대로 연습하고 있는지 체크하느라 하루에도 수십 번씩 확인하며 감시하는 바람에 부자지간에 언쟁을 벌이는 일이

잦아졌다.

당시 소년 시절에 그린 어머니의 초상화를 보면 아버지가 질투심을 느낄 정도로 뛰어난 솜씨를 발휘하고 있는데, 그의 어머니 마리아는 풍만한 몸매에 자애로운 모성이 넘치는 여성의 모습을 하고 있다. 피카소는 그 후에도 수많은 여인상을 그렸지만, 특히 아기를 품에 안고 있는 어머니상을 수없이 많이 남겼으며, 이는 곧 피카소 자신의 무의식적 소망을 드러낸 것으로 볼 수 있다. 재능 없는 아버지를 무시하고 어머니의 사랑을 독차지한 피카소는 일종의 왕자병이라 할 수 있는 매우 고집 세고 괴팍한 자기중심적인 인물이 되었는데, 한마디로 말해서 지독한 나르시시스트였다고 할 수 있다.

매우 이기적이었던 그는 자신의 이익에 도움이 되지 않는다고 판단되면 아무리 가까운 사이라 하더라도 가차 없이 관계를 끊었으며, 심지어는 상대를 이용하고 배신하는 행위에도 아무런 양심의 가책조차 느끼지 않았다. 그런 특성은 동료 및 여성 관계에서 여지없이 드러나는데, 한때 자신을 도왔던 시인 막스 자콥이 유대인이라는 이유로 나치에 끌려갔을 때도 다른 동료들과는 달리 그에 대한 구명 운동을 외면하고 모른 척했다. 결국 자콥은 강제 노동 수용소에서 죽었는데, 시신조차 찾지 못했다. 피카소는 가난에 찌들어 살던 무명 화가 앙리 루소가 자선 병원에서 외롭게 죽어갔을 때도 장례식에 참석조차 하지 않았다. 그러나 돈 많은 7년 연상의 유대인 여류 작가 거트루드 스타인과는 계속해서 긴밀한 관계를 유지해 나갔다. 그녀는 피카소의 열렬한 후원자로 그의 많은 작품을 사주기도 했다.

여성 편력이 심했던 피카소는 이성 문제에서도 역시 그런 특성을 유감없이 발휘했는데, 자신의 명성이 알려지게 되면서 그동안 동거했던 페르낭드 올리비에를 버리고 마르셀 윔베르와 열애에 빠졌으며, 그 후 발레리나 올가 호흘로바와 결혼함으로써 그녀를 통해 상류 사회에 진출하기도 했으나, 호화 생활에 익숙한 올가와도 끝없이 부딪치는 불화를 겪었다.

1927년 46세가 된 피카소는 17세 어린 소녀 마리와 불륜에 빠진 후로 올가와 별거에 들어갔지만, 끝내 이혼하지는 않았다. 그것은 재산 분할을 원치 않았기 때문인데, 결국 1955년 올가가 죽을 때까지 두 사람은 법적인 부부로 되어있었다. 하지만 피카소가 여류 화가 도라 마르에 정신이 팔리면서 마리에 대한 관심도 시들해졌다. 마야라는 딸까지 낳은 마리는 언젠가는 피카소가 결혼해 주리라는 믿음으로 헛되이 세월을 보내다가 피카소가 세상을 뜨자 4년 뒤에 목을 매 자살하고 말았다.

1944년 파리가 해방되고 독일군이 물러나자 63세의 피카소는 40년 연하인 젊은 미술학도 프랑수아즈 질로와 열애에 빠져 곧바로 동거에 들어갔지만, 두 아이까지 낳은 뒤 그녀는 피카소의 학대와 무분별한 스캔들을 견디지 못하고 아이들과 함께 집을 나가고 말았다. 그녀는 나중에 출간한 저서에서 그 자세한 내막을 모조리 폭로함으로써 피카소에게 도덕적으로 큰 타격을 주기도 했다. 특히 격정적인 성격에 매우 가학적인 면모를 동시에 지니기도 했던 피카소의 어두운 일면이 여지없이 드러난 그 책을 통해 피카소의 내면에 숨겨진 엄청난 분노와 적개심이 만천하에 알려지는 계기가 되기도 했다.

이처럼 변덕이 죽 끓듯 했던 피카소는 나이 팔십에 당시 34세였던 자클린 로크와 혼인했는데, 그 결혼은 사실 자신의 명예에 흠집을 냈던 프랑수아즈 질로에 대한 복수심에서 비롯된 결과로 볼 수 있다. 피카소의 권유에 따라 남편과 이혼까지 했던 질로는 자신의 아이들이 피카소의 합법적인 상속자가 되기 위해서라도 그와 결혼할 생각이었지만, 이미 피카소는 비밀리에 자클린과 결혼한 상태였으니 닭 쫓던 개 지붕 쳐다보는 신세가 되고 말았다. 피카소는 칸 부근의 무쟁에서 아내인 자클린과 함께 친구들을 저녁 식사에 초대한 자리에서 91세를 일기로 눈을 감았는데, 피카소가 세상을 뜬 후 자클린은 오랜 세월 상심에 빠져 외롭게 보내다가 1986년 59세에 이르러 총기로 자살하고 말았다.

이처럼 숱한 여성을 상대했던 피카소는 비록 왕성한 정력의 소유자이기도 했지만, 20대 중반에 그린 그의 대표작 〈아비뇽의 여인들〉에서 5명의 창부가 보여주는 도발적인 나신과 시선을 통해 이미 자신의 은밀한 오이디푸스적 소망을 드러낸 것으로 볼 수 있다. 그는 이 그림을 거의 10년 동안이나 대중 앞에 공개하지 않았는데, 어쩌면 자신의 무의식적 욕망이 노출될까 두려웠기 때문일지도 모른다. 물론 그 욕망은 성스러운 어머니를 향한 것이겠지만 현실적으로 용납될 수 없는 내용이기에 차라리 창부들을 내세워 자신의 부도덕한 욕망을 은폐시킨 것으로 볼 수 있다. 그리고 그토록 수많은 여성을 전전하면서도 만족을 느끼지 못한 것은 자신의 수호천사였던 어머니의 자애로움을 느껴보지 못했기 때문이 아니었을까 미루어 짐작해 본다.

살바도르 달리의 꿈과 불안

　매우 특이한 콧수염과 부릅뜬 왕방울 눈, 그리고 기발한 언행으로 대중적인 인기를 독차지한 살바도르 달리(Salvador Dali, 1904-1989)는 스페인의 초현실주의 화가로 뛰어난 상상력에 힘입어 시공을 초월한 비현실적인 세계와 그로테스크한 화풍으로 세계적인 명성을 날렸다. 다만 대중의 관심을 이끌기 위한 매우 기괴한 옷차림과 특이한 퍼포먼스는 진지한 예술 정신과는 거리가 멀다는 일부 비난을 듣기도 했다. 27세 때 그린 그의 대표작 〈기억의 지속〉은 마치 시공을 초월한 무의식 세계를 묘사한 것처럼 보이기도 하는데, 실제로 그는 30대 중반인 1938년에 프로이트를 직접 만나 그의 스케치를 그리기도 했다.
　스페인의 북부 카탈로니아 지방 파겔레스에서 변호사의 아들로 태어난 달리는 어머니의 적극적인 지원 아래 마드리드 미술 학교에서 회화를 공부하며 화가의 꿈을 키웠다. 그런 어머니를 몹시 숭배했던 달리였지만 그녀는 달리가 16세 때 일찍 세상을 뜨고 말았다. 사랑하는 어머니의 죽음으로 크게 충격을 받은 그는 평소에 어머니 못지않게 따르고 좋아했던 이모가 아버지와 결혼하자 오히려 그 결혼을 기꺼이 반겼는데, 그에게 이모는 어머니나 다름없는 존재였기 때문일 것이다.
　당시 어머니가 죽기 직전에 그린 자화상과 부모의 초상화를 보면 달리의 심란한 마음 상태를 엿볼 수 있는데, 매우 못마땅한 눈초리로 노려보고 있는 아버지의 표정과 조용히 고개를 숙이고 있는 어머니의 모습이 너무도 대조적이다. 특히 몹시 심술궂고 거만해 보이는 뚱보의 모습으로 묘사한 아버지의 초상은 그에 대한 반감이 어느 정도인지 짐작하게 해준다.

그의 아버지는 어린 아들에게 성교육을 시킨다며 성병에 걸린 환자들의 끔찍스러운 사진들을 수시로 보여주곤 했는데, 달리는 성병에 대한 두려움보다 오히려 여성과의 섹스 자체에 병적인 공포심을 지니게 되었다. 그런 두려움은 20대에 그린 〈위대한 마스터베이터〉에 잘 드러나 있는데, 얼핏 보면 매우 에로틱해 보이지만, 사실은 달리 자신의 거세 공포뿐 아니라 섹스에 대한 두려움을 묘사한 작품이다. 거대한 생식기에 달라붙어 있는 메뚜기는 종말의 상징이기도 하지만, 무수히 많은 알을 깐 모습이 번식에 대한 두려움을 드러낸 것으로 보인다. 그런 두려움은 비슷한 시기에 그린 〈소름의 시작〉에서도 엿볼 수 있는데, 수많은 정자의 움직임으로 보이는 작품의 소재와 제목 자체부터가 매우 의미심장하다고 하겠다.

20대 중반에 운명의 여인 갈라를 만난 달리는 그녀가 이미 시인 폴 에두아르의 아내라는 사실을 알고도 그녀에게 정신없이 빠져들었는데, 결국에는 아버지의 극심한 반대를 무릅쓰고 갈라와 동거에 들어간 달리는 30세 때 드디어 정식으로 결혼식을 올리고 지중해 연안의 작은 마을 오두막에 신혼살림을 차렸다. 그 후 갈라는 달리의 매니저 역할을 도맡아 하면서 마치 어머니처럼 세세한 부분까지 그를 챙기며 보살폈다. 그가 이처럼 남의 아내를 훔친 행위는 결국 자신의 은밀한 오이디푸스적 소망을 행동으로 옮긴 것으로 볼 수 있다.

당시 그는 이미 집에서 쫓겨난 상태로 아버지는 더 이상 자식으로 취급하지 않는 것은 물론이고 그에게 단 한 푼의 유산도 남겨주지 않겠다고 선언하면서 두 번 다시 집안에 발을 들여놓지 말라고 으름장을 놓았다. 하지만 아버지를 그토록 격분케 만든 것은 단순히 갈라 때문만은 아니고 오히려 당시 아들이 그린 예수 그리스도 작품이 세간에서 논란의 대상이 되었기 때문이다. 달리는 그 작품에 매우 도발적인 글귀를 새겨놓았는데, 그 내용은 "나는 때때로 내 어머니의 초상화에 재미 삼아 침을 뱉곤 한다."라는 것이었다. 이에 격분한 아버지는 아들에게 그 글귀를 삭제할 것을 요구했지만, 달리는 일언지하에 거절한 것이다. 아버지가 흥분해서 길길이 날뛸 만도 했다.

달리가 왜 그런 무모한 행동을 했는지는 정확히 알 수 없으나 자신을 버리고 일찍 세상을 뜬 어머니에 대한 원망을 그런 식으로 드러낸 것이기 쉽다. 예수의 어머니는 끝까지 살아남아 죽은 아들의 시신을 보살폈지만, 달리의 어머니는 정반대로 아들을 폭군 아버지 곁에 홀로 남겨두고 무정하게도 먼저 세상을 떠났기 때문이다. 그런 점에서 달리는 예수와 자신을, 그리고 성모 마리아와 어머니를 동일시하고 있음을 알 수 있다.

그와 비슷한 동일시는 자신에게 어머니를 대신한 구원의 여인상이자 마돈나였던 갈라가 세상을 뜬 바로 그해에 거동이 몹시 불편한 노구를 이끌고 힘겹게 완성한 〈피에타〉를 통해서도 알 수 있는데, 미켈란젤로의 피에타상을 본떠 그린 이 작품에서도 역시 성모 마리아는 너무도 큰 비탄에 젖은 나머지 죽은 예수의 얼굴을 차마 바라볼 수 없어 고개를 숙이고 있는 모습이다. 그런데 공교롭게도 소년 시절에 달리가 그린 어머니의 초상도 다소곳이 고개를 숙인 모습이다.

어쨌든 그렇게 달리는 어머니 대신 이모를, 그리고 이모 대신 아내 갈라에게 의지하며 살았는데, 어려서부터 자신을 간섭하고 통제했던 아버지에 대해서는 평생 등지고 살았다. 그리고 항상 대중의 시선을 끌기 위해 애쓰고 인기에 연연한 것도 세상에 혼자 남는 것에 대한 두려움 때문이었기 쉽다. 하지만 그와 갈라의 결혼은 통상적인 부부 관계로 보기 어렵다. 왜냐하면 달리 자신은 섹스에 대한 두려움이 매우 큰 상태였기 때문에 결혼 이후에도 갈라의 다양한 남성 편력을 묵인해 주었기 때문이다. 심지어 그녀는 자신의 전 남편인 폴 에두아르와도 긴밀한 관계를 지속해 나가기까지 했다.

어디 그뿐인가. 이들 부부는 수시로 집에서 난잡한 집단 파티를 열기도 했는데, 달리는 자신이 직접 섹스를 하지 못하는 대신 아내인 갈라가 다른 남성들과 통정을 나누는 장면을 몰래 엿보며 즐긴 것으로 알려졌다. 다시 말해 달리는 관음증(voyeurism) 환자였던 셈이다. 이는 마치 어릴 때 부모의 침실을 엿보고 싶어 하는 원경에 대한 환상을 반복적으로 행동화한 것으로 볼 수 있다.

이처럼 이성과의 섹스에 두려움을 지녔던 달리는 평소에 자위행위가 발기 불능이나 동성애, 더 나아가 정신병을 유발할지도 모른다는 공포심을 지니고 있었음에도 불구하고 일생 동안 거울 앞에 홀로 서서 자위행위를 통해 스스로 자기만족을 구한 것으로 알려지기도 했는데, 섹스에 대한 강박증과 거세 불안뿐 아니라 그가 얼마나 나르시시즘적인 인물이었는지 알 수 있게 해주는 대목이라 하겠다.

말년에 이르러 카를로스 왕으로부터 귀족 칭호까지 받고 하사받은 푸볼성을 부인 갈라에게 선사하는 등 호사스러운 여생을 보낸 달리도 나이가 들면서 건강이 악화되자 개인적으로 몹시 곤경에 처하게 되었는데,

부인 갈라가 의사 처방도 아닌 이상한 약물을 다량 투여하는 바람에 뇌 신경에 심각한 부작용을 일으켜 70대 중반에 이르러서는 거동조차 제대로 못하는 신세가 되고 말았다. 설상가상으로 갈라가 먼저 세상을 떠나자 그녀를 잃고 난 후 달리는 크게 상심한 나머지 삶의 의욕을 잃고 자살을 기도하기까지 했다. 그런 모습을 통해 우리는 그가 얼마나 여성에게 의존적인 인물이었는지 알 수 있는데, 갈라 없이 6년간 홀로 고생하던 달리는 바그너의 〈트리스탄과 이졸데〉 음악을 들으며 조용히 눈을 감았다.

치매 어머니에 집착한 루시언 프로이드

루시언 프로이드(Lucian Freud, 1922-2011)는 영국이 자랑하는 현대 최고의 화가로 피카소 이후 가장 각광받은 화가에 속한다. 그는 수많은 누드화와 초상화를 통해 매우 강렬하고도 독자적인 화풍을 보여주는 작가로 자신의 주관에 따라 어찌 보면 비정할 정도로 냉담한 표현 기법을 동원해 어둡고도 불안정한 인간의 모습을 거친 붓 터치로 묘사했다. 그의 인물화는 미의 추구와는 반대로 인간의 추한 육체를 노골적으로 드러내어 보여줌으로써 오히려 그것에서 인간적인 체취를 느끼게 한다. 심지어 그는 자신의 늙고 추한 알몸뿐 아니라 성기까지 거침없이 노출시켜 충격을 안겨주기도 했다.

루시언 프로이드는 정신분석의 창시자 프로이트의 친손자로 독일 베를린 태생이다. 그의 아버지는 프로이트의 셋째 아들이자 건축가인 에른스트이며 루시언이라는 이름은 그의 어머니 이름 루시를 본떠 부쳐진 것이다. 유대인이었던 그의 가족은 1933년 나치의 위협을 피해 프로이트보다 먼저 영국으로 이주했는데, 소년 시절부터 몹시 반항적인 모습을 보인 그는 학교 수업을 제대로 받지 않았을 뿐만 아니라 자신이 다니던 학교에 방화까지 저질러 퇴학당할 정도였다. 결국 루시언은 대학에 진학도 하지 못하고 여러 미술 학교를 전전하며 회화를 배웠다.

그는 특히 아버지 에른스트에게 강한 반감을 지니고 있었으며, 어머니에게만 강한 애착을 보였다. 그의 형제로는 형 스테판과 동생 클레멘트가 있었으나 형제간의 우애나 교류도 거의 없는 편이었다. 형 스테판은 문고리 장식 외판원으로 일했고, 동생 클레멘트는 개밥 판매 및 유흥업소를 운영하여 돈을 벌었으며, 방송계와 정계에 뛰어들어 성공하기도 했으나 사회적 평판은 그리 좋지 못한 편이었다. 특히 클레멘트는 루시언에 대한 반감이 커서 일절 접촉을 끊다시피 했는데, 그 이유는 어머니를 독점한 형에 대한 질투심 때문으로 보인다.

1970년 아버지 에른스트가 사망한 이후 루시언 프로이드는 치매에 걸린 어머니를 돌보며 거의 매일같이 어머니의 초상을 화폭에 담았는데, 무표정한 얼굴로 침대에 누워 아들이 시키는 대로 모델 노릇에 충실했던 어머니 루시는 그래도 93세까지 장수했다. 그렇게 오랜 세월 어머니를 독점한 루시언 프로이드는 그만큼 어머니에 대한 집착이 남달리 강했다고 볼 수 있는데, 자신의 강력한 경쟁자였던 아버지가 사라진 이후 비로소 안심하고 어머니를 차지할 수 있게 된 것이다. 비록 의사소통이 불가능한 상태였지만 오히려 순종적인 어린애로 돌아간 어머니와 함께 지내는 것이 그에게는 일종의 축복이었던 셈이다.

이처럼 어머니에 강한 집착을 보였던 그는 놀랍게도 10여 명의 여성들과 관계하며 공식적으로 확인된 자녀들만 모두 14명을 둔 것으로 알려졌는데, 심지어는 무려 40여 명에 이르는 사생아를 두었다는 소문까지 나돌 정도로 무절제한 여성 관계를 맺기도 했다. 그는 공식적인 결혼만 여섯 차례 했으며, 첫 번째 부인 키티 엡스타인과 두 번째 부인 버나딘 코벌리는 공교롭게도 루시언 프로이드와 같은 해에 죽었다.

특히 버나딘이 낳은 딸 벨라와 에스더는 사춘기 소녀 시절 아버지의 누드모델이 된 적도 있어서 보수적인 영국 사회에서 한때 사회적 지탄의 대상이 되기도 했지만, 정작 본인들은 그런 사실에 크게 개의치 않았다고 한다. 항상 누드화를 그리는 아버지의 모습에 익숙해 있었기 때문에 자연스럽게 모델에 응한 것일 수도 있겠으나 부녀지간에 묵시적으로 공유한 오이디푸스적 소망을 예술적으로 승화시킨 행위로 이해할 수도 있다.

어쨌든 루시언 프로이드의 여성 관계는 몹시 불안정하기 그지없어서 한 여성에 만족하지 못하고 끊임없이 새로운 대상을 찾아 나섰는데, 단순한 바람기 탓으로 돌리기보다는 자신의 근친상간적 욕망에 따른 불안과 죄의식, 그리고 그에 상응하는 거세 공포 때문이 아니었을까 짐작된다. 그는 그런 불안정한 감정을 병적으로 집착한 도박에서 거액을 잃는 행위를 통해 해소하기도 했으며, 자신을 포함해 노골적으로 성기를 드러낸 남성의 모습을 즐겨 그린 것도 자신의 거세 공포를 부분적으로 해소하기 위한 자구책이 아니었을까 추정해 본다.

그는 프로이트 일가 중에서 매우 예외적으로 부와 명예를 동시에 거머쥔 가장 성공적인 저명인사가 되었지만, 개인적으로는 안정적인 관계를 유지하지 못한 채 그다지 행복하지 못한 삶을 살았다. 그는 자신이 17세 때 유명을 달리한 할아버지 프로이트에 대해 별다른 호감을 지니지 않았으며, 프로이트가 이룩한 정신분석에 대해서도 아무런 관심조차 보이지 않았지만, 그럼에도 불구하고 그의 굴곡진 삶의 여정과 작품 성향을 보면, 결코 정신분석과 무관할 수 없음을 알 수 있다.

# 4장

음악의 세계

독신을 고수한 헨델

독일 태생으로 영국에 귀화해서 활동한 바로크 시대 음악의 대가 헨델(Georg Friedrich Händel, 1685-1759)은 바하와 동갑내기로, 엄밀하고 진지하며 매우 종교적인 바하가 음악의 아버지로 통하는 것과는 달리 장중하고 화려하며 단순 명쾌한 작품으로 대중적인 인기를 얻어 음악의 어머니로 통한다. 영국 왕실의 총애와 대중적 사랑을 동시에 받은 헨델은 당시의 음악가로서는 매우 드물게도 상당한 부와 명예를 동시에 거머쥔 행운아이기도 했으나, 평생 결혼하지 않고 독신으로 지내다 말년에는 시력까지 잃고 74세를 일기로 런던에서 눈을 감았다.

조국 독일을 버리고 생의 대부분을 영국에서 지낸 헨델은 독일의 작센 지방 할레에서 궁정 이발사를 겸한 외과 의사의 아들로 태어나 어려서부터 음악적 재능을 나타냈다. 그가 태어날 당시 아버지의 나이는 63세였고, 재취로 들어간 어머니는 34세였는데, 그 후에도 5년 동안 두 명의 딸을 더 낳았으니 그의 아버지는 실로 대단한 정력가였나 보다. 하지만 음악을 몹시 싫어한 아버지가 그 어떤 악기도 만지지 못하게 하는 바람에 그런 아버지가 두려운 나머지 어린 헨델은 가족들이 모두 잠든 밤에 몰래 다락방에 올라가 클라비코드를 연주할 정도로 그의 아버지는 두려움의 대상이었다. 그가 아버지의 눈을 피해 달빛을 등불 삼아 몰래 음악 공부를 했다는 일화가 전해지기도 하지만, 그런 어릴 적 경험이 말년에 시력을 잃은 사실과 직접적인 관련은 없어 보인다.

　젊은 시절 한때 법관이 되려다 포기한 적이 있는 아버지는 자기를 대신해서 아들이 장래 법관이 되기를 바랐으나 헨델이 12세가 되었을 때 세상을 뜨는 바람에 다행히 헨델은 자신이 원하던 음악가의 길을 걸을 수 있었다. 하지만 그가 24세 때 어머니를 잃은 후로는 더 이상 독일에 머물러 살 생각이 없어졌는지 이탈리아 여행을 마치고 곧바로 영국으로 건너간 후 귀국하지 않고 그곳에 그대로 눌러앉아 죽을 때까지 영국 시민으로 살면서 46편의 가극과 26곡의 오라토리오 등을 작곡해 바로크 음악을 대표하는 거장의 반열에 오르게 되었다.

　헨델이 일생을 독신으로 지낸 이유에 대해서는 작곡에 전념하느라 결혼을 생각할 여유조차 없었다는 말 외에는 알려진 사실이 없다. 하지만 동시대에 활동한 동갑내기 바하가 두 번 결혼에 무려 20명의 많은 자녀를 낳은 사실과 비교한다면, 헨델의 독신 고수 이유는 다소 억지스러워 보인다. 오히려 어린 시절 자신의 음악적 재능과 열정을 무시했을 뿐만 아니라 68세라는 노년에 이르러 딸까지 낳은 아버지에 대한 환멸과 거부감에서 비롯된 결과이기 쉬우며, 따라서 아버지 노릇에 대한 오이디푸스적 반발로 인해 결혼을 회피한 것으로 보인다. 더욱이 40세가 되도록 출산의 고통을 겪다가 일찍 세상을 떠난 어머니에 대한 연민 때문에 독신을 고수했던 것이 아닐까 한다.

모차르트의 부자 관계

서양 음악의 역사에서 가장 뛰어난 신동으로 알려진 모차르트 (Wolfgang Amadeus Mozart, 1756-1791)는 오스트리아 잘츠부르크에서 궁정 오케스트라 음악 감독 레오폴트 모차르트의 아들로 태어나 어린 나이부터 놀라운 피아노 연주와 작곡 솜씨로 신동이라는 소문이 자자했다. 그의 어머니 안나 마리아는 모두 7남매를 낳았으나 그중 5명은 출생 직후 일찍 숨지고 모차르트와 다섯 살 연상의 누나 난네를만이 살아남았는데, 특히 35세라는 늦은 나이에 막내 모차르트를 낳을 때는 태반 분리가 제대로 되지 않아 그 때문에 건강이 더욱 약화되었다.

모차르트 역시 어려서부터 몹시 허약한 체질로 항상 잔병치레가 잦았으며, 말년에는 갑자기 전신이 붓고 극심한 통증과 구토 증세를 동반한 원인을 알 수 없는 질병에 시달리며 몸조차 제대로 가누지 못하는 상태로 고생하다 결국 35세라는 아까운 나이로 숨을 거두고 말았다. 하지만 일찍감치 아들의 천재성을 알아보고 작곡 활동까지 포기한 채 아들의 재능을 이용해 돈을 벌 욕심이 컸던 아버지 레오폴트는 전적으로 아들 매니저 역할에 매달리며 자신의 모든 것을 아들에게 걸었으나 무리한 장거리 여행으로 부자 모두가 건강을 해치고 말았다. 아버지 레오폴트 모차르트의 작품으로는 장난감 교향곡 정도가 알려졌을 뿐 이렇다 할 작품이 없는데, 이 곡마저 그동안 하이든이 작곡한 것으로 잘못 알려져 왔다.

 신동이라는 유명세의 대가로 다섯 살 때부터 이미 아버지 손에 이끌려 유럽 각지를 순회하며 연주 여행을 다니는 혹사를 당해야만 했던 모차르트는 그런 이유로 사랑하는 어머니와 함께하는 시간보다 아버지에게 억지로 끌려다니는 시간이 더 많을 수밖에 없었다. 사실 아버지는 아들의 건강보다 연주 수입에 더 신경을 쓸 정도로 매우 이기적인 사람이었으니 모차르트가 아버지를 달갑지 않은 존재로 여긴 것도 결코 무리가 아니었다. 평소 건강이 허약했던 어머니는 모처럼 아들과 함께 여행하던 중에 파리에서 57세 나이로 세상을 뜨고 말았는데, 당시 모차르트 나이 22세였다.

 그렇게 어머니를 잃고 난 지 4년 뒤에 모차르트는 콘스탄체 베버와 결혼할 의사를 아버지에게 내비쳤으나 아버지의 격렬한 반대에 부딪혀 한동안 애를 먹기도 했다. 결국 아버지는 마지못해 결혼을 승낙하는 편지를 아들에게 보냈지만, 모차르트는 그 편지가 도착하기 하루 전에 이미 결혼식을 치러 버리는 바람에 부자 사이가 더욱 틀어지고 말았다. 하지만 그 경위야 어쨌든 모차르트는 결혼을 통해 지나치게 권위적이고 지배적이며 소유욕이 강한 아버지의 지겨운 간섭에서 벗어나게 되었을 뿐만 아니라 아버지가 그토록 집착하던 피아노 연주를 접고 오로지 작곡에만 몰두할 수 있는 기회를 얻게 된 것이다.

 아들에게서 배신감을 느낀 아버지는 대신 딸 난네를이 낳은 손자를 데리고 지내며 위안을 얻었는데, 모차르트는 눈치 없게도 자신이 아내와 함께 연주 여행을 갈 때 아버지가 자신의 아이들을 돌봐주면 좋겠다는 요청을 했다가 아버지로부터 일언지하에 거절을 당하기도 했다. 사실 당시 아버지는 건강이 급속도로 안 좋아지기 시작했을 때임에도 불구하고 아버지와 별다른 왕래가 없었던 아들은 그런 사정조차 제대로 모르고 있었던 것이다. 그 정도로 아버지에 대해 무심했던 것은 어려서부터 자신을 착취하고 이용만 했던 아버지에 대한 일종의 소극적인 복수였다고 볼 수 있으며, 무명 작곡가로 전락한 아버지에 비해 상대적으로 국제적인 명성의 작곡가로 성공한 아들 입장에서 자만과 우월감에 빠진 나머지 아버지를 무시하고 업신여긴 결과로 보이기도 한다.

하지만 더욱 이해하기 어려운 일은 얼마 후에 아버지가 위독하다는 소식을 전해 듣고도 모차르트는 거리가 멀다는 핑계로 갈 수 없다는 편지를 보냈으며, 막상 아버지가 숨을 거두었을 때마저 장례식에 참석조차 하지 않았다는 사실이다. 아버지의 존재를 얼마나 껄끄럽게 여기고 있었으면 그랬을까 싶기도 하다. 하지만 부친상을 당한 지 불과 4년 후에 아들 모차르트도 세상을 뜨고 말았다. 모차르트는 빈 교외의 공동묘지에 묻혔는데, 그의 두 아들 카를과 프란츠 역시 음악가의 길을 걸었으나 마치 서로 약속이나 한 듯 결혼하지 않고 독신으로 생을 마침으로써 모차르트 가문은 아쉽게도 대가 끊기고 말았다.

베토벤의 구원 환상

　독일 고전 음악을 대표하는 위대한 작곡가 베토벤(Ludwig van Beethoven, 1770-1827)은 악성(樂聖)으로 불릴 정도로 서양 음악의 역사에서 가장 추앙받는 존재이기도 하나, 사실 그의 삶은 그야말로 시련과 고통의 연속이었다. 20대 중반부터 음악가로서는 가장 치명적인 결함이라 할 수 있는 청력 약화에 시달리기 시작한 그는 32세 무렵에는 이를 비관한 나머지 유서까지 쓰고 자살을 결심할 정도로 극심한 우울증에 시달리기도 했으나, 40대에 이르러 완전히 청력을 상실한 상태임에도 불구하고 놀라운 의지로 이를 극복하면서 뜨거운 창작열을 발휘해 56세 나이로 생을 마감할 때까지 수많은 걸작을 남긴 불세출의 음악가다.
　독일 본에서 궁정 음악가의 7남매 중 둘째 아들로 태어난 그는 형이 출생 직후 죽는 바람에 본의 아니게 장남 노릇을 해야만 했는데, 카를과 요한을 제외한 3명의 동생들 역시 모두 일찍 죽었다. 어려서부터 모차르트와 같은 신동으로 키워 돈을 벌어보겠다는 아버지의 야망에 따라 혹독한 음악 수련에 시달려야 했던 그는 불과 아홉 살 어린 나이에 처음 무대 위에서 피아노를 연주하기도 했으나, 폭군적인 아버지는 어린 아들을 내세워 벌어들인 돈으로 술이나 퍼마시며 선량한 어머니를 괴롭히기 일쑤였다.

설상가상으로 베토벤이 16세가 되었을 때 그가 유일하게 의지하고 사랑했던 어머니가 세상을 뜨고 말았는데, 그녀의 갑작스러운 죽음으로 간절히 바라던 빈 유학도 포기해야만 했다. 왜냐하면 그녀가 세상을 뜬 이후로 주벽이 더욱 심해진 아버지는 거의 폐인이 되다시피 해서 궁정 가수직에서도 해고되고 결국 베토벤이 가족의 생계까지 떠맡아야 했기 때문이다. 그렇게 아들을 괴롭히던 아버지도 결국 5년 뒤에 숨을 거두었는데, 당시 베토벤은 빈으로 가서 하이든의 가르침을 받고 있을 때였다. 하지만 아버지의 죽음을 통해 베토벤 자신은 고통스러운 삶의 족쇄에서 벗어나는 해방의 순간을 맞이한 셈이 되었다.

그런데 골칫덩어리 아버지가 죽자 이번에는 동생들이 속을 썩이기 시작했다. 동생 카를과 요한은 형의 악보를 몰래 빼돌려 팔아치우는 파렴치한 행동으로 베토벤을 괴롭혔으며, 더군다나 동생 카를이 죽으면서 자기 아들을 보살펴 달라는 유언을 남기는 바람에 조카의 양육까지 떠맡게 되었으나, 그 조카 역시 숱하게 말썽만 피워 삼촌인 베토벤을 더욱 힘겹게 만들었다. 그럼에도 불구하고 조카 양육에 남달리 강한 집착을 보인 베토벤은 제수인 요한나를 상대로 무려 7년에 걸쳐 양육권을 둘러싼 법정 소송을 벌이다가 끝내 패소하고 말았는데, 자살까지 기도하며 어머니 곁으로 돌아가기를 원한 조카의 고집에 결국 두 손을 들고 만 베토벤은 그렇게 조카를 빼앗긴 이후로 이상하리만치 삶의 모든 의욕을 잃고 건강이 더욱 악화되면서 결국 이듬해 숨을 거두고 말았다.

이처럼 만사에 고지식하기만 하고 융통성이 결여된 베토벤의 내면세계는 항상 심각하고 우울하며, 유머 감각도 없고, 항상 화 난 얼굴에 퉁명스럽고 잘 웃는 법도 없다는 점에서 개인적으로는 매우 불행한 인물이었다. 더욱이 그는 음악가로서는 사형 선고나 다름없는 청각 장애인으로 그런 치명적인 결함 때문에 한때는 자살까지 마음먹었으며, 의사소통의 장애로 아무에게나 화를 폭발시키는 분노조절장애까지 지닌 것으로 보인다. 어쨌든 이런저런 이유로 베토벤은 원만한 대인 관계를 이루지 못하고 살았는데, 그가 평생을 독신으로 살았던 것도 폭군인 아버지로부터 항상 학대받으며 살다가 불행한 삶을 마친 가엾은 어머니의 죽음과 무관치 않아 보인다.

어린 시절부터 폭군적인 아버지와 그 희생양이 되었던 어머니 밑에서 자란 베토벤은 사랑하는 어머니를 거칠고 잔혹한 아버지의 폭압으로부터 구출해 내야만 한다는 구원 환상에 사로잡힌 것으로 볼 수 있지만, 불행히도 그는 자신의 소망을 달성하기도 전에 어머니의 존재를 일찌감치 잃고 말았기 때문에 그녀를 적절히 보호하지 못했다는 점에서 죄책감 역시 결코 가볍지 않았을 것으로 보인다. 따라서 자신이 사랑하던 여성들 앞에서 항상 그 어떤 결단을 내리지 못하고 스스로 물러나곤 했던 것도 그런 미해결의 감정적 문제에서 비롯된 결과이기 쉽다. 물론 아버지의 학대와 횡포에 모자가 함께 시달렸다는 점에서 어머니와 베토벤은 한배를 탄 동지였다고 볼 수 있겠지만, 그럼에도 아버지의 횡포로부터 자신을 적절히 보호해 주지 못한 어머니의 무능력에 대한 원망 또한 적지 않았을 것으로 보인다. 그런 양가적이고 모순된 감정은 그 후 성인이 되어 여성들을 대하는 태도에서도 여지없이 반복되는 특성을 보였다고 할 수 있다.

결국 베토벤은 남다른 희생정신으로 가족 부양에 무진 애를 쓰기도 했지만, 단순히 장남으로서의 책임 의식을 발휘했다기보다는 오히려 그런 희생적인 삶을 통해 아버지의 마수로부터 어머니를 구출하지 못했다는 죄의식을 떨쳐 버리려 한 것으로 보인다. 결국 그는 정상적인 결혼을 통한 아버지 역할을 거부하는 동시에 불행한 어린 시절의 고통스러운 기억 때문에 자식을 낳고 키우는 결혼 생활조차 거부한 것이다. 대신에 그는 조카 양육에 과도하게 집착함으로써 자신에게 고통만을 안겨 준 아버지와는 달리 헌신적인 아버지 노릇을 통해 자신의 불우했던 아동기를 새롭게 복원하고자 했으나, 어머니에 대한 구원 환상이나 이상적인 부모 역할을 대리 수행하는 일에는 고질적인 경험 미숙으로 인해 실패하고 만 셈이다. 그런 점에서 베토벤만큼 인간적 모순과 결함을 지닌 인물도 그리 흔치 않다손 치더라도 고통의 달인이었던 그의 삶이 우리에게 던지는 가장 큰 교훈 중의 하나는 예술적 승화가 지닌 무한대의 힘을 확인할 수 있다는 점이라 하겠다.

발라키레프의 금욕주의

19세기 러시아 5인조를 주도했던 작곡가 발라키레프(Mily Balakirev, 1837-1910)는 유서 깊은 귀족 가문의 아들로 태어나 네 살 때부터 어머니에게 피아노를 배우며 음악적 재능을 키웠으나, 열 살 무렵 사랑하는 어머니가 갑자기 천연두에 걸려 세상을 뜬 이후로는 몹시 외로운 상태에서 자라야 했다.

그런 영향 때문인지 평생 독신을 고수한 그는 한동안 무소르그스키, 보로딘, 림스키코르사코프, 큐이 등과 함께 러시아 국민악파의 지도자로 매우 정력적인 활동을 펼치기도 했으나, 그가 32세에 이르렀을 무렵 아버지가 세상을 떠나자 수시로 점술가를 찾아 자신의 운명에 비상한 관심을 갖기 시작했다.

30대 중반에 이르러 모든 일에 의욕을 잃고 은둔 생활로 접어든 발라키레프는 활기에 찬 이전 모습을 완전히 잃고 집 안에 틀어박힌 채 말도 하지 않고 무기력한 상태에 빠져 지내면서 모든 음악 활동을 중단했음은 물론, 사람들 접촉마저 완전히 끊은 상태에서 폐인처럼 지내기 시작했다. 그런 모습을 보고 보로딘은 고골리가 그랬던 것처럼 발라키레프도 자신의 작품을 모조리 불태워 없애버리지나 않을까 걱정하기도 했다. 하지만 다행히 그는 작품을 집안 구석에 잘 보관하고 있었다.

원래 무신론자였던 발라키레프는 우울증이 더욱 깊어지면서 마침내 러시아 정교회 중에서도 가장 엄격하기로 소문난 종파에 가입해 개종했는데, 바로 그날은 어머니 사망 24주기 기념일이었다. 어머니 기일에 맞춰 극단적인 금욕주의자로 변신한 사실이 매우 의미심장하다고 하겠다. 원래 아버지에 대한 반발로 신의 존재를 부인하고 악마의 존재에 이끌렸던 아들이 성스러운 어머니의 존재에 다가서기 위해 금욕과 경건함의 세계로 전향한 셈이다. 그런 점에서 보면, 오이디푸스적 소망에 사로잡힌 아들에게 아버지는 악의 세계를 대변하는 존재이며, 어머니는 선의 세계를 상징하는 존재라 할 수 있다.

하지만 날이 갈수록 발라키레프의 행동은 더욱 기이한 방향으로만 나아갔다. 육식을 일절 금하고 벌레 한 마리조차 소중히 다루었던 그는 방 안에서 벌레를 발견하면 조심스레 손으로 집어서 "가거라, 그대여, 주의 품으로!"라고 말하며 창밖으로 놓아주었다고 한다. 마치 자신을 대신해서 벌레가 주의 품에 안기도록 선행을 베푼 것이라고나 할까. 아니면 벌레나 다름없는 신세의 자기 자신을 벌레에게 투영한 것일지도 모른다.

이처럼 거룩한 나날을 보내던 그가 칩거하던 집에는 온갖 성상들로 가득 채워져 있었으며, 동물도 끔찍이 사랑해서 여러 마리의 개와 고양이를 함께 키우기도 했다. 그런 반면에 아이러니하게도 극도의 외국인 혐오증에 빠진 그는 특히 유대인을 증오했는데, 물론 그것은 그들이 예수를 살해한 장본인이라는 종교적 이유 때문이기도 하겠지만, 다른 관점에서 보자면 자기 내면에 감추어진 부친 살해욕을 부정한 것일 수도 있다.

술독에 빠진 무소르그스키

러시아의 국민악파 5인조를 대표하는 작곡가 무소르그스키(Modest Mussorgsky, 1839-1881)는 알코올 중독에 빠진 상태에서 폐렴에 걸려 42세라는 한창나이로 상트페테르부르크의 제국 육군병원에서 세상을 떴는데, 그 나이가 되도록 결혼도 하지 않은 미혼 상태로 마마보이였던 그는 숨을 거두기 직전에도 어머니를 찾았다고 한다.

부유한 지주의 아들로 태어난 그는 어려서부터 어머니로부터 직접 피아노를 배우며 몹시 밀착된 모자 관계를 유지했는데, 귀족 가문의 전통에 따라 사관학교를 졸업해서 군인이 되었지만, 1861년 농노해방으로 집안이 몰락하자 군대 생활을 청산하고 관리가 되었다. 하지만 관리 생활이 적성에 맞지 않자 음악으로 전향해 발라키레프에게 작곡을 배웠으나 원래 정규적인 음악교육을 받지 못한 탓에 좀처럼 인정받지 못했다.

그런 와중에 1865년 그동안 의존적 사랑의 대상이었던 어머니가 갑자기 세상을 떠나자 크게 상심한 나머지 우울증에 빠져 폭음을 하기 시작했다. 그 후 자신이 작곡한 〈민둥산의 하룻밤〉이 발라키레프에게 퇴짜를 맞자 우울증이 다시 도지면서 폭음에 빠져 지냈는데, 그런 모습을 보고 주위 동료들은 어리석은 바보라고 놀려댔다. 그만큼 거절에 민감했던 그는 결국 5인조에서도 떨어져 나와 고립을 자초하기에 이르렀다.

물론 그의 폭음 습관은 이미 사관학교 시절부터 시작된 것이기도 했지만, 특히 어머니를 잃고 난 후 상실감과 외로움을 견디지 못한 그는 항상 주위에 시끌벅적한 술꾼들과 함께 있어야 마음을 놓는 상태였다. 그렇게 밤낮을 가리지 않고 술꾼들과 어울려 진탕 마셔대기만 하던 그는 일종의 오기와 반항심, 그리고 자기파괴적인 만용에서 폭음을 한 것으로 보이는데, 알코올 중독으로 빨간 딸기코가 되기까지 몸을 망치면서도 도저히 술을 끊을 수 없게 되었다. 술 때문에 여러 차례 경련 발작까지 일으키는 상태에 도달하자 스스로 자포자기 심정에 빠진 그는 결국 폐렴이 악화되어 일찍 생을 마감하고 말았다.

얼핏 보면 그는 자신의 음악처럼 매우 거칠고 투박해 보이는 마초 스타일의 외모를 지닌 인물이었지만, 내면적으로는 매우 상처받기 쉬운 나약한 심성의 마마보이 기질의 소유자였다고 할 수 있다. 하기야 어머니를 잃고 난 후 작곡한 〈민둥산의 하룻밤〉도 상징적으로 보자면, 풍요로운 어머니의 젖가슴을 잃은 갓난아기의 분노와 좌절, 허탈감을 드러낸 것이 아니겠는가.

어머니를 잃고 더 이상의 안식처를 잃은 그는 젖꼭지 대신 술병 꼭지에 매달려 자신의 몸을 서서히 망치는 매우 자학적인 모습으로 죽음의 길에 들어선 것이다. 프로이트식으로 말하자면 오이디푸스적 욕망의 좌절이 엄마 품에 안겨 젖을 빨던 구강기 좌절의 퇴행적 상태로까지 이어진 결과 엄마 잃은 아기들이 보이는 우울 반응처럼 의존성 우울(anaclitic depression)에 빠진 것이다. 그렇게 무소르그스키는 알코올 중독에 빠져 자신의 근원적인 욕구를 충족시킴과 동시에 사라진 어머니의 품을 되찾기 위해 스스로 죽음을 향해 나아간 것으로 보인다.

부부 관계를 회피한 차이콥스키

19세기 러시아 낭만파 음악의 대가 차이콥스키(Pyotr Ilyich Tchaikovsky, 1840-1893)는 국민악파와는 달리 정통 유럽풍의 낭만주의 음악을 러시아에 도입해 수많은 걸작을 남겼다. 우랄지방의 오지 탄광촌에서 광산기사의 아들로 태어난 그는 어려서부터 잔병치레가 많고 신경이 예민한 마마보이로 늘 엄마 치마폭을 벗어나지 못한 상태에서 친구들과도 제대로 어울리지 못하고 고립된 아이로 자랐다. 더욱이 14세 무렵 어머니까지 콜레라로 사망하면서 몹시 우울한 나날을 보내야 했다.

힘겨운 학업을 마치고 법무성에 들어가 관리로 근무했으나 적성에 맞지 않아 그만두고 곧바로 음악원에 들어간 그는 자신의 외로움과 허전함을 오로지 음악에만 몰두함으로써 잊으려 했다. 하지만 일찍부터 자신의 동성애적 성향을 감지한 그는 당시만 해도 동성애를 큰 죄악으로 여긴 사회적 분위기로 인해 자신의 그런 성향을 철저히 감추고 살아야만 했다.

그는 자신이 정상인임을 세상에 입증하기 위해 억지로 결혼까지 하기에 이르렀는데, 모스크바 음악원 교수로 재직하던 시절, 그를 연모하던 제자 안토니나 밀류코바의 끈질긴 구애에 처음에는 정중히 거절했으나 그녀가 자신의 사랑을 거절하면 죽어버리겠다고 위협하자 마지못해 결혼을 승낙하고 말았다.

하지만 그 결혼은 그에게 엄청난 재앙으로 다가왔다. 신혼 첫날밤부터 격정적인 아내의 요구를 물리치고 계속 잠자리를 회피했던 그는 자신이 오히려 어린 소년들에게만 이끌린다는 사실에 더욱 큰 곤혹감을 느끼며 날이 갈수록 신경쇠약과 우울증에 빠져들게 되었다. 실제로 이들 부부 사이에서는 아이가 태어나지 않았는데, 이런 사실로 인해 그가 동성애자라는 소문이 떠돌기 시작했다. 더군다나 누이동생 집에서 휴가를 보내던 중 어린 조카 블라디미르 다비도프에게 사랑을 느끼게 되면서 더욱 큰 죄책감과 더불어 극심한 우울증을 겪어야 했다.

그러던 중 열렬한 후원자 메크 부인을 만나면서 그녀의 지원에 힘입어 교수직도 그만두고 오로지 창작에만 몰두하게 된 그는 기력을 회복하고 숱한 걸작을 작곡하기 시작했다. 하지만 그 후 자신에 대한 주변의 따가운 시선과 메크 부인으로부터 갑자기 전해 받은 결별 통보로 인해 그는 큰 충격과 절망을 느끼고 다시 또 극심한 우울증 상태에 빠지고 말았다.

그가 이처럼 이성적 관계에 취약성을 지니게 된 것은 오이디푸스 갈등 해소에 성공하지 못했기 때문으로 간주되는데, 특히 근친상간적 욕망에 대한 두려움으로 아내와 잠자리를 기피했을 뿐만 아니라 10년 연상의 미망인으로 그의 열렬한 후원자였던 메크 부인 역시 상징적 어머니 대리인 역할을 한 것으로 보인다. 또한 어린 소년들에 대한 동성애적 욕망도 아버지로 대변되는 성인 남성에 대한 거세 불안을 제거할 수 있는 적절한 타협책으로 보이기도 한다. 어쨌든 메크 부인의 일방적 지원 중단으로 크게 상심한 그는 오로지 술에 의지해 고통을 잊으려 했는데, 그로부터 3년이 지나 '비창' 교향곡을 발표한 직후 자기 어머니처럼 똑같이 갑자기 콜레라로 세상을 뜨고 말았다. 한편 그의 조카 다비도프는 차이콥스키 사후 기념사업에 전념하다가 모르핀에 중독되어 자살하고 말았다.

오페라의 귀재 푸치니

〈마농 레스코〉, 〈라 보엠〉, 〈토스카〉, 〈나비부인〉, 〈잔니 스키키〉, 〈투란도트〉 등 수많은 걸작으로 대중적인 인기와 사랑을 독차지한 오페라의 귀재 푸치니(Giacomo Puccini, 1858-1924)는 베르디의 뒤를 잇는 이탈리아 최고의 오페라 작곡가로 자리매김을 한 바 있으나, 세계적인 명성과 더불어 여자 문제로 숱한 스캔들에 휘말리기도 했다.

어린 나이에 아버지를 여의고 홀어머니의 사랑을 받으며 자란 그는 어머니의 도움과 격려에 힘입어 밀라노 음악원에 들어가 작곡 기법을 배웠다. 하지만 음악원을 졸업하고 본격적인 작곡가로 데뷔하기 시작할 무렵에 어머니가 갑자기 세상을 뜨게 되자 크게 충격을 받은 그는 어머니 장례를 치른 지 불과 수개월도 지나지 않아 딸이 달린 유부녀 엘비라와 불륜 관계를 맺기 시작했으며, 2년 뒤에는 사생아 아들까지 낳았다.

당시 그녀는 사람들의 이목을 피하기 위해 다른 곳으로 가서 출산했는데, 결국에는 소문난 바람둥이였던 남편 곁을 떠나 푸치니와 함께 동거했다. 어쨌든 푸치니가 그토록 서둘러 유부녀와 불륜 관계를 맺은 것은 어머니를 잃었다는 상실감에서 벗어나기 위한 고육책이었던 것으로 보이는데, 문제는 애정에 대한 갈망이 엘비라 한 사람만으로 채워질 수 없었다는 데 있었다.

푸치니의 바람기는 그 후에도 계속 이어져 아내 엘비라와 불화가 잦았으며, 의부증이 심해진 엘비라는 1909년 집안일을 돌보던 가정부 도리아와 불륜을 일으켰다고 공개적으로 비난하고 나섬으로써 사태를 더욱 악화시키고 말았다. 왜냐하면 구설수에 휘말린 도리아가 자살하고 말았기 때문이다. 사후 부검에서 그녀의 상태가 처녀임이 밝혀지자 엘비라는 중상모략 혐의로 적어도 징역 5개월 이상의 선고를 받을 입장이었으나 푸치니가 중간에 개입해 돈으로 해결함으로써 가까스로 형 집행을 막기도 했다. 어쨌든 이런저런 불미스러운 사건들로 인해 푸치니의 명예는 땅에 떨어지고 말았으며, 그의 창작 열기 또한 시들해지기 시작했다. 최근에 알려진 사실은 당시 푸치니의 불륜 상대는 도리아가 아니라 그녀의 사촌이었던 줄리아였다고 한다.

이래저래 곤경에 처한 푸치니는 실의에 빠진 나머지 50대에 접어들면서 이렇다 할 걸작을 남기지도 못했으며, 마음에도 없는 결혼 생활을 억지로 유지하는 가운데 말년에 이르러서는 무솔리니와 친교를 맺으면서 오랜 동료였던 반파시스트 지휘자 토스카니니와의 우정에도 금이 가기 시작했는데, 제1차 세계대전에서 이탈리아의 승리를 기리며 작곡한 〈로마 찬가〉는 그 후 파시스트 당원들의 가두 행진에서 널리 연주되기도 했다.

이는 아버지 없이 자란 탓에 강력한 힘을 지닌 무솔리니에게서 아버지를 대신할 권위상을 찾은 것으로 보이는데, 반면에 어머니의 상실로 인한 애정에 대한 갈망을 수많은 여성으로부터 해소하고자 했으나 결과적으로는 성공하지 못하고 말았다.

구스타프 말러와 알마 쉰들러

　오스트리아의 작곡가 구스타프 말러(Gustav Mahler, 1860-1911)는 보헤미아 태생의 유대인으로, 생전에 본인도 실토한 바 있듯이 삼중으로 고향이 없는 이방인으로 살면서 배척받은 인물이었다. 왜냐하면 오스트리아에서는 보헤미아인으로 취급되고, 독일에서는 오스트리아인으로, 그리고 국제적으로는 유대인으로 알려져 세상 어느 곳에서도 환영받지 못한 불운의 음악가였기 때문이다. 하지만 그런 열등감과 반항심 때문에 그는 평소에도 불같이 화를 잘 내고 양보와 타협을 모르는 고압적인 자세와 완벽주의자로 정평이 나 있어서 그러지 않아도 강박적인 성격으로 인해 대인 관계뿐 아니라 결혼 생활에도 어려움이 많았다.

　말러는 40대에 접어든 뒤늦은 나이에 20년 가까이 연하인 알마 쉰들러(Alma Maria Schindler, 1879-1964)와 혼인했는데, 장녀 마리아가 다섯 살이라는 어린 나이로 성홍열에 걸려 죽은 뒤 극심한 우울로 오랜 침체기를 맞이한 데다 원래 자유분방한 성격의 아내가 젊은 건축가 발터 그로피우스와 불륜까지 일으키자 더욱 큰 좌절감에 빠지고 말았다. 결국 말러는 1910년에 정신분석가 프로이트를 잠시 만나 치료적인 도움을 받았는데, 당시 그는 우울증뿐 아니라 심인성 발기 부전에도 시달리고 있던 참이었다.

프로이트의 해석에 의하면, 말러의 어머니와 아내, 딸의 이름이 모두 마리아라는 점에서 그의 무의식적 오이디푸스 갈등과 마돈나-창녀 콤플렉스의 영향으로 인해 죄의식과 더불어 성기능 장애 및 부부간의 불화가 더욱 깊어진 것으로 보았는데, 비록 말러는 프로이트를 만난 직후 아내에게 보낸 전보에서 자신이 프로이트에게서 큰 도움을 받았다는 소식을 전하고 있으며, 그 후 아내에 대한 애정의 표시로 교향곡을 작곡해 그녀에게 헌정하기까지 했으나 얼마 가지 않아 열병에 걸려 50세 나이로 세상을 하직하고 말았다. 그의 유언에 따라 말러의 유해는 죽은 딸의 무덤 곁에 묻혔다.

말러가 죽자 곧바로 젊은 화가와 열애에 빠진 알마 쉰들러는 그가 군대에 징집되어 곁을 떠난 후 한 치의 주저도 없이 발터 그로피우스와 재혼해 3남매를 낳았으나, 그중 두 자녀는 소아마비와 뇌수종으로 일찍 사망했으며, 그로피우스와도 5년 만에 헤어지고 말았다. 그 후 그녀는 다시 유대인 작가 프란츠 베르펠과 결혼해 살다가 85세를 일기로 뉴욕에서 사망했는데, 아무리 생각해도 매우 우울하고 강박적인 성격의 말러와 결코 인습에 얽매이지 않은 팜 파탈 알마 쉰들러의 결합은 서로 상극인 궁합이었던 듯싶다.

이처럼 화려한 명성에 걸맞게 불륜과 스캔들로 얼룩진 개인사로 유명한 알마 쉰들러는 한시도 자신의 곁에 남자가 없으면 안 되었는데, 그만큼 사랑에 매우 굶주린 존재였음을 알 수 있다. 그녀는 화가 에밀 야콥 쉰들러와 오페라 가수 안나 베르겐의 딸로 태어났는데, 그녀의 한 살 아래인 여동생 그레테는 아버지가 출타 중에 어머니가 불륜을 일으켜 낳은 딸이었으니 이미 그녀의 집은 불륜에 물든 상태였으며, 그 후에도 어머니의 바람기는 멈출 줄을 몰라서 이번에는 은밀히 남편의 조수인 화가 카를 몰과 관계를 맺기 시작했다.

어쨌든 알마 쉰들러가 13세 때 불쌍한 아버지는 세상을 뜨고 말았으며, 이를 기다렸다는 듯이 어머니와 카를 몰이 얼마 후에 결혼해서 또 다른 의붓동생 마리아까지 태어났다. 그런데 한창 감수성이 예민할 나이였던 딸의 입장에서 어머니와 계부에 대한 반감이 클 수밖에 없었던 그녀가 자신도 성인이 되어 불륜으로 얼룩진 어머니처럼 불륜을 일삼게 된 것은 참으로 아이러니한 일이 아닐 수 없는데, 이처럼 이상적으로 여기는 대상을 동일시하는 과정과는 정반대로 오히려 증오하고 경멸하는 대상을 동일시하는 경우를 가리켜 정신분석에서는 적대적 동일시(hostile identification)라고 부른다.

따라서 집안 분위기에 강한 불만과 혐오감을 지닌 그녀는 어떻게든 집에서 벗어나기 위해 22세라는 이른 나이에 19년이나 연상인 데다 그것도 사람들이 꺼리는 유대인 출신의 작곡가 구스타프 말러와 서둘러 결혼하고 말았다. 하지만 일종의 도피성 경향이 매우 짙은 그 결혼은 그녀에게 행복을 가져다주진 못했다. 왜냐하면 말러의 성격이 매우 강박적이고도 권위적인 데다 자신에 대한 내조에만 충실할 것을 요구했을 뿐만 아니라 그녀의 간절한 꿈이기도 했던 음악 활동마저 금지했기 때문이다.

더욱이 첫딸 마리아가 열병에 걸려 다섯 살이라는 어린 나이로 죽게 되자 극심한 우울증에 빠진 그녀는 그때부터 4년 연하의 젊은 건축가 발터 그로피우스와 불륜 관계를 맺기 시작했다. 그것은 마치 4년 연하인 카를 몰과 불륜에 빠진 어머니의 모습을 연상시키기도 한다. 다행히 차녀 안나는 잘 자라서 나중에 조각가로 성공했지만, 피는 속일 수 없었던지 어머니 알마처럼 애정 생활에 어려움을 보여 5번이나 결혼하는 불행을 겪어야 했다.

아내의 불륜 사실을 알게 된 말러는 비록 정신분석의 대가 프로이트에게 도움을 청하고 그의 충고에 따라 아내의 음악 활동을 허락하며 뒤늦게 사태 수습에 나섰으나 이미 때를 놓친 상태였으며, 얼마 가지 않아 세상을 뜨고 말았다. 30대 초반의 한창나이에 과부가 된 알마 쉰들러는 불륜 상대였던 그로피우스와 재혼한 후에도 유대인 출신 작가 프란츠 베르펠과 불륜에 빠진 상태에서 사생아까지 낳았으니 그녀의 불륜 행각은 그 누구도 말리지 못할 고질병이었다.

어머니에 대한 오랜 반감으로 인해 자신도 어머니처럼 많은 연하의 남성들과 스캔들을 일으킨 알마 쉰들러는 반유대 감정이 팽배하던 사회 분위기에서 굳이 유대인 출신의 말러와 베르펠을 남편으로 맞이한 점도 어머니에 대한 반항심의 표시이자 보복이었을 수 있다. 하지만 두 번이나 유대인과 혼인했으면서도 그녀는 반유대주의자로 알려진 바그너를 숭배했으며, 니체의 추종자이기도 했는데, 두 번째 남편이었던 그로피우스를 자신과 가장 궁합이 잘 맞는 전형적인 아리안 혈통의 남성이었다고 술회한 사실을 보더라도 매우 일관성 없는 태도를 보인 여성이었음을 알 수 있다.

연상의 유부녀와 동거한 카루소

이탈리아의 전설적인 테너 가수 카루소(Enrico Caruso, 1873-1921)는 탁월한 가창력을 발휘하며 한 시대를 풍미했던 성악가로, 나폴리에서 가난한 노동자의 아들로 태어났다. 그는 7남매 중에 셋째였는데, 지독한 가난 때문에 자녀 교육에 무관심했던 아버지는 어린 아들 카루소에게도 자신처럼 기계공으로 살기를 원해서 이미 11세 어린 나이에 견습공이 되었는데, 그나마 어머니가 우겨서 한동안 그 지역 신부의 지도 아래 가까스로 글을 깨우쳤다. 하지만 그것이 그가 받은 교육의 전부였다.

다만 교회 성가대 활동으로 뛰어난 노래 솜씨를 보인 그는 어머니의 격려에 힘입어 성악가의 꿈을 키우게 되었으나, 그의 유일한 후원자로 세상의 전부이기도 했던 어머니는 카루소가 15세 때 세상을 뜨고 말았다. 하늘이 무너지는 듯한 슬픔을 딛고 일어선 그는 어려운 집안 형편을 돕기 위해 어린 나이에 어쩔 수 없이 나폴리 거리에서 노래를 부르기 시작했는데, 카페나 파티 장소를 돌며 돈을 벌었다. 그가 스스로 번 돈으로 자신을 위해 돈을 쓴 것은 18세 때 휴양지에서 노래를 불러 받은 돈으로 구두를 사서 신어본 것이 처음이었으니 아버지에 대한 원망이 얼마나 컸을지 짐작이 가고도 남는다. 하지만 그 일도 군 입대로 중단될 수밖에 없었다.

군 복무를 마치고 본격적으로 성악가의 길을 걷기 시작한 그는 나폴리에서 첫 무대를 밟았으나 청중의 야유를 받고 자존심에 큰 상처를 받아야 했다. 결국 나폴리를 떠나 밀라노의 라 스칼라좌에 진출해 대성공을 거둔 그는 두 번 다시 자신의 고향 나폴리의 무대를 밟지 않았다. 하기야 그곳은 사랑하는 어머니를 잃은 아픔이 깃든 곳이며 자신을 착취한 아버지가 살던 곳이었으니 그럴 만도 했을 것이다. 하지만 그가 마지막으로 숨을 거둔 곳은 결국 나폴리의 한 호텔이었으니 어머니에 대한 그리움은 어쩔 수 없었나 보다.

어머니를 여의고 난 후 그는 20대 초반 이른 나이에 자신보다 10년이나 연상인 소프라노 가수 아다 지아케티와 열애에 빠져 4명의 사생아 아들을 연이어 낳았는데, 당시 그녀는 이미 결혼한 유부녀였다. 남편의 곁을 떠나 11년에 걸친 오랜 기간 카루소와 동거 생활을 지속한 그녀는 나중에 그와 별거하게 되자 법원에 손해 배상을 청구했지만, 그녀의 요구는 기각 처리되었다. 가장 오래 지속된 불륜으로 기록될 그들의 관계는 결국 카루소가 20년이나 연하인 도로시 벤자민에게 청혼하면서 끝이 났는데, 미국의 부유한 변호사의 딸이었던 그녀는 아버지의 반대를 무릅쓰고 카루소와 결혼해 딸 글로리아를 낳았다.

물론 그가 10년이나 연상인 유부녀와 불륜 관계를 맺고 사생아까지 낳은 것은 오이디푸스 콤플렉스 차원에서 보자면, 아버지로부터 어머니를 빼앗고 싶은 욕구로 이해할 수 있겠는데, 그에 따른 죄책감 또는 거세 불안 때문에 그 관계를 청산하고 그 후로는 오히려 반대로 20년이나 연하인 여성과 혼인한 것이다. 그런 반전을 통해 자신의 근친상간적 욕구를 부정하는 동시에 아버지의 보복을 피하고 싶었는지도 모른다.

하지만 카루소의 삶에 있어서 오이디푸스 갈등뿐 아니라 그보다 더욱 근원적인 구강적 욕구 또한 무시할 수 없는 삶의 원동력으로 작용했을 가능성도 있어 보인다. 왜냐하면 사실 일생 동안 그의 리비도 에너지는 전적으로 입에 집중된 삶이었다고 할 수 있기 때문이다. 죽을 때까지 그는 입으로 노래를 부르고 항상 독한 시가를 입에 물고 지냈을 뿐만 아니라 소문난 미식가이기도 했으니 그에게 입을 통한 활동은 근원적인 구강적 소망과 좌절을 충족시켜 주는 아주 중요한 도구였던 셈이다.

하기야 영국의 저명한 정신분석가 위니컷은 원초적인 모자 관계에서 벌어지는 심리적 현상 가운데 이행기 공간(transitional space)에서 벌어지는 유아적 환상에 주목하고 어머니의 품 안에서 벗어날 때 겪게 되는 분리 불안을 극복하기 위해 이행기 대상(transitional object)이 요구될 수밖에 없다고 주장했는데, 성인기에 가서도 그런 불안의 흔적은 항상 남아있기 마련이어서 인간은 음악이나 종교를 통해 스스로 위안을 삼는다고 했으니 그런 점에서 볼 때, 카루소 역시 노래와 담배, 식탐을 통해 구강적 좌절을 충족시킴과 동시에 분리 불안의 극복에도 전념한 것으로 볼 수 있겠다.

5장

영화의 세계

찰리 채플린의 구원 환상

일세기에 한 명 나올까 말까 한 희극의 천재 찰리 채플린(Charlie Chaplin, 1889-1977)은 20세기가 낳은 가장 위대한 희극 배우요 영화감독으로 무성 영화 시절에 만든 걸작 코미디 영화 〈키드〉, 〈황금광시대〉, 〈시티 라이트〉, 〈모던 타임스〉, 〈독재자〉, 〈라임라이트〉 등은 영화사에 길이 남을 명작으로 손꼽힌다. 웃음과 페이소스가 한데 어울린 그만의 독특한 블랙 유머는 그가 창조한 캐릭터 떠돌이 찰리를 통해 더욱 빛을 발하는데, 가난하고 헐벗은 서민층과 노동 계급에 대해 한없는 애정과 연민을 드러내는 한편, 자본주의 산업 사회의 병폐를 날카롭게 비판한 그의 태도로 인해 한때 공산주의자로 오해받은 나머지 결국 1953년 할리우드를 떠나 스위스에 정착해 살다가 그곳에서 88세 나이로 생을 마쳤다.

채플린은 영국 런던의 빈민가에서 떠돌이 유랑극단 배우의 아들로 태어났으나 어린 시절 부모가 별거하는 바람에 극도의 가난에 시달려야 했는데, 다섯 살 때 이미 어머니를 대신해 무대 위에서 노래를 불렀다. 당시 어머니는 갑자기 성대에 이상이 생겨 무대에서 노래를 부르다가 관객들의 심한 야유를 받고 쫓기듯 무대 밖으로 퇴장하고 말았다. 이에 충격을 받은 어머니는 정신적으로 문제가 생겨 그 후로 무대에 설 수 없게 되었으며, 더욱이 딴살림을 차린 아버지가 단 한 푼의 돈도 지원하지 않았기 때문에 어머니는 삯바느질로 생계를 이어가야만 했다. 이처럼 어려운 형편 때문에 7세 때 18개월 동안 구빈원에 들어가 지내던 채플린은 이듬해에 어머니 한나가 정신 이상 증세를 보여 정신병원에 입원해 있는 동안 이복형 시드니와 함께 아버지를 찾아 잠시 지내기도 했으나, 알코올 중독에 빠진 아버지는 난폭하기 그지없어 오히려 마음의 상처만 크게 받았는데, 그런 아버지는 결국 2년 뒤에 간경화로 사망하고 말았다.

채플린이 14세가 되었을 때 어머니는 정신병이 재발해 다시 입원하게 되었는데, 이복형 시드니가 군 복무를 마치고 돌아올 때까지 홀로 거리를 헤매며 음식을 구하기도 했다. 하지만 8개월 만에 퇴원해 귀가한 어머니는 2년 뒤인 1905년에 다시 병이 재발한 후부터 1928년 세상을 뜰 때까지 영구적으로 재기 불능 상태에 빠지고 말았으니 그런 어머니를 평생 돌봐야 했던 채플린으로서는 너무도 무거운 짐을 지고 살 수밖에 없는 실로 가혹한 운명의 주인공이었다고 할 수 있다.

이처럼 어린 나이로 감당하기 어려운 혹독한 시련을 겪어야만 했던 채플린은 사생아 출신의 이복형 시드니와 함께 서로 의지하며 무언극 배우로 일하는 가운데 일찌감치 코미디 연기뿐 아니라 음악과 발레 실력도 쌓아나갔으며, 마침내 24세가 된 1913년 할리우드 영화사의 초청을 받고 새로운 삶에 대한 꿈에 부풀어 미국으로 건너간 뒤 코미디 영화에 새로운 바람을 일으키며 세계적인 희극 배우로 성공하기에 이르렀다. 그런 점에서 채플린이야말로 실로 비참하고도 고통스러운 어린 시절을 보냈지만 그런 아픔을 오히려 탁월한 유머 감각으로 승화시킨 보기 드문 웃음의 전도사였다고 할 수 있다.

비록 채플린은 숱한 염문을 뿌리며 사회적으로 비난의 화살을 맞기도 했으나, 그것은 그만큼 그가 애정에 굶주려 있었다는 사실을 드러낸 것으로 볼 수 있으며, 그리고 자신보다 더 가혹한 운명에 시달린 어머니를 결코 잊지 않았다. 그는 1921년 치매 상태에 빠진 어머니를 미국으로 모셔 가 돌봤을 뿐만 아니라 이복형 시드니와 어머니가 낳은 또 다른 사생아 동생 휠러 드라이든과 함께 지내면서 서로 돌아가며 교대로 어머니를 보살폈다. 7년 뒤 어머니는 할리우드에 묻혔지만, 미국에서 추방된 아들은 죽어서 스위스에 묻혔으니 채플린의 마지막 여한은 자신이 어머니 곁에 묻히지 못한 사실이었을지도 모른다.

채플린의 영화들이 전하는 핵심적인 화두는 가난과 소외라 할 수 있다. 그것은 곧 사회적 불평등에서 비롯된 가난뿐 아니라 개인적으로는 파괴된 가정에서 비롯된 애정의 결핍 문제도 다루고 있다. 비교적 초기작인 〈키드〉는 헐벗고 가난했던 채플린 자신의 어린 시절 모습을 잘 드러내고 있다. 주인공 찰리는 거리에 내버려진 아기를 온갖 정성을 다해 키우는데 어린 키드의 존재는 바로 부모에게 버림받은 채플린 자신의 분신이나 마찬가지이며, 그렇게 정성껏 아기를 키우는 것은 부모가 자신에게 해주지 못한 것을 대신함으로써 자신의 불행했던 아동기를 새롭게 복원시키고자 하는 소망을 드러낸 것으로 볼 수 있다.

한편 〈황금광시대〉에서 절벽 위에 아슬아슬하게 놓인 오두막이 몸을 움직일 때마다 요동을 치는 모습은 불안정한 그의 어린 시절 집안을 상징한다고 볼 수 있다. 결국 찰리는 죽을힘을 다해 그 집을 벗어나고 마침내 금광을 찾아내어 벼락부자가 되고 그 후 짝사랑하던 여성도 차지하게 된다. 이런 설정 자체가 채플린 자신의 삶을 압축된 형태로 보여주는 것이다. 언제 무너질지 모르는 오두막의 아슬아슬한 모습은 벼랑 끝에 내몰리며 살았던 그 자신의 불안정한 모습과 너무도 닮았다. 이 영화에서

허기를 채우기 위해 구두를 삶아 먹는 장면은 세상에 둘도 없는 명장면이며, 포크로 찍은 빵 두 개로 추는 발레 장면 또한 압권이다. 그는 음식을 주제로 무궁무진한 장면들을 끝없이 연출해 낸다. 요리사가 되었어도 크게 성공했을 법하다.

어려서부터 부모의 사랑을 제대로 받아보지 못한 그는 배고픔에 못지않은 자신의 또 다른 굶주림, 즉 애정에 대한 갈망을 〈키드〉뿐 아니라 〈시티 라이트〉, 〈라임라이트〉, 〈황금광시대〉 등을 통해 잘 나타내고 있다. 동시에 그는 웃음 속에 밴 슬픔과 더불어 불공정한 사회적 모순에 대해 강한 비판적 메시지도 전달한다. 그 때문에 〈독재자〉와 같이 파시즘을 마음껏 조롱한 작품도 있지만, 헐벗고 굶주린 민중에 대한 동정과 애정 어린 표현으로 인해 공산주의자로 몰리는 수모를 당하기도 했다. 그러나 가진 자에 대한 그의 감정은 매우 양가적이어서 적개심과 동경심이 혼재된 양상을 띠고 있다는 점이 특징이기도 하다. 다만 그는 불공평한 세상에 대한 근원적인 불신과 적대감을 매우 희화적인 수법으로 표현한 것뿐이다.

그런 점에서 어린 시절 아버지로부터 버림받고 정신병에 걸린 어머니를 제대로 보호하지 못했던 그는 일종의 구원 환상을 지니고 있었다고 볼 수도 있는데, 그런 소망은 그의 많은 영화에 단골 메뉴로 등장하기도 한다. 〈시티 라이트〉에서는 눈먼 처녀를 구하고, 〈라임라이트〉에서는 자살하려는 발레리나를 구해 재기하도록 돕는다. 그 외에도 곤경에 빠진 가련한 여인을 구하는 찰리의 사명은 수많은 단편 영화에도 빠짐없이 등장하는 주제라 할 수 있다.

이처럼 불공평한 세상에 대한 분노와 원망은 그의 모든 작품에 드러난 또 다른 핵심 감정들이다. 물론 그는 그런 부정적 감정들을 웃음과 해학으로 승화하고 있지만, 그것은 곧 자본주의 체제를 공격하는 것으로 오해를 사 결국 미국에서 쫓겨나야만 했다. 권위주의적 권력에 대한 그의 도전과 공격은 물론 자신과 어머니를 불행에 빠트리며 온갖 시련과 고통만을 안겨준 폭군적 아버지에 대한 반항심에서 비롯된 것으로, 따라서 그의 모든 영화에는 항상 경찰에 쫓기는 찰리가 아버지를 상징하는 경찰과 숨바꼭질하는 장면이 등장한다. 하지만 민첩한 몸놀림의 찰리는 결코 경찰에 붙잡히는 법이 없다.

그런 폭군에 대한 희화와 풍자의 정점에 서 있는 〈독재자〉의 마지막 장면에서 유대인 이발사가 사랑하는 연인 한나는 어디선가 울려오는 그의 음성을 듣고 자리에서 일어나 하늘을 바라본다. 찬란한 미래가 당신과 나의 것이며 우리 모두의 것이라는 희망의 메시지는 채플린 영화의 라스트 신을 장식하는 전매특허다. 그런데 한나는 바로 그의 영원한 꿈이자 희망이며 그가 안주할 영원한 안식처인 어머니의 이름이 아니었던가. 하지만 아름답고 마음이 따뜻한 여성과 함께 부자가 되어 행복하게 살고 싶다는 그의 오랜 소망은 결국 실현되었다. 노벨 문학상 수상 작가 유진 오닐의 딸 우나 오닐과의 만남이 그의 오랜 방황에 마침표를 찍게 만든 것이다.

그는 우나를 만남으로써 비로소 안정을 되찾고 진작 그녀를 만나지 못한 것을 몹시 안타까워했다. 그녀를 일찍부터 알았더라면 여자 문제와 관련된 그동안의 여러 시끄러운 문제들도 없었을 것이라며 우나야말로 자신이 평생 기다려 왔던 여성임을 실토한 것이다. 그것은 그녀의 존재가 그에게 영원한 생의 반려자인 동시에 상징적인 어머니이기도 했기 때문이다. 결국 우나와의 만남을 통해 영원한 떠돌이요 방랑자인 찰리는 영화 〈모던 타임스〉의 그 유명한 라스트 신처럼 사랑하는 여성과 함께 팔짱을 끼고 "힘을 내요, 우린 해낼 수 있어"라고 외치며 먼길을 힘차게 걸어갈 수 있었던 것이다.

채플린은 실로 다방면의 천재였다. 그는 연기, 감독, 대본뿐 아니라 뛰어난 발레 솜씨의 소유자인 동시에 음악에도 재능을 보여 실제로 자신의 많은 영화음악을 스스로 작곡하기도 했다. 〈라임라이트〉의 주제곡이기도 한 명곡 〈Eternally〉는 그가 직접 작곡한 걸작이다. 그의 음악에는 밑바닥 생활을 통해 온갖 고초를 겪은 사람만이 느낄 수 있는 아련한 슬픔과 아픔뿐 아니라 어머니에 대한 영원한 사랑이 배어있다고 볼 수도 있다. 이처럼 웃음과 비애를 함께 전달하는 채플린의 기법은 고달픈 인생에 지쳐 살아가는 수많은 관객에게 크나큰 위로가 되어준 것이 사실이다. 따라서 진정한 블랙 코미디의 발전은 채플린에 의해 주도되었다고 해도 이의가 없을 것이다. 그런 점에서 '인생은 가까이 보면 비극이요, 멀리서 보면 코미디'라고 했던 그의 말은 그야말로 명언 중의 명언이 아닐 수 없다.

빅터 플레밍의 <바람과 함께 사라지다>

　미국 남부 문학을 대표하는 여류 작가 마가렛 미첼의 원작 소설을 토대로 1939년에 발표한 빅터 플레밍(Victor Fleming, 1889-1949) 감독의 할리우드 고전 영화 <바람과 함께 사라지다>는 맥스 스타이너가 작곡한 주제 음악으로도 유명한데, 1940년 아카데미 영화제에서 작품상, 감독상을 비롯해 무려 10개 부문을 석권하는 기염을 토한 고전 명작이다.
　주인공 스칼렛 오하라는 타라 농장주 제럴드 오하라의 딸로 사촌 멜라니의 약혼자 애슐리를 짝사랑한다. 남북 전쟁이 발발하고 애슐리가 전장으로 떠나기 직전 그녀는 그에게 사랑을 고백하지만, 그는 성격 차이로 그녀와 결혼할 수 없다고 말한다. 애슐리의 거절로 크게 상심한 그녀는 홧김에 보란 듯이 멜라니의 남동생 찰스의 청혼을 받아들이고 마음에도 없는 결혼식을 치른다. 하지만 남편 찰스가 전장으로 떠난 지 얼마 되지도 않아 병으로 죽고, 졸지에 과부가 된 그녀는 전쟁으로 폐허가 된 친정을 다시 일으키기 위해 돈이 필요해지자 여동생의 약혼자 프랭크를 가로채서 전격적으로 결혼한다.
　그런데 프랭크마저 총에 맞아 죽는 바람에 다시 과부가 되면서 다소 냉소적이고 거만한 레트 버틀러와 결혼한다. 하지만 여전히 애슐리를 잊지 못한 그녀는 레트와도 계속 불화를 일으킨 데다 어린 딸까지 죽게 되자 레트는 미련 없이 그녀 곁을 떠나버린다. 그 후 멜라니의 죽음을 통해 애슐리의 진정한 사랑이 자신이 아니라 멜라니에 있었음을 뒤늦게 깨달은 스칼렛은 바람과 함께 모든 것이 사라진 자신의 고향 타라 농장으로 돌아가 몰락한 집안을 다시 일으킬 것을 굳게 다짐한다.

이 영화는 남북 전쟁으로 모든 것을 잃은 한 여성의 땅에 대한 집념을 감동적으로 전하고 있지만, 굳이 전쟁이 아니더라도 스칼렛 오하라는 숱한 문제를 일으킬 소지가 다분한 여성이 아닐 수 없다. 그녀의 문제는 이미 애정 관계의 실패에서 여실히 드러난다. 그녀는 착하기 그지없는 사촌 멜라니의 남편 애슐리를 연모함으로써 평화로운 가정을 파괴하려는 위험한 욕망에 사로잡혔으며, 자신의 짝사랑이 여의치 않게 되자 홧김에 멜라니의 남동생 찰스와 결혼할 뿐만 아니라 돈 때문에 여동생의 약혼자 프랭크를 가로채기도 한다.

이처럼 스칼렛은 자신의 목적을 이루기 위해서는 수단 방법을 가리지 않는 도덕적 양심에 허점을 안고 있을 뿐만 아니라 이성적 판단의 결함, 그리고 사랑을 이루고 유지하는 일에도 미숙함을 보인다. 따라서 그녀가 최종적으로 매달릴 과업은 아버지가 남겨준 농장을 새로 복구시키는 작업일 수밖에 달리 선택의 여지가 없게 되었다. 사랑 대신에 땅을 선택한 셈이다. 바로 그 점이 그녀의 가장 결정적인 아킬레스건이라 할 수 있으며, 많은 히스테리 여성이 안고 있는 비극적 요소이기도 하다.

아버지와 긴밀한 관계를 유지하는 가운데 매우 온순하고 여성적인 어머니를 동일시하지 못한 탓에 선머슴 같은 말괄량이로 성장한 스칼렛의 성격은 강한 생활력과 의지력을 통해 위기 극복에 엄청난 이점을 발휘하기도 하지만, 평화롭고 원만한 가정을 이끌어 가기에는 역부족이라 할 수 있다. 다시 말해, 일에는 누구보다 자신감에 충만해 있지만, 사랑에는 자신이 없는 것이다. 따라서 겉으로 화려해 보이는 인간관계와는 달리, 속으로는 정서적으로 깊은 유대 관계를 맺고 유지하는 일에 오이디푸스적 불안과 두려움을 동시에 감추고 있기 때문이다. 결국 스칼렛도 오이디푸스의 딸 안티고네처럼 아버지가 죽은 후 몰락한 가문을 일으키는 일을 자신에게 주어진 사명으로 여기고 테베가 아닌 타라 농장으로 돌아간다.

히치콕의 <이창>, <싸이코>

앨프리드 히치콕(Alfred Hitchcock, 1899-1980)은 영국 런던 태생의 세계적인 영화감독으로 공포 스릴러 영화의 대가다. 능청맞고 짓궂은 괴짜 감독의 이미지로 유명했던 히치콕은 항상 관객들의 예상을 뒤엎는 노련한 기법을 동원해 사람들을 놀라게 했다. 20세기 영화사에서 관객들에게 공포와 웃음을 선사한 두 천재를 꼽는다면 단연 히치콕과 채플린을 들 수 있다. 두 사람 모두 런던 태생으로 할리우드에 진출해 대성공을 거두었지만, 사생활이 복잡했던 웃음의 달인 채플린이 정치적 희생양이 되어 할리우드를 떠나야 했던 반면에, 히치콕은 정치적 이념과는 무관하게 능숙하고 익살맞은 처세술로 대중과 접촉하며 죽을 때까지 공포의 달인으로 대중적 인기와 사랑을 받았다.

히치콕의 부모는 양계와 과일 도매업을 하는 상인으로 독실한 가톨릭 신자였다. 그는 몹시 완고한 가정환경에서 자랐는데, 어려서부터 말수가 적고 내성적이며 소극적인 성격으로 특히 아버지와 경찰을 몹시 두려워했다고 한다. 그 자신의 회상에 따르면, 5세 때 아버지가 쪽지를 쥐여 주고 경찰서로 가라고 한 적이 있었다고 한다. 경관이 쪽지를 읽더니 그를 유치장에 5분 정도 가두면서 "못된 녀석들에게는 이렇게 하는 거야."라고 말했다는 것이다. 그 후부터 히치콕은 경찰을 지독하게 무서워했다고 한다. 그래서인지 경찰과의 쫓고 쫓기는 숨바꼭질 게임은 그 후 히치콕 영화의 주된 배경을 이루게 되었다.

히치콕 영화의 3대 특징을 들라면 스릴과 서스펜스 그리고 미스터리일 것이다. 하지만 히치콕 자신의 거세 공포 및 오이디푸스 갈등 문제와 결부시켜 볼 때, 히치콕의 1948년 작품 〈올가미〉는 매우 의미심장하다고 본다. 왜냐하면 로프로 목을 졸라 살해하는 장면을 통해 일종의 상징적 거세라 할 수 있는 교살 행위는 두려움이 아니라 오히려 성적인 희열을 가져온다는 설정을 제시함으로써 거의 노골적으로 거세 공포를 부정하고 있기 때문이다. 흥미로운 사실은 히치콕 자신의 성을 분해하면, hitch와 cock로 구분할 수 있는데, hitch는 걸어 매단다는 뜻이고, cock은 수컷, 수도꼭지 또는 남근을 상징하는 은어이니 결국 hitch cock은 남근을 붙잡아 매단다는 의미로도 해석할 수 있다는 점이다. 히치콕이 평소 자신의 성에 대해 어떤 생각과 감정을 지녔을지 실로 궁금해진다.

영화 관람은 그 행위 자체가 관객들의 관음증적 욕구를 만족시킨다는 특성이 있지만, 히치콕의 영화 〈이창〉은 그런 엿보기에 따른 죄와 징벌의 문제를 다룬 매우 드문 걸작이다. 히치콕의 관음증적 삼부작을 굳이 들라면, 〈이창〉, 〈현기증〉, 〈싸이코〉를 들 수 있다. 그중에서도 현대인의 관음증적 도착 심리를 가장 잘 드러낸 작품은 〈이창〉이라고 할 수 있다. 관음증의, 관음증에 의한, 관음증을 위한 〈이창〉이라는 표현이 나올 정도로 이 작품은 처음부터 관음증에서 시작해 관음증으로 끝난다.

십계명의 마지막 계명은 '이웃집을 탐하지 말라'이다. 〈이창〉의 주인공은 이 계명을 어기면서 간음과 살인에 대한 계명 문제에 함께 얽혀들고 만다. 물론 관음증적 차원에서 우리에게 가장 먼저 주어진 금지는 부모의 침실을 엿보는 행위로, 무언가를 엿보고 훔쳐보고 싶다는 욕구는 보편적인 인간 심리 중의 하나에 들겠지만, 이런 관음증적 욕망은 사회적 금기의 대상이기도 하다. 그런 점에서 히치콕의 영화에서 시선과 응시는 가장 중요한 모티브에 속한다. 인간의 눈은 마음의 창이라고 한다. 즉 인간 심리를 가장 잘 드러내는 부분이 눈이라고 한다면, 시선을 통한 공포와 불안의 표현은 직접적인 감정의 전달이 용이하나는 점에서 아주 효과적인 기법이 아닐 수 없다.

영화 <이창>에서 주인공 제프의 시선은 안전지대에 자신을 은폐시키고 자신의 거세된 욕망을 이웃에 투사하는 역할을 도맡는다. 그는 다리 부상으로 하반신이 휠체어에 묶여있는 신세인데, 이는 곧 상징적으로 거세된 상태를 암시한다. 일상적 무료함에서 탈피하기 위한 목적으로 무심코 망원경을 집어 들고 이웃집 창문들을 살피기 시작한 그는 이상한 부부 관계를 목격하고 점차 의혹이 커져만 간다. 병든 여인의 실종과 수상한 남편의 행동이 관찰된 것이다. 빗속의 가방, 칼과 톱 등이 목격되고 그의 상상 속에서 부풀려진 살인 사건에 대한 심증은 제프 자신의 내면에 감추어진 부친 살해 욕구 및 구원 환상의 투사 과정을 더욱 증폭시키고 더 나아가 저항할 힘이 없는 연약한 여인의 실종으로 이어진다. 여기서 그에게 주어진 사명은 다름 아닌 '희생당한 어머니를 찾아라'가 되는 셈이다.

더군다나 살인자의 시선과 마주친 사건을 계기로 그는 단순한 목격자의 신분에서 벗어나 신변을 보장할 수 없는 위험에 처하게 되는데, 마치 부모의 침실을 엿보다 아버지의 시선과 마주친 아들이 겁에 질려 불안에 떠는 모습처럼 보이기도 한다. 결국 원수는 외나무다리에서 만나게 되고, 이어서 살인 용의자의 보복이 다가온다. 이는 곧 위험한 아버지의 복수가 시작되었음을 예고하는 것이다. 살인 용의자의 보복과 공격으로 결국 그는 낙상하여 더욱 꼼짝할 수 없는 상태에 빠지게 되는데, 이는 결국 부모 관계에 섣불리 간여한 죄의 대가로 완전 거세되었음을 의미한다. 결말 부분에 가서도 풀리지 않는 사건의 수수께끼는 미해결로 남게 된 오이디푸스 갈등을 상징한다. 이처럼 영화 〈이창〉은 관음증에 대한 인과응보를 강조할 뿐만 아니라 히치콕 자신과 주인공, 그리고 관객들 모두의 내면에 자리 잡은 미해결의 오이디푸스 갈등 구조의 전개 과정을 묵시적으로 드러내는 작품이 아닐 수 없다.

오이디푸스 갈등 차원에서 본다면 그런 주제는 히치콕 영화 도처에서 발견된다. 단적인 예로, 한 소년의 유괴 사건을 다룬 〈나는 비밀을 알고 있다〉는 아들을 구하려는 착한 부모상과 그를 납치하고 살해하려는 악한 부모상의 대결 과정을 통해 정신적 성장을 이룩해 나가는 한 소년의 발달 과정으로 요약할 수 있다. 특히 결정적인 순간에 날카롭게 울리는 심벌즈 소리와 함께 갑자기 커튼 뒤에서 불쑥 튀어나온 권총의 모습은 소년이 겪는 오이디푸스 갈등을 상징하는 것으로, 두 개의 심벌즈는 어머니의 젖가슴을, 그리고 불쑥 튀어나오는 총은 남근을 뜻한다고 볼 수 있다. 실로 절묘한 상징적 결합이 아닐 수 없다.

하지만 히치콕의 영화에는 그토록 중요한 사랑이 결여되어 있다. 오히려 그의 작품에서는 사랑이 방해받고 번번이 좌절당한다. 〈이창〉에서도 제프의 성적 결합이 이루어질 결정적인 순간에 들려오는 신비스러운 소프라노 음성은 남자의 내면에 존재하는 어머니의 음성을 상징하는 것으로 결국 그 목소리는 아들의 성행위를 방해하는 훼방꾼으로 작용한다.

이처럼 히치콕은 사랑에는 관심을 보이지 않고 오히려 죄를 강조한다. 영화 〈나는 고백한다〉에서 로건 신부는 억울하게 살인자의 누명을 뒤집어쓰지만, 그런 시련을 겪게 된 직접적인 이유도 결국은 한 여성과 사랑에 빠졌기 때문이다.

반면에 물질적 욕망에 사로잡힌 여성에 대한 응징이라는 차원에서 본다면, 〈싸이코〉는 돈과 여성이라는 두 가지 혐오스러운 대상에 대한 응징으로 볼 수도 있다. 그런 점에서 히치콕은 매우 금욕주의적인 메시지를 전한다. 〈싸이코〉는 살인을 저지르고도 자신의 행동을 기억하지 못하는 모텔 주인 노먼 베이츠의 이상 심리를 다룬 공포 영화로 죽은 어머니의 가발과 옷을 걸치고 젊은 여성 투숙객만을 상대로 살인을 저지르는 노만의 행동은 어머니에게 빙의된 해리 상태에서 이루어진 현상으로 볼 수 있는데, 그 이면에는 생전에 다른 남자를 사귀던 어머니에 대한 질투심 때문에 그녀를 살해한 노먼 자신의 죄의식도 문제지만 그가 근친상간적인 욕망에서 자유롭지 못한 갈등의 노예였음도 밝혀진다. 세차게 물을 뿜는 샤워기, 벌거벗은 여인의 소리 없는 절규, 핏물의 소용돌이, 살해된 미녀의 고정된 시선으로 이어지는 살인 장면의 분위기는 성과 죽음의 절묘한 배합으로 관객들을 불안과 긴장 속으로 몰고 간다. 특히 라스트 신에서 죽은 어머니의 목소리를 내며 기묘한 미소를 띠고 관객을 응시하는 노먼의 시선이 엄청난 전율을 느끼게 한다.

그 외에도 우리는 그의 많은 걸작을 통해 일관되게 드러나는 히치콕 개인의 독자적인 특성들을 발견할 수 있다. 우선 그의 일관된 도식에 따르면, 항상 주인공은 잘생긴 백인 미남자로 평범하고 선량한 소시민이지만, 우연히 누명을 쓰고 뜻하지 않은 살인 사건에 휘말리게 된다. 즉 선한 자를 대표하는 주인공은 예상치 못한 악의 무리에 휩쓸려 온갖 고초를 겪게 되는 것이다. 한편 여주인공은 아름답기는 하지만 매우 위험한 금발 미인으로 뭔가 달갑지 않은 존재로 등장한다. 히치콕에게 아름답고 차가운 이미지의 금발 여성은 항상 불길한 징조이며 화를 불러오는 위험한 존재다.

또한 편집증적인 정신병자 역시 히치콕 영화의 단골손님이기도 하다. 그는 정신분석적 개념을 스크린에 적용하여 폐쇄 및 광장 공포증, 강박관념, 해리 현상 등의 심리적 상태를 자주 표현하면서 살인자의 심리를 편집증적 시각에서 포착하기도 한다. 물론 심도 있는 내용을 전개하는 것은 아니지만, 관객들로 하여금 인간의 정신병리 현상에 대한 새로운 관심과 흥미를 촉발시킨 효과를 가져왔다고 볼 수는 있겠다.

다른 한편으로 히치콕의 정신적 배경을 이루고 있는 가톨릭 신앙도 빠트릴 수 없는 요인이다. 그중에서도 '살인하지 말라'와 '간음하지 말라' 계명은 십계명 중에서도 가장 중요한 내용이다. 히치콕은 살인과 간음의 문제를 항상 자신의 작품에 반영시킨다. 따라서 선과 악의 문제, 죄와 벌의 주제는 그가 씨름하는 주요 화두가 된다. 그는 언제나 인간 내면에 숨겨진 악의 존재를 들춰냄으로써 죄악의 공유를 요구한다. 살인 현장을 목격하는 관객들도 일종의 공범으로 몰고 가는 것이다. 따라서 히치콕 영화에 등장하는 남녀 주인공들은 항상 살인의 위협에 쫓기는 동시에 성적인 좌절과 실패를 겪기 마련이다.

히치콕의 남성우월주의는 또 다른 걸림돌이다. 그는 항상 금발 미녀를 등장시켜 불길한 재앙의 근원으로 여성을 보는 듯한 태도를 유지하는데, 영화 〈현기증〉, 〈북북서로 진로를 돌려라〉, 〈싸이코〉, 〈새〉, 〈마니〉 등이 대표적인 예에 속한다. 노회한 수도승처럼 그는 은근히 금욕을 찬양하고 성적인 욕망을 자극하는 유혹자의 모습으로 여성의 존재를 부각시킨다. 이는 그 자신의 신앙적 배경과 성적인 억압과 무관치 않을 것이다. 그러나 금욕적인 수도승 스타일의 히치콕이 가장 탁월한 공포 제공자였다는 점은 매우 역설적이기도 하다.

  다만 성적 억압, 거세 공포, 오이디푸스 욕망, 부친 살해 욕구 등으로 요약될 수 있는 갈등 구조는 프로이트의 정신분석 이론을 충실히 따른다는 점에서 관심을 이끈다. 이처럼 히치콕의 영화들은 외면적으로는 상업적 이윤을 노린 단순한 흥행물에 불과한 것처럼 보이지만, 대중들의 시선과 무의식을 자극하고 사로잡기 위해 고도의 심리적, 감각적 테크닉을 구사한다는 점에서 스크린 위에 펼쳐지는 일종의 사이코드라마라 할 수 있다. 그런 점에서 히치콕은 분명 천재적인 감독임에 틀림없다.

줄스 다신의 <페드라>

영화 <일요일은 참으세요>, <페드라> 등으로 유명한 미국의 유대계 영화감독 줄스 다신(Jules Dassin, 1911-2008)은 미국 코네티컷주 미들타운에서 러시아계 유대인 이발사의 아들로 태어나 처음에는 뉴욕 이디시어 극장에서 배우로 활동하다가 감독으로 전향했다. 초기작에 속하는 <벌거벗은 도시>, <밤과 도시> 등은 예리한 사회 비판으로 주목을 받았으나 1950년대 할리우드를 강타한 매카시즘에 휘말려 공산주의자로 몰리면서 당국의 블랙리스트에 올라 졸지에 일자리를 잃고 말았다.

20대 한창 정의감에 불타던 시절 미 공산당에 가입한 전력이 문제가 된 것으로 보이는데, 하지만 그는 독소 불가침 조약에 크게 환멸을 느끼고 탈당했기 때문에 본인으로서는 무척 억울했을 것이다. 어쨌든 동료였던 에드워드 드미트릭 감독이 비미 활동 위원회 조사 과정에서 줄스 다신을 공산주의자로 지목하는 바람에 졸지에 일자리를 잃게 되자 곧바로 할리우드를 떠나 프랑스로 건너간 그는 그곳에서 저예산 범죄 영화 <리피피>를 감독했는데, 이 작품은 놀랍게도 그해 칸 영화제에서 최우수 감독상을 받아 할리우드의 코를 납작하게 만들기도 했다.

그 후 그리스에서 만든 1960년 영화 <일요일은 참으세요>에서 미국 사회를 폄하한다는 비난을 듣기도 했으나 유럽에서 더욱 큰 명성을 날리게 되었으며, 이 영화에 출연한 그리스 여배우 멜리나 메르쿠리는 칸 영화제 여우주연상을 받아 세계적인 명성을 얻게 되었다. 그리고 연이어 나온 1962년 영화 〈페드라〉에도 주연을 맡은 그녀는 앤소니 퍼킨스와 함께 공연하며 근친상간적 관계에 휘말린 계모 역할을 훌륭히 소화해 냈는데, '죽어도 좋아'라는 제목으로 국내에 소개된 〈페드라〉는 앤소니 퍼킨스가 페드라의 이름을 절규하듯 부르짖으며 바하의 음악을 따라 부르는 마지막 죽음 장면과 미키스 테오도라키스의 애절한 음악이 한데 어우러져 잊을 수 없는 추억의 명화다.

고대 그리스의 비극 작가 에우리피데스의 〈히폴리토스〉를 현대적으로 새롭게 각색한 영화 〈페드라〉는 기독교 문화에서 금기시되는 근친상간 주제를 정공법으로 다룸으로써 보수적인 종교계와 언론으로부터 거센 비난을 들었으며, 흥행에도 참패하고 말았다. 계모인 페드라와 사랑에 빠졌다가 아버지에게 죽도록 얻어맞은 주인공 알렉시스는 이룰 수 없는 사랑의 현실에 절망한 나머지 그녀에게 마지막 작별 인사를 고하고 미친 듯이 차를 몰고 질주하다가 결국 절벽 아래로 떨어져 죽고 만다.

다만 에우리피데스의 원작에서는 테세우스의 후처 페드라가 의붓아들 히폴리토스에게 욕정을 느끼고 유혹하다가 그가 자신을 거부하자 복수심에 불탄 나머지 남편에게 아들이 자신을 강간했다고 거짓말을 해 그를 죽게 만들고 자신도 자살하는 것으로 되어있다.

이브 로베르의 <마르셀의 여름>

프랑스의 영화감독 이브 로베르(Yves Robert, 1920-2002)는 우리에게는 그 이름이 다소 생소하지만, 프랑스 코미디 영화의 귀재다. 철없는 어린이들의 병정놀이를 통해 어른들이 벌이는 참혹한 전쟁을 기발하고도 코믹한 터치로 비판한 1962년 반전 영화 <단추 전쟁>으로 장 비고상을 받은 그는 필립 느와레가 주연한 블랙 코미디 영화 <세상에서 가장 행복한 사나이>를 비롯해서 베를린 영화제 은곰상을 수상한 걸작 코미디 영화 <검은 구두 한 짝을 신은 키 큰 금발 남자> 등으로 이미 오래전에 국제적인 명성을 얻은 쟁쟁한 실력파다.

그의 출세작 <단추 전쟁>은 동심의 세계를 코믹하게 그린 걸작이다. 이웃한 시골 마을 아이들이 왕당파와 공화파로 나뉘어 서로 전쟁을 벌이는데, 서로 앙숙 관계에 있는 두 지도자 라즈텍과 르브락은 모두 아버지의 권위주의에 대한 반항심에 가득 차 있는 소년들이다. 아이들의 전쟁은 날이 갈수록 격렬해지고 마침내는 전투에서 승리한 팀이 상대 팀의 옷에서 단추를 모조리 뜯어내 전리품으로 삼게 된다.

전투에서 패배하고 단추까지 빼앗긴 수모를 당한 공화파는 결국 마지막 히든카드로 실오라기 하나 걸치지 않은 발가벗은 몸으로 총공격을 감행하고 이에 기겁을 하고 놀란 왕당파가 걸음아 나 살려라 도주함으로써 마침내 최후의 결전에서 승리한다. 이 장면 때문에 오래전 국내에서 상영되었을 때는 〈나체 전쟁〉이라는 제목으로 소개되기도 했지만, 사실 상징적인 측면에서 보자면 나체보다는 단추에 초점을 맞추는 게 더욱 적절할 듯싶다. 왜냐하면 몸에 붙은 단추는 남근의 상징으로 해석할 수 있기 때문이다.

　전리품으로 단추를 뜯어내는 행위는 곧 상대의 거세 공포를 조장하기 위함이며 그렇게 함으로써 패배 의식을 강하게 심어주는 동시에 더 이상의 공격 의지를 무력화시키려는 의도를 나타낸 것으로 보이는데, 물론 그런 승자의 의도는 곧 어긋나고 만다. 굴욕감을 느낀 공화파는 이에 굴하지 않고 오히려 역으로 왕당파의 허를 찔렀기 때문이다. 상대가 전혀 예상치도 못했던 나체 상태로 공격해 오자 겁을 먹은 왕당파는 일순간에 전의를 상실하는데, 그것은 물론 상징적인 거세에도 불구하고 변함없이 건재한 실물을 몸에 달고 공격해 오는 모습에 스스로 놀랐기 때문이다. 참으로 기발한 내용이 아닐 수 없다. 결국 영화는 온 마을 부모들이 들고 일어나 두 지도자를 소년원에 보내는 것으로 마무리되는데, 그곳에서 라즈텍과 르브락은 서로 화해하고 친구가 된다.

　이처럼 아동 심리 묘사에 탁월한 솜씨를 보인 이브 로베르는 말년에 이른 70세 때 발표한 2부작 〈마르셀의 추억〉과 〈마르셀의 여름〉을 통해 다시 한번 일상적인 아동 심리를 세밀하고도 차분한 톤으로 그려냈다. 원제가 〈내 어머니의 성〉인 〈마르셀의 추억〉은 어머니에 대한 아들의 애틋한 감정과 추억을 다룬 반면에, 〈마르셀의 여름〉은 〈내 아버지의 영광〉이라는 원제에서 보듯이 거의 신적인 존재였던 아버지에 대한 환상이 깨질 무렵 오히려 아버지의 체면을 세워주려는 아들의 노력을 통해 진정한 성숙의 길이 무엇인지 깨닫게 해주는 작품이라 할 수 있다. 물론 그것은 오이디푸스 갈등 해결의 한 방편으로 등장하는 건전한 동일시 과정의 일부일 수도 있겠지만, 아버지로부터 가해지는 거세 불안의 위협에서 벗어나기 위한 화해의 몸짓으로 이해할 수도 있다.

고지식한 초등학교 선생인 아버지는 어린 마르셀에게 세상의 지식인을 대표하는 우상적 존재였던 반면에 어머니는 무제한의 사랑을 제공하는 세상 전체이기도 했다. 마르셀은 어머니가 장에 갈 때마다 아버지가 수업을 하는 교실에 잠시 맡겨지곤 했는데, 칠판 위에 쓰인 "어머니가 말 안 듣는 아이에게 벌을 주셨습니다."라는 글귀를 보고 당돌하게도 엄마는 나에게 벌주지 않는다며 아버지에게 반론을 제기한다. 아버지는 글을 배운 적도 없는 어린 아들이 글을 깨우친 사실에 기쁨을 감추지 못하지만, 어머니는 아이들은 아이답게 자라야 한다면서 마르셀이 책을 읽지 못하도록 금지한다.

하지만 마르셀의 주된 관심은 자신에게 벌을 주는 사람이 있다면 그것은 어머니가 아니라 아버지일 것이라는 사실에 있었으며, 그런 관심은 어머니를 독차지하고 있는 아버지뿐 아니라 연이어 태어나는 남동생과 여동생의 존재를 통해 더욱 가속이 붙는다. 아이가 어떻게 태어나는가에 대한 수수께끼를 풀기 위해 마르셀은 친구들과 논쟁을 거듭하지만, 양배추 속에서 꺼냈다는 어머니의 궁색한 설명에 만족할 수 없었던 그는 결국 몸에 단추처럼 붙어있는 배꼽을 통해 아기가 세상에 나온다는 결론에 만족감을 표시한다.

마르셀의 가족이 시골 별장으로 휴가를 갔을 때 아버지의 강력한 경쟁자로 이모부가 나타나 사사건건 잘난 척하며 아버지를 가르치려고 드는

데, 특히 사냥 솜씨에서 무능함을 드러낸 아버지에 대한 실망으로 자존심이 상한 마르셀은 자고새 사냥을 떠난 두 사람 뒤를 몰래 따라나섰다가 길을 잃고 헤매게 된다. 그러다 마을 소년 릴리의 도움으로 간신히 아버지를 찾아내는데, 바로 그때 아버지의 총에 맞은 자고새가 마르셀 머리 위에 떨어진다. 아버지가 잡은 자고새로 자존심을 되찾은 마르셀은 도시로 돌아가 공부할 생각에 몸서리를 치고 가출을 결심한다. 다시는 자신을 찾을 생각하지 말라는 편지를 사랑하는 부모 앞으로 남긴 마르셀은 릴리와 함께 야밤에 산으로 도망가지만, 물도 떨어지고 부엉이가 무서워 결국 다시 집으로 돌아온다.

  마르셀의 가출은 현실적으로 어머니를 독차지할 수 없다는 실망감에서 비롯된 결과지만, 그런 실망감은 다른 대안을 통해 나름대로 극복된다. 아버지를 대신한 릴리와의 우정이 그것이고, 다른 하나는 산에서 우연히 만난 괴짜 소녀 이사벨을 통해 어머니를 대신하는 것이다. 그리고 세 번째 대안은 공부를 열심히 해서 아버지를 능가하는 것이다. 실제로 마르셀이 상급 학교 시험을 통과하자 소심한 아버지는 말로는 축하를 하면서도 어두운 표정을 지으며 아들이 자신을 무시하게 되지나 않을까 걱정하는데, 마르셀은 그런 아버지를 "앞으로는 제가 아버지를 가르쳐 드릴게요."라며 위로한다.

로마의 오이디푸스 파올로 파솔리니

　20세기 영화사에서 이탈리아의 영화감독 파솔리니(Pier Paolo Pasolini, 1922-1975)가 차지하는 위치는 매우 독특하다. 그는 자신만의 고유한 좌파적 반골 기질과 충격적인 화면 구성으로 줄곧 세계의 주목을 이끌었으며, 동성애와 사도마조히즘을 포함한 엽기적 잔혹미와 도착적인 메시지로 넘쳐나는 그의 작품 성향은 파솔리니 자신이 보인 매우 파행적인 삶의 여정과 비극적인 최후의 모습만큼이나 충격과 전율을 일으킨다.
　파솔리니는 1922년 이탈리아 볼로냐에서 태어나 1975년 로마 근교의 외진 들판에서 그의 변사체가 발견된 상태로 53년에 걸친 생을 독신으로 마감했다. 그의 공적인 삶은 주로 문학과 영화에 바친 것이었지만, 사적인 삶은 오로지 어머니에 대한 애정과 헌신, 그리고 나이 어린 소년들과의 동성애에 바쳐진 삶이었다. 파솔리니의 예술적 감수성은 전적으로 모계의 영향을 받은 것으로 볼 수 있다. 하지만 어릴 때부터 파솔리니에게 어머니의 존재는 항상 폭군인 아버지의 횡포로부터 어떻게 해서든 보호하고 구원해야만 될 그런 대상이었다.
　그의 아버지는 독재자 무솔리니에 충성하는 파시스트 직업 군인으로 강제적인 성관계를 통해 결혼에 성공한 매우 거칠고 방탕한 인물이었다. 그런 무지막지한 아버지를 증오하고 경멸한 파솔리니는 결국 파시스트의 앞잡이였던 아버지와는 정반대의 노선, 즉 반파시스트 공산주의자의 길을 걷게 되었다. 파솔리니는 좌파적 정치 성향에 걸맞게 위선적이고 부패한 부르주아적 삶에 환멸을 느끼는 동시에 무지하고 가난한 빈민들에 대해 무한한 애정과 동정을 표하기도 했다.

그의 영화에서 노골적으로 드러난 사도마조히즘적인 도착 심리는 어릴 때부터 그가 목격했던 부모의 병적인 관계에서 그 기원을 찾아볼 수 있다. 다시 말해 가학적인 아버지와 순종적인 어머니의 관계를 통해 일찍부터 그런 병적인 분위기에 익숙해져 있었던 것이다. 동성애자였던 파솔리니는 결혼도 하지 않고 오로지 어머니에 대한 그리움과 연모 속에서 살았으며, 그에게는 어머니가 세상의 전부였을 뿐만 아니라 어머니와 관련된 것이면 무조건 사랑의 대상이 되었다.

볼로냐 대학을 졸업한 후 로마로 진출한 그는 작가의 길을 택함으로써 한때는 장래가 촉망되는 시인으로 문단의 주목을 받기도 했는데, 20세 때 발표한 첫 시집 〈카사르사의 시〉는 표준어가 아닌 순수한 방언으로 쓰인 작품으로 자신의 어머니가 태어난 고향을 배경으로 한 것이다. 그는 사랑하는 어머니의 향토어를 연구하고 익혔으며 죽어서도 어머니의 고향에 묻혔다. 어머니에 대한 애정과 그리움은 전 생애를 통하여 파솔리니의 마음을 사로잡은 화두가 되었으니 평생 파솔리니를 지배한 인물은 바로 그의 어머니였던 셈이다.

이들 모자는 항상 붙어 다녔으며 마치 탯줄로 이어진 것처럼 그 관계는 돈독했다. 그런 공생적 관계는 너무도 강력한 것이어서 그들 모자에 있어서 제3의 인물은 전혀 필요치 않은 듯했다. 실제로 그의 어머니는 마치 숫처녀인 듯이 부부 관계를 거부하며 지냈다. 그리고 파솔리니 자신도 평생 결혼하지 않고 독신으로 살았다. 그들 모자 관계는 마치 성모 마리아와 예수의 관계를 축소해 놓은 느낌마저 들 정도다.

파시스트였던 아버지의 존재는 그들의 밀착된 모자 관계를 항상 위협하는 위험한 폭발물과도 같은 존재였다. 그 때문에 야만적인 권력을 휘두르는 부당한 권위에 대한 도전과 파괴는 파솔리니가 일생을 두고 풀어야 할 힘든 과제이기도 했다. 신성한 임무를 맡은 아들의 입장에서 그는 이성의 유혹을 물리치고 대신에 동성과의 끊임없는 관계 추구를 통하여 자신의 입장을 합리화해야만 되었다. 성장한 이후에도 그는 줄곧 성적, 정치적 스캔들에 휘말리곤 했는데, 동성애와 사회주의는 그를 지탱해 주는 양대 기둥이었다.

파솔리니가 전후 이탈리아 영화에 끼친 영향은 실로 지대하다. 그의 초기작인 1962년 영화 〈맘마 로마〉는 어머니와 아들의 이야기다. 과거 매춘부였던 맘마 로마는 자신의 아들만큼은 온전한 사람으로 키우고 싶었지만, 나쁜 친구들과 어울린 아들은 끝내 사고를 쳐서 병원 침대에 묶여 숨을 거두게 된다. 물론 여기서 맘마 로마는 파솔리니의 어머니를 상징한다. 신성한 몸을 더럽혔다는 점에서 두 인물은 일치한다. 그리고 원치 않은 관계를 통해서 태어난 자식은 일종의 사생아인 셈인데, 사고를 친 아들이 결국 병원 침대에 묶여 숨을 거둔다는 설정은 파솔리니가 자신을 십자가 위에서 숨을 거둔 예수와 동일시한다는 점을 암시한다. 물론 맘마 로마는 성모 마리아를 의미한다. 이처럼 신성한 모자 관계의 상징은 파솔리니를 사로잡은 강력한 모티브가 된 것으로 보인다.

그런 점에서 적어도 파솔리니에게 가족이라는 구조는 그다지 탐탁지 않은 주제였으며, 오로지 원초적인 모자 관계만이 그에게는 중요한 의미가 있을 뿐이었다. 따라서 그의 대부분의 작품 기조도 공생적 모자 관계를 부각하는 가운데 전체 가족 구조에는 관심을 보이지 않을 뿐 아니라 오히려 한 걸음 더 나아가 가족 파괴를 추구하는 경향마저 보이기까지

한다. 그럼에도 불구하고 급진적 공산주의자로서 가톨릭에 대한 모호한 태도는 그 자신의 양가적 감정 상태를 반영한 것이기도 하다.

가톨릭과 공산주의는 현실적으로 상호 공존과 타협에 어려운 점이 많을 수밖에 없지만, 파솔리니로 하여금 노골적인 반기독교적 태도로 나아갈 수 없게 만드는 주된 걸림돌은 바로 성모 마리아 숭배에 있었다. 성모의 존재야말로 인간의 원초적 모자 관계를 지탱해 주는 유일한 상징이기 때문이다. 어머니에 대한 절대적인 신앙을 지녔던 그에게 가톨릭의 부정은 곧 어머니의 존재를 부정하는 것일 수 있기 때문에 그러한 반역은 상상도 할 수 없는 일이었을 것이다.

가톨릭에 대한 그의 양면성은 교황 비오 12세가 서거한 직후 발표한 시에서도 엿볼 수 있는데, 성모에 대한 숭배 대신에 그는 아버지의 대리인인 교황의 존재를 가차 없이 능멸하는 독설에 인색하지 않았다. 그럼에도 그가 영화 〈마태복음〉과 〈테오레마〉로 가톨릭 영화 대상을 두 번이나 받았다는 점은 매우 역설적인 상황이 아닐 수 없다. 한마디로 말해서 파솔리니는 어머니에 대한 숭배 때문에 가톨릭을 등질 수 없었고, 아버지에 대한 반역 때문에 공산당에 가입했던 것이다. 그리고 가톨릭과 공산당이라는 이념의 두 집단이 보여주는 공통점은 동성애에 대하여 그다지 거부적이지 않다는 점이며, 이뿐만 아니라 가족의 가치에 큰 의미를 두지 않는다는 점에서도 일치한다. 파솔리니가 가장 마음 편하게 선택할 길은 이미 정해진 셈이다. 상징적 가족이라 할 수 있는 이들 두 집단은 그에게 가장 큰 위안이 될 수 있는 합리적 근거와 타당성을 제시해 주기 때문이다.

파솔리니의 어린 시절은 고통스럽지만 역설적이게도 행복으로 가득 찬 시기이기도 했다. 왜냐하면 도덕성에 문제가 많았던 아버지의 존재 때문에 모자가 겪은 정신적 고통은 이루 다 말할 수 없을 정도였지만, 그

릴수록 그들 모자간의 관계는 더욱 밀착되고 서로 의지하며 격려하는 입장에 있었기 때문이다. 그의 삶과 모든 작품은 어머니에 대한 헌시와도 같은 의미를 지닌 것들이다. 그만큼 어머니의 존재는 파솔리니의 세계에 있어서는 절대적인 위치를 차지하는 신성불가침의 영역이었다.

어머니는 그녀 자신의 고향 이야기를 어린 아들에게 자주 들려주면서 시를 읽어 주기도 했는데, 총명했던 그는 7세경부터 시를 쓰기도 했다. 어머니와 함께하는 시간이야말로 그에게는 축복의 기회였으며 무엇과도 바꿀 수 없는 소중한 순간이었다. 그들 모자는 함께 들판을 자주 산책하며 이야기를 나누기도 했는데, 이처럼 밀착된 관계는 어머니 이외의 다른 여성들에 대한 무관심으로 이끌었을 것으로 보이기도 한다.

파솔리니가 만든 영화 〈오이디푸스왕〉은 〈마태복음〉과 더불어 그의 대표작 중의 하나로 꼽히는 작품이지만, 그가 선택한 주요 테마가 오이디푸스 갈등이라는 점에서 자신의 핵심적인 문제점을 잘 파악하고 있었던 것 같다. 어머니를 학대한 가해자 아버지로부터 순결한 어머니를 지키고 구원해야만 한다는 파솔리니의 구원 환상은 자신의 근친상간적인 욕망을 은폐시키기에 안성맞춤이다. 그는 성모 마리아 대신 어머니를 믿었으며, 잔혹한 아버지를 거부하면서 동시에 신의 존재를 거부했다. 그의 양가적 감정은 자신이 거부하고 적대했던 아버지의 존재에 대한 두려움 및 죄책감에서 드러난다.

파솔리니의 이율배반성은 신을 거부하면서도 성서의 내용을 토대로 만든 영화 작품을 통해 분명히 드러난다. 그는 예수를 사랑의 메신저로서가 아니라 체제를 전복하는 혁명가로 표현한다. 파솔리니의 상징계에서는 자신의 모자 관계를 신성한 성모와 예수의 관계로 대입시킨다. 그는 어머니를 차지하고 학대자로부터 그녀를 보호하기 위해 아버지에 대적하는 혁명가의 임무를 자처한다. 따라서 가부장적 체제에 대한 도전과 전복은 결국 아버지에 대한 반항이며 어머니를 차지하기 위한 아들의 욕망을 나타낸다. 그의 영화〈돼지우리〉의 대사 중에 "나는 나의 아버지를 죽였고, 인간의 살을 먹었다. 기쁨으로 몸이 떨린다."라고 내뱉는 독설은 바로 파솔리니 자신의 억압된 감정을 피력한 것이다.

오이디푸스는 자신의 저주받은 운명을 한탄하며 스스로 눈을 찔러 앞을 못 보게 되었지만, 파솔리니는 가학적인 성행위 요구에 반발한 소년의 손에 의해 목숨을 잃었다. 파솔리니를 직접 살해한 사실을 자백한 17세 소년 펠로시는 부당한 성행위를 강요하는 파솔리니의 태도에 두려움을 느낀 나머지 그가 손에 쥐고 있던 울타리 목을 빼앗아 내리쳤다고 진술했다. 하지만 평소에 운동으로 단련된 그가 나약하고 어린 소년에게 맞아 죽었다는 것은 선뜻 이해하기 어려운 일이 아닐 수 없다.

그런 점에서 파솔리니 내면에 존재했던 일말의 죄의식 또는 자괴감이 작용한 것으로 볼 수도 있다. 항상 영원한 아들로서의 피해 의식에 사로잡혀 지낼 수밖에 없던 파솔리니에게 자신도 이미 나이 오십을 넘긴 아버지의 나이에 도달하고 말았다는 자괴감뿐 아니라 아들뻘에 해당하는 어린 소년들과의 성적인 행위 자체가 과거에 자신이 그토록 증오하고 혐오했던 가학적인 아버지와 똑같은 폭력을 자신도 그대로 답습하고 있다는 자괴감에 몸서리쳤는지도 모른다. 일생을 두고 그토록 증오했던 아버지라는 단어를 그는 더 이상 물리치기 어려운 시점에 도달한 것이다. 더군다나 장년의 나이에 어린 소년과의 성행위는 당연히 부자지간의 성행위를 연상시키기에 족했을 것이다.

이처럼 파솔리니는 평소 자신의 영화에서 즐겨 묘사했던 사도마조히즘적인 죽음과 유사한 방식으로 최후를 맞이했는데, 이는 결국 그 자신이 평생토록 해결하지 못한 부모와의 관계를 현실 생활에서 반복 재연한 것으로 프로이트는 그런 현상을 반복 강박(repetetion compulsion)이라고 불렀다. 비록 그 결과는 비극적인 종말로 막을 내리고 말았지만, 시공을 뛰어넘은 현대 로마의 오이디푸스는 〈오이디푸스왕〉이라는 걸작 영화뿐 아니라 마치 한 편의 영화와도 같은 삶을 뒤로한 채 어느 날 갑자기 우리들 앞에서 유령처럼 사라져 버리고 말았다.

타비아니 형제의 <파드레, 파드로네>

  형 비토리오(Vittorio Taviani, 1929-2018)와 동생 파올로(Paolo Taviani, 1931-2024)가 항상 공동으로 작업한 타비아니 형제는 현대 이탈리아를 대표하는 영화감독으로 칸 영화제 황금종려상을 받은 <파드레, 파드로네>를 비롯해서 <로렌조의 밤>, <카오스>, <굿모닝 바빌론>, <피오릴레> 등의 수작을 발표하고, 가장 최근작으로는 <시저는 죽어야 한다>로 베를린 영화제 황금곰상을 수상한 쟁쟁한 실력파다.
  타비아니 형제의 1977년 영화 <파드레, 파드로네>는 이탈리아 남부의 사르디니아섬을 무대로 펼쳐지는 가난한 양치기 소년 가비노의 성장기를 다룬 작품이다. 가비노의 아버지는 다른 아버지들과 마찬가지로 아들의 교육에는 관심이 없다. 아버지 몰래 학교에 가면 교실까지 쫓아와 아들을 산으로 끌고 가 일을 시키는 그런 무지막지한 아버지인데, 걸핏하면 폭력을 휘두르는 무서운 아버지 밑에서 수시로 매를 맞고 자란 가비노는 결국 학교 구경을 제대로 해보지도 못한 채 외로운 양치기 청년으로 자란다. 마치 주인과 노예의 관계처럼 보이는 이들 부자 관계는 가비노가 군에 입대하면서 새로운 전기를 맞이한다.
  난생처음 섬을 떠나 군에 입대한 그는 그곳에서 친절한 동료의 도움으로 글을 배워 문맹에서 벗어난다. 처음으로 배움의 기쁨을 경험한 그는 제대 후 고향에 돌아오지만, 아버지는 대학 진학을 원하는 아들의 소망을 일언지하에 묵살하고 여전히 양치기 노릇만 강요한다. 마침내 그는 난생처음으로 아버지에게 반항하며 집을 떠나고 언어학을 공부해 학자로 성공한다.

어린 가비노가 겪은 정신적 육체적 고통에 비길 수야 없겠지만, 수많은 관객이 아버지에 반항하는 가비노의 모습에서 일종의 카타르시스를 느끼는 것도 각자 나름대로 아버지에 대한 앙금이 남아있기 때문일 것이다. 특히 마지막 부분에서 아버지의 뺨을 때리고 집을 나가는 가비노의 모습에 통쾌함을 느끼고 그에게 저절로 박수를 치게 되는 것도 다 그 때문이다. 그런데 어머니는 그런 아들을 애써 말리거나 나무라지도 않는다. 비록 말은 없지만 아들에게 봉변을 당한 남편을 바라보며 속으로 "그래, 그것도 다 당신이 그동안 저지른 못된 짓에 대한 인과응보요 자업자득인 셈이지."라고 중얼거렸을지도 모른다.

프로이트는 모자지간에 벌어지는 갈등보다 부자지간에 일어나는 갈등과 반목에 더욱 중점을 두었지만, 사실 그가 주장한 거세 공포는 아버지의 보복에 대한 두려움에서 비롯된 현상이라는 점에서 어린 가비노 역시 극심한 거세 공포에 시달렸기 쉽다. 그렇게 잠재된 공포심은 당연히 학교 선생님이나 군대의 상관, 직장 상사 등 권위적인 인물을 대할 때 더욱 증폭되어 나타나기 쉬운데, 다행히 가비노는 학교에서나 군대에서 오히려 지옥과도 같은 아버지의 마수에서 벗어날 수 있는 해방감과 더불어 자신이 보호받고 있다는 느낌마저 얻는다. 학교나 군대가 그에게는 차라리 안전지대를 마련해 준 셈이다.

게다가 군대에서 그는 글까지 깨우치고 새로운 삶의 전기를 맞이한다. 무지하고 야만적인 아버지와의 동일시를 거부한 가비노는 마침내 아버지가 감히 넘볼 수 없는 지식인이 되어 아버지에 대해 최후의 승리자가 된다. 아버지에 대한 증오심을 적절히 승화함으로써 아버지를 훨씬 능가하는 인물이 된 것이다. 이처럼 불행한 아동기를 겪으면서도 비행 청소년으로 전락하지 않은 것은 아버지 노릇을 대신해 준 주변 인물들이 있었고, 비록 아버지의 폭력으로부터 보호해 줄 능력은 없었지만, 그나마 말없는 가운데 아들의 입장을 이해하고 위로하며 안아주기도 했던 어머니와 젊은 여선생님의 존재가 있었기 때문이다.

로만 폴란스키의 구원 환상

　로만 폴란스키(Roman Polanski, 1933-)는 폴란드 출신의 영화감독으로 수많은 문제작을 발표한 영화의 귀재다. 그러나 그는 비운의 주인공이기도 했다. 유대인이었던 그는 어린 시절 게토에서 부모와 강제로 헤어져야 했으며, 어머니는 아우슈비츠 가스실에서 비극적인 최후를 마쳤다. 졸지에 고아가 된 그는 오로지 혼자 힘으로 게토를 탈출해 종전이 될 때까지 어느 농가에 숨어 지내야만 했다. 폴란드 농부의 도움으로 가까스로 목숨을 부지한 그는 1945년 종전이 되어서야 아버지와 극적인 상봉을 할 수 있게 되었으며, 아버지에게서 어머니의 소식을 전해 듣고 비로소 그녀가 얼마나 비참한 모습으로 죽어갔는지 그 자세한 내막을 알게 되었다. 더욱이 당시 어머니는 임신 중인 상태였다.
　그러나 폴란스키는 어머니를 잃었다는 슬픔보다 자신만이 생존했다는 죄의식에 더욱 괴로워해야 했다. 그런 감정은 자연스레 아버지에 대한 분노와 반감으로도 이어졌다. 아버지와 아들이 어머니의 죽음을 방치하고 사지에서 구해내지 못했다는 자책의 결과로 죄의식을 느낀 것은 두 사람 모두 마찬가지였을 것이다. 따라서 전후 공산 치하의 폴란드에 살면서 이들 부자 관계는 매우 소원해지고 말았다. 결국 아버지에 대한 반발심으로 폴란스키는 기술학교에 가라는 아버지의 지시를 어기고 영화

학교에 들어가 공부했다. 하지만 세상에 대한 불신과 혐오감은 그로서도 물리치기 어려운 뿌리 깊은 감정이었던지 전 생애에 걸친 창작 활동을 통해 여지없이 드러난다. 그것은 그의 삶에서 갑자기 증발해 버린 아동기의 공백을 메우는 작업임과 동시에 결코 지워질 수 없는 외상적 기억의 흔적으로부터 도피할 수 있는 유용한 수단이기도 했다. 다만 그는 그 공백을 성과 폭력으로 메우고자 했다.

   이가 득실거리고 사람 목숨이 파리 목숨만도 못한 처지에 놓인 게토 생활, 그리고 부모의 존재를 일시에 빼앗겨 버린 사실은 그에게는 두 번 다시 회상하고 싶지 않은 악몽의 세월이었을 것이다. 그 때문에 그는 나이 칠십에 이르기까지 한 번도 홀로코스트에 대한 영화를 만들지 않았던 것이다. 물론 그에게도 기회는 있었다. 한때 스티븐 스필버그로부터 〈쉰들러 리스트〉에 대한 감독 제의를 받기도 했으나, 그는 어린 시절의 악몽을 되살리고 싶지 않았던지 그 제안을 거절했다. 하지만 일생 동안 회피했던 홀로코스트의 주제를 노년에 이르러서야 다루게 되었는데, 그 결과 나온 작품이 〈피아니스트〉였다. 그는 여기서도 수용소의 비극적인 학살을 직접 다룬 것이 아니라 비참한 게토 생활에 주안점을 두었으며, 홀로 불안에 떨며 고립된 상태로 숨어 지내던 자신의 어린 시절 모습을 암시하는 듯이 보인다.

   로만 폴란스키가 지닌 미해결의 과제는 오이디푸스적 욕망에 관련된 근친상간의 타부와 구원 환상에 대한 내용일 것이다. 그는 어머니의 비극적인 최후와 자기만 유일하게 살아남은 아버지에 대한 분노 및 적개심에서 자유로울 수 없었다. 오히려 수용소에서 아버지가 대신 죽고 어머니가 살아 돌아왔으면 그의 삶은 조금 더 평온했을지도 모른다. 그러나 현실은 정반대였다. 이처럼 현실 속에서 해결할 수 없는 수수께끼를 그는 영화라는 가상적인 세계를 통하여 해소하고자 했다. 그리고 그의 전 생애를 통해 작업했던 영화 예술은 스스로 해결하지 못했던 이 같은 난제들을 풀기 위한 일종의 방편이 되었던 것이다.

폴란스키의 초기작에서부터 줄곧 다루어진 주제들로서 그의 트레이드 마크가 되다시피 했던 것은 결국 관음증과 성적인 긴장, 그리고 잠재된 폭력 등 3가지로 요약할 수 있는데, 이는 곧 그의 아동기 외상이 적절히 해소되지 못하였음을 반증하는 것이기도 하다. 그의 이름을 최초로 세상에 알린 1962년 영화 〈물속의 칼〉은 일종의 심리 스릴러 영화로 폐쇄된 공간 안에서 이루어지는 극적 긴장감과 인물들의 심리 묘사가 일품인 걸작이다. 한 중년 부부의 요트 여행에 우연히 동행하게 된 젊은 청년은 남성적인 힘을 과시하고자 하는 중년 남자에게 은근히 경쟁심을 지니고 자신의 칼 솜씨를 자랑하며 기선을 제압하려 든다. 그리고 매력적인 부인에게 성적인 욕망을 느끼게 된다. 마치 어머니를 사이에 두고 부자간에 경합을 벌이는 듯이 보이는 작품 구도는 칼이라는 매개물을 통하여 그 어떤 살의마저 암시하고 있다. 물론 여기서 칼은 위협의 수단도 되지만 남근의 상징이기도 하다.

1967년 영화 〈흡혈귀의 춤〉은 흡혈귀를 찾아 트란실바니아를 여행하던 두 남자가 자신들이 묵고 있던 작은 마을의 여인숙집 딸이 흡혈귀에게 납치되자 그녀를 구하기 위해 성문을 부수고 들어가고자 애쓴다는 코미디 영화다. 폴란스키는 이 영화에 직접 출연하여 그녀를 구출하는 조수 역을 맡았는데, 자신의 어머니에 대한 구원 환상을 희극적인 분위기로 은폐시키고 있는 듯이 보인다. 죄 없는 여성을 납치한 흡혈귀는 거세 위협의 상징인 아버지일 수도 있고 자신의 어머니를 탈취해 간 나치일 수도 있다.

최초의 할리우드 진출작 〈악마의 씨〉는 우리에게 진정한 이웃이란 무엇인가, 그리고 악의 실체가 과연 무엇인가에 대한 진지한 물음을 던지는 작품이다. 친절을 베푸는 이웃들의 사악한 음모에 희생되는 한 여성의 처절한 항거를 통하여 우리는 임신한 몸으로 나치에 희생당한 로만 폴란스키의 어머니를 떠올릴 수 있다. 더 나아가 이 작품이 발표된 직후 그의 아내 샤론 테이트가 임신한 상태에서 뱃속에 든 아기와 함께 광신도 찰스 맨슨 일당의 손에 의해 무참하게 살해당한 사건이 일어났다는 점에서 더욱 큰 전율을 느끼게 된다.

아내를 잃고 오랜 기간 실의에 빠져있던 폴란스키는 심기일전해 만든 1974년 영화 〈차이나타운〉을 통해 비로소 세계적인 명성을 얻게 되었는데, 소위 할리우드 뉴 시네마의 원조로 미국 영화사에 길이 남는 기념비적인 작품이 되었기 때문이다. 음울한 분위기의 화면 속에 감도는 위선적인 근친상간의 문제를 중심으로 온갖 범죄에 물든 도시의 도덕적 타락상을 고발한다는 점에서 문명사회에 대한 폴란스키의 뿌리 깊은 환멸과 혐오감을 드러내고 있다.

〈차이나타운〉은 한 사립 탐정에 의해 밝혀지는 추악한 근친상간의 비밀을 폭로한다. 사립 탐정 제이크는 멀레이 부인으로부터 남편의 불륜 사실에 대한 조사를 의뢰받는다. 그러나 그 부인은 가짜였으며, 멀레이는 그 후 누군가에 의해 살해당한다. 제이크는 진짜 멀레이 부인인 이블린을 찾아내고 그녀의 아버지 노아에게 혐의를 둔다. 그런데 노아는 자신의 양녀인 이블린을 범해 아이까지 낳게 만든 철면피 노인이었음이 밝혀진다. 결국 자신의 딸을 빼앗으려는 노아에게 총을 발사한 이블린은 경찰이 쏜 총에 맞아 쓰러진다. 퇴폐한 도시의 암울한 분위기가 감도는 폴란스키 감독의 출세작이다.

〈차이나타운〉은 관음증적 병리의 측면을 보여주는 작품이기도 하지만, 영화적 복선을 통해 서서히 드러나는 불륜과 근친상간적 배경의 숨막힐 듯한 음산한 분위기가 마치 어두운 동굴 속을 탐색하는 과정을 연상시킨다. 그러나 양아버지와의 사이에서 낳은 딸을 그에게 빼앗기지 않으려는 한 여성의 처절한 몸부림과 그녀의 남편까지 살해하도록 지시한 탐욕적인 양아버지의 음모는 타락한 도시 전체를 상징하고도 남음이 있다 하겠다.

광적인 한 남성의 탐욕과 그에게 희생된 여성들의 비극을 파헤친 이 작품을 통하여 폴란스키는 여전히 어머니와 아내의 억울한 죽음에서 자유롭지 못하며, 자신에게서 행복의 원천을 빼앗아 간 미친 세상에 대하여 분노와 적개심을 간직하고 있음을 입증한 셈이다. 그것은 그런 참혹한 비극을 막지 못하고 두 여성을 구원하지 못했던 자기 스스로에 대한 모멸감과 죄의식도 함께 포함된 복잡한 감정일 것이다.

〈테스〉는 로만 폴란스키가 자신의 죽은 아내에게 헌사한 작품이다. 죄 없는 한 여성의 비극적인 운명을 그렸다는 점에서 로만 폴란스키는 작품 내용에 그 누구보다 더 큰 공감을 느꼈는지도 모른다. 또한 비극적인 그 현장에 자신이 없었으며, 그 때문에 자신의 아내를 구원하지 못했다는 사실이 그에게 가장 큰 죄의식을 남겼다는 점에서, 그는 어릴 때 자신의 어머니 역시 구원할 수 없었던 무력감을 상기했을 것이다.

〈죽음과 소녀〉는 남미의 독재 정권하에서 성고문을 당했던 뼈아픈 상처를 지닌 한 여성이 과거의 고통스러운 기억에서 벗어나기 위한 처절한 몸부림과 가해자에 대한 용서 및 그녀 자신의 치유 문제를 심도 있게 다룬 작품이다. 폴란스키는 〈죽음과 소녀〉에서 자신이 어릴 때 어머니를 빼앗아 가고 가스실에서 그녀를 살해한 나치 독일의 만행을 우회적으로 고발함과 동시에 자신이 가했던 성추행의 희생자인 소녀에 대한 죄의식을 동시에 드러낸 것으로 보인다. 가해자와 피해자 사이에 빚어지는 동기적 모호성과 더불어 구원과 용서, 그리고 치유의 문제가 매우 복합적으로 맞물려 있는 작품이기도 하다.

로만 폴란스키는 아내가 살해당한 이후 극심한 좌절과 회한에 빠졌다. 그리고 이루 형언키 어려운 죄의식에 시달려야 했다. 그러나 그 후 8년이 지난 1977년 당시 44세였던 그는 사만다라는 13세의 어린 소녀를 성추행했다는 스캔들에 휘말리고 말았다. 그것은 일종의 자기 파괴적인 시도일 수도 있었다. 폴란스키는 결국 미성년 성추행 혐의가 인정되어 법정에서 유죄 선고를 받는 동시에 그에 대한 정신 감정이 의뢰되었다. 그동안 쌓아 올린 사회적 명성에 금이 갈 수 있는 치명적인 사건이었다. 결국 그는 1978년 프랑스로 도주하고 말았다.

유럽으로 도주한 이후에도 그는 영화 〈테스〉를 찍으며 주인공 역을 맡은 나스타샤 킨스키와 열애에 빠지기도 했는데, 당시 그녀는 어린 십 대의 나이였다. 그러나 영화가 완성되는 동시에 이들 관계도 끝이 나고 말았다. 아마도 그는 어린 십 대 소녀들의 세속에 물들지 않은 순수하고도 순결한 이미지에 이끌려 손쉽게 빠져들었는지도 모른다. 그것은 그의 가슴속에 영원히 간직된 순결한 이미지의 어머니상을 되찾고 싶은 욕구 때문일 수도 있다. 하지만 그가 지녔던 구원의 여인상은 두 차례나 결정적으로 배신을 당하고 말았다. 어머니와 아내 샤론 테이트의 참혹한 죽음이 바로 그것이다. 더욱이 이들 두 여성은 모두 임신한 상태에서 살해당한 것이다.

이처럼 정신적으로 방황을 거듭하던 그는 프랑스 여배우 엠마누엘 자이그너를 만나 결혼한 후 비로소 안정을 되찾을 수 있었다. 그녀는 폴란스키의 영화 〈실종자〉와 〈비터 문〉에서 주연을 맡기도 했다. 비록 그녀는 폴란스키보다 30년 이상이나 연하이긴 하지만 모성적인 따스한 보살핌으로 그의 심리적 안정을 유지하는 데 가장 큰 역할을 맡은 것으로 보인다. 어쨌든 다른 무엇보다 현재까지 그의 발목을 붙들고 놓아주지 않는 족쇄는 단순한 법적 제약이 아니라 오히려 눈에 보이지 않는 사슬이라 할 수 있는데, 그것은 다름 아닌 어머니와 아내의 억울한 죽음이요, 그에게 남긴 상실의 아픔과 죄의식일 것이다.

파스빈더 〈불안은 영혼을 잠식한다〉

　독일의 전후 세대로 뉴 저먼 시네마의 기수로 떠오른 영화감독 파스빈더(Rainer Werner Fassbinder, 1945-1982)는 37세라는 젊은 나이로 생을 마감할 때까지 15년도 채 되지 않는 짧은 기간에 무려 45편의 영화를 만든 천재적인 능력의 소유자였다. 그가 남긴 〈사랑은 죽음보다 차갑다〉, 〈불안은 영혼을 잠식한다〉, 〈마리아 브라운의 결혼〉, 〈베를린 알렉산더 광장〉, 〈릴리 마를렌〉 등의 영화는 많은 비평가의 찬사를 받은 수작들이다.

　그중에서도 특히 1974년 영화 〈불안은 영혼을 잠식한다〉는 세상에서 소외당한 두 남녀의 불안 심리를 다룬 작품으로 주인공 엠미는 60세 과부로 무뚝뚝하기 그지없는 30대 아랍인 노동자 알리와 사랑에 빠진다. 그들은 주위 사람들의 반대를 무릅쓰고 결혼해 살아가지만, 그 생활은 항상 불안하기 그지없다. 특히 엠미는 알리와의 생활이 너무도 행복한 나머지 그 행복이 깨질 것에 대한 막연한 불안 때문에 오히려 너무 행복해서 두렵다고 말한다. 그리고 그런 불길한 예감은 알리가 다른 여인에게 한눈을 팔고 위궤양이 터져 병원에 입원함으로써 현실로 나타난다. 하지만 알리의 사랑을 확인한 엠미는 그의 병상을 지키며 알리를 위해서라면 무엇이든 하겠다고 맹세한다.

'불안은 영혼을 잠식한다'는 표현은 사실 원제 〈알리: 불안이 영혼을 먹다〉를 좀 더 현학적으로 번역한 것으로 두 남녀가 하룻밤을 함께 보낸 다음 날 둘이서 아침 식사를 할 때, 엠미가 자신은 이미 늙었다고 한탄하자 알리는 절대 그렇지 않다고 하면서 자기는 그녀를 좋은 사람으로 여긴다고 말하는데, 행복에 겨우면서도 그 행복이 깨질까 두려워 울음을 터뜨리는 그녀에게 알리가 서투른 독일어로 던진 말, "두려움은 좋지 않다. 그것은 영혼을 잡아먹는다."라는 말에서 비롯된 제목이다. 결국 알리가 말한 뜻은 나이나 외모, 인종적인 차이가 중요한 게 아니라 그 속에 담고 있는 영혼이 더욱 중요하다는 것으로 겉에 드러난 모습에 연연하고 두려워할 필요가 없다는 의미로 해석된다. 그러니 무슨 심오한 뜻이 담긴 것으로 오해하면 곤란하다.

물론 나이와 인종적 차이를 뛰어넘어 순수하고 소박한 사랑을 나누는 이들의 불안한 모습은 인종적 편견으로 가득 찬 세상으로부터 단절되고 멸시까지 당하는 아웃사이더의 불안과 고독을 드러낸 것으로 볼 수도 있는데, 물론 그런 환경적인 요인도 중요하겠지만, 내면적으로 보자면 엠미와 알리 본인들도 의식하지 못하는 근친상간적 모자 관계에 대한 무의식적 불안과 죄의식을 반영한 것일 수도 있다. 비록 알리는 부모를 여의고 누이만 6명이나 되는 외로운 노총각이지만 인종적 편견에 사로잡히지 않고 자신을 아들처럼 따뜻하게 맞아주는 엠미에게서 모성적인 사랑을 느낀 것이며, 엠미는 과거에 히틀러를 숭배하던 아버지에 대한 반발심에서 폴란드 출신의 노동자와 결혼해 3남매까지 두었으나 자식들과의 관계 역시 몹시 껄끄러운 입장이다.

그녀의 두 아들은 알리와의 관계를 알고 어머니가 미쳤다고 집까지 찾아와 난동을 부리는가 하면 딸은 어머니가 사는 아파트를 돼지우리라고 부르며 엠미에게 창녀라는 욕설까지 퍼붓는다. 그런 자식들이니 자신의 두 아들 대신 알리에게 필사적으로 매달리고 의지하려는 엠미의 심정을 충분히 이해할 수 있겠다. 이처럼 두 남녀의 이해관계가 맞아떨어지면서 주위 사람들의 따가운 시선을 무릅쓰고 불안한 관계를 유지해 나가는 엠미와 알리의 모습은 실로 안쓰럽기까지 하다.

폴커 슐렌도르프의 <양철북>

현대 독일을 대표하는 영화감독 폴커 슐렌도르프(Volker Schlöndorff, 1939-)는 베르너 헤르초크, 빔 벤더스, 라이너 베르너 파스빈더 등과 함께 뉴 저먼 시네마의 중요한 일원으로 활동한 세계적인 영화 거장으로 1979년에 발표한 영화 <양철북>은 독일의 노벨 문학상 수상 작가 귄터 그라스의 소설을 토대로 만든 작품이다. 이 영화는 칸 영화제에서 황금종려상을 수상하고 미국 아카데미 영화제 외국어영화상을 수상했다.

세 살에서 갑자기 성장이 멈춘 난쟁이 오스카 마체라트의 일대기를 다룬 이 영화는 1952년 정신병원에 들어간 오스카가 자신의 과거를 회상하는 형식으로 진행된다. 조숙한 오스카는 세 살이 되면서부터 위선적인 어른들의 세계에 환멸을 느낀 나머지 성장을 거부하기로 결심하고 스스로 지하실 계단에서 굴러떨어진 이후 더 이상 키가 자라지 않는다. 그는 생일선물로 받은 양철북을 두드리며 초능력도 발휘하는데, 분노에 가득 차서 괴성을 지르면 주위의 유리창이 모조리 박살나기도 한다. 나치의 등장과 제2차 세계대전의 격동기를 거치면서 오스카는 난쟁이들과 어울려 여기저기를 전전하는 동안 인간의 파괴적인 실상을 목격하고 깊은 혐오감에 빠진다. 특히 아버지의 죽음과 독일의 패전은 그에게 큰 충격을 주었는데, 이를 계기로 그는 다시 성장을 계속하기로 마음먹지만, 살인 사건에 연루되어 정신이 이상해진 나머지 정신병원에 입원하게 된다.

하지만 오스카의 회상은 실로 믿기 어려운 부분들로 가득 차 있다. 우선 그 자신의 출생 배경에 대한 기억부터가 믿어지지 않는다. 오스카가 스스로 밝히고 있는 사실은 자신의 친아버지는 어머니의 정부였던 얀 브론스키라는 것이며, 더구나 계모 마리아의 아들인 이복동생 쿠르트가 바로 자신의 아들이라는 주장인데, 이 역시 믿기 어려운 사실이다. 어쨌든 그가 술회하는 내용 가운데 어디까지가 과연 진실이고 거짓인지 실로 구분하기 어렵다. 그의 어머니가 태어난 배경도 흥미롭다. 감자밭에서 일하던 카슈비아인 여성 안나 브론스키는 방화범으로 경찰에 쫓기는 신세였던 요제프 콜리야체크를 그녀의 치마 속에 숨겨주었는데 그렇게 해서 오스카의 어머니 아그네스가 이 세상에 나오게 되었다는 것이다.

이처럼 오스카의 가계도는 출발부터 매우 혼란스럽다. 우선 오스카의 친아버지가 누구인지 불분명하다. 오스카를 낳은 어머니 아그네스는 비록 독일인 알프레트 마체라트와 결혼했으나 그녀의 사촌인 얀 브론스키와 불륜 관계를 맺고 오스카를 낳았다는 것인데, 비록 오스카는 자신의 생부가 얀 브론스키일 것이라고 믿고 있지만, 그 진위 여부는 아무도 모른다. 또한 오스카가 자기 아들로 굳게 믿고 있는 쿠르트 역시 그 태생이 불분명하기는 마찬가지다. 어머니 아그네스가 자살한 이후 아버지 가게에 들어와 일하던 소녀 마리아 트루친스키는 오스카의 첫 성 경험 대상이 되었는데, 그녀는 임신하자 곧 아버지 알프레트와 결혼하게 된다. 따라서 그녀가 낳은 아들 쿠르트에 대해서도 아버지 알프레트와 그 아들 오스카는 제각기 자신의 아이라고 믿는다. 어머니가 불륜 관계로 낳은 오스카는 자신의 계모와 불륜 관계를 맺어 쿠르트를 낳았으니 참으로 복잡하기 그지없다.

이처럼 불륜에 기초한 가계도는 결국 귄터 그라스 자신의 정체성 혼란과도 연결되는 문제일 것이다. 그의 아버지는 독일인이었지만 어머니는 카슈비아계 폴란드인이었기 때문이다. 그리고 독일은 폴란드를 침공함으로써 제2차 세계대전을 일으켰으며 단치히는 독일군의 폭격으로 폐허로 화했다. 그런데 오스카의 아버지 알프레트 역시 독일인 나치당원이며 친아버지 얀 브론스키는 폴란드 민족주의자로 우체국을 지키기 위해 독일군에 저항하다 처형당한다. 그리고 오스카에게 새 북을 제공해 준 장난감 가게 주인 마르쿠스는 유대인으로 그 역시 목숨을 잃는다.

불륜을 저지른 엄마를 잃고 아버지마저 죽게 만든 오스카는 자신의 근친상간적 욕망과 아버지에 대한 살해 욕구를 매우 은밀한 방식으로 성취한다. 계모인 마리아와 관계를 맺고 그녀가 낳은 아이 쿠르트를 자기 아들이라고 믿는 것이나 자신의 친아버지로 믿고 있던 얀 브론스키와 자신을 길러준 아버지 알프레트 마체라트 두 사람 모두를 죽음으로 몰고 간 것 역시 오스카 자신이기 때문이다. 자신의 두 아버지를 각기 소련군과 독일군의 손을 빌어 처형시킨 오스카의 행동은 결국 순결한 어머니를 타락시킨 두 유혹자에 대한 응징이기도 했다. 그것은 또한 두 아버지에 대한 복수요 응징인 동시에 이중적인 위선과 가식으로 오염된 가부장적 사회에 대한 파괴욕을 동시에 드러낸 것이기도 하다.

계모 마리아와 불륜 관계를 맺고 자식까지 낳음으로써 아버지와 함께 아들 쿠르트를 공유한 것도 오스카의 근친상간적 욕구는 물론 아버지의 위치를 빼앗으려는 욕망을 나타낸다. 어머니 아그네스가 뱀장어를 너무 먹어 죽었다는 오스카의 진술 역시 어머니의 지나친 성적 욕망을 비난함과 동시에 오스카 자신의 성적인 좌절 및 깊은 혐오감을 나타낸다. 그의 눈에 비친 성의 세계는 너무도 추잡하고 동물적이며 폭력적인 모습에 불과하다. 따라서 오스카는 자신의 성기를 사탄이라고 부르며 심한 자책감에 빠진 것이다. 그것은 부모의 성관계 장면이나 어머니의 불륜 장면을 목격한 데서 비롯된 근원적인 불안과 혐오 반응이기도 하다.

 징그러운 뱀장어를 잡아 요리로 만든 남편 알프레트가 그것을 강제로 아내에게 먹이려 들자 아그네스는 몹시 화를 내며 거부하는데 그것은 곧 폭력적으로 강요된 성을 의미한다. 그러나 그녀는 얀 브론스키와의 불륜 관계를 계속 이어가지 못하게 되자 성적인 불만을 채우기 위해 뱀장어 폭식증에 걸리고 만다. 그리고 죄책감을 이기지 못하고 자살한다. 여기서 뱀장어는 물론 남근을 상징한다. 자신의 어머니가 죽은 것은 뱀장어 때문이라고 주장한 오스카의 말은 사실 정곡을 찌른 것이다. 어머니는 성에 중독되어 그 죄책감으로 죽은 것이기 때문이다.

 어머니에 대한 상징적인 근친상간 및 아버지를 살해했다는 죄의식으로 인해 오스카는 결국 자신의 유아적 미숙함에서 벗어나 성장을 계속하기로 결심한다. 그에게 던져진 성과 죽음이라는 두 가지 중요한 화두로 인해 그는 새로운 각성에 도달한 셈이다. 하지만 아버지의 무덤에 자신이 아끼던 양철북을 내던지고 다시 성장을 계속하기로 작심한 오스카에게 그의 아들 쿠르트는 돌을 던지며 분노를 표시한다. 변절자인 아버지에 대한 신세대의 응징인 셈이다. 그런 점에서 다시 자라기로 결심한 오스카의 모습은 제2차 세계대전 당시 어쩔 수 없이 나치에 동조했던 작가 자신을 포함해 그 시대를 살았던 소시민적 속물근성을 대표하는 독일의 모든 아버지를 상징한다고 할 수도 있다. 그리고 실제로 독일은 오스카처럼 종전 후 새롭게 거듭난 모습으로 태어나 성장을 계속했던 것이다.

라세 할스트룀의 <카사노바>

스웨덴의 영화감독 라세 할스트룀(Lasse Hallström, 1946-)은 북유럽 영화의 거장으로 말년에 이른 2005년에 발표한 로맨틱 코미디 <카사노바>를 통해 잉마르 베리만, 빌레 아우구스트 등으로 대표되는 북유럽 영화의 심각하고 어두운 분위기를 일소하고 코믹한 요소를 가미함으로써 분위기 반전에 성공하기도 했다. 이 영화는 특이하게도 희대의 난봉꾼 카사노바의 실패담을 담은 내용으로 비록 전성기 시절 그의 유혹에 넘어가지 않은 여자가 없다고 하지만, 유일한 예외로 꼽히는 프란체스카에 초점을 맞추고 있다.

지적이고도 매력적인 여성 프란체스카를 짝사랑하게 된 카사노바는 자신의 사랑을 고백하지만 그녀는 냉담하기만 하다. 물론 이 영화에서는 사실성 여부를 떠나 허풍쟁이 카사노바의 인간적인 면모와 약점을 드러내고 있다는 점에서, 그리고 그녀로 인해 카사노바가 진정한 사랑의 의미에 대해 깨우침을 얻어가는 모습을 그리고 있다는 점에서 그동안 카사노바의 엽색 행각에만 초점을 맞춘 기존의 영화들과는 차별을 두고 있다.

하지만 항상 사랑의 전도사를 자처하며 자신의 전지전능한 능력에 도취되어 있던 카사노바의 나르시시즘 측면에서 볼 때, 어쩌다 자신의 유혹에 넘어가지 않는 여성이 있을 경우, 도저히 참을 수 없는 마음의 상처와 좌절감, 그리고 그에 따른 오기의 발동으로 더욱 큰 집착을 보이기 마련이라는 점에서 이 영화를 통해 묘사한 카사노바의 모습은 실제 그의 모습과는 차이가 있을 수 있다. 어쨌든 카사노바가 일생 동안 보여준 사랑은 진정한 사랑이 아니라 집착일 뿐이며, 자신의 자존심을 지키기 위한 일종의 방편에 불과했다는 점에서 영화에서처럼 진정한 사랑을 깨달은 것인지는 속단하기 어렵다고 할 수 있다.

하기야 현대적 관점에서 카사노바를 재조명한 것에 지나지 않는다고 말해버리면 더 이상 할 말은 없어진다. 하지만 영화의 무대가 되고 있는 1753년 30대 초반의 카사노바가 프란체스카를 통해 진정한 사랑을 깨닫기 이전과 이후를 비교해 보더라도 그의 엽색 행각은 전혀 달라진 게 없었으니 그녀에 대한 관심을 두고 진정한 사랑이었다고 보는 것은 자의적인 해석에 불과할지 모른다. 왜냐하면 평소처럼 자신의 유혹에 손쉽게 넘어오는 헤픈 여성이 아니라 매우 이지적인 작가였던 그녀였기에 더욱 큰 승부욕이 작용했기 쉬우며, 원래 진짜 바람둥이들은 감히 범접하기 힘든 여성을 굴복시켰을 때 더욱 큰 승리감을 만끽하기 때문이다.

이처럼 만인의 연인임을 자처한 세기적인 유혹의 전문가 카사노바는 본인 스스로 변호하기를, 자기는 평생 어느 누구에게도 해를 끼친 적이 없으며, 그것도 자신이 유혹한 것이 아니라 오히려 상대에게서 유혹을 당했다는 사실이 문제일 뿐이라고 주장했다. 고독이 병을 만들고 사랑이야말로 만병통치약이라는 신념에 따라 사랑의 전도사를 자처한 그는 불교식으로 말하면 침대 위에서 정에 굶주린 수많은 중생에게 일종의 보시를 한 셈이라 할 수 있겠는데, 하지만 그런 보시의 대상 중에는 11세 어린 소녀도 있었으니 자신은 오로지 유혹당했을 뿐이라는 그의 주장은 앞뒤가 맞지 않는 억지 논리가 아닐 수 없다.

카사노바 자신의 표현을 빌면, 그는 항상 휴대하고 다니는 호신용 피스톨처럼 자신의 성기를 무기 삼아 마치 자선을 베풀듯이 숱한 여성들에게 사랑을 쏟았다고 술회한다. 자신의 성기에 대한 과도한 자부심 및 신뢰감은 그것이야말로 이성 앞에 내세울 유일한 자랑거리이기 때문이며 그것은 마치 어릴 때 누가 멀리 오줌을 내갈길 수 있는지 시합을 벌이며 뽐내는 아이들의 의기양양한 태도와 크게 다를 바 없는 것이다. 그리고 일단 정복한 여성을 두 번 다시 돌아보지 않고 사라져 버리는 행동은 상대로부터 가해질지도 모르는 거절에 대한 두려움 때문에 스스로가 먼저 상대를 버리는 것일 수도 있겠지만, 잠재적인 거세 공포 때문에 스스로 알아서 도망친 것으로 볼 수도 있다.

하지만 카사노바는 거세 공포를 비웃기라도 하듯 평생 왕성한 정력을 과시한 장본인이다. 물론 그의 아버지는 그가 여덟 살 때 일찍 죽었을 뿐만 아니라 게다가 그는 자신의 친아버지가 따로 존재한다고 믿었기 때문에 거세 위협에 대한 의미가 희석되었을 가능성도 생각해 볼 수 있다. 따라서 그의 집요한 애정 행각은 근친상간적 욕구 차원에서 이해하는 것이 더욱 타당할지도 모른다. 그런 점에서 학창 시절부터 빠져든 그의 고질적인 도박벽도 어머니의 사랑을 되찾고 싶은 간절한 욕구의 표출로 볼 수 있겠다. 돈을 따고 잃는 행위 자체가 일종의 사랑에 대한 도박이요 게임을 상징하기 때문이다. 그러나 항상 잃기만 하고 빚더미에 올랐을 뿐 큰돈을 따본 적이 거의 없다는 점에서 자신도 모르게 거세 공포가 작용했다고 볼 수도 있다.

사실 따지고 보면 그는 오로지 돈과 사랑에 목숨을 걸었다. 평범한 일반인들은 일과 사랑에 삶의 중요한 가치를 부여하지만, 카사노바는 일정한 직업을 가져본 적도 없는 인물이다. 그는 땀 흘린 노동의 대가로 돈을 버는 것이 아니라 일확천금을 통해 한평생을 편히 놀고먹을 생각에만 몰두했던 사람이다. 그는 다른 도박꾼들과 마찬가지로 자신에게만 손짓하는 행운의 여신이 존재한다는 점을 굳게 믿은 낙천가였다. 그런 무책임한 낙천가는 돈을 따는 일에만 집착할 뿐 돈을 잃는다는 사실에는 전혀 관심이 없다. 그것은 여성을 대할 때도 마찬가지다.

비록 그는 자신이 주체를 못 할 정도로 사랑에 충만해서 숱한 여성에게 사랑을 베푼 것으로 주장했지만, 실제로는 오히려 그 반대이기 쉽다. 충분한 사랑을 받아보지 못했기 때문에 닥치는 대로 애정을 구걸한 것이라는 뜻이다. 어려서 사랑을 제대로 받아보지 못한 사람은 커서도 사랑을 베풀지 못하는 법이다. 사랑을 하고 싶어도 할 수가 없기 때문에 더욱 큰 심적 고통을 겪기 마련이다. 물론 육체적인 관계를 통해 사랑을 나누었다고 스스로 위안을 얻을 수는 있겠지만, 이 세상에는 사랑이 없는 육체적 관계도 얼마든지 존재한다. 당연히 그런 관계는 오래 지속되기 어렵다. 문제는 사랑의 관계를 맺는 것이 중요한 게 아니라 그 사랑을 오래도록 유지하는 일이라 할 수 있다.

따라서 사랑의 능력이 결여된 사람은 자신의 결함을 인정하지 못하고 일회적인 사랑조차 진정한 사랑이었다고 강변하는 것이다. 그리고 그런 경험이 수도 없이 반복된 경우에는 기억의 왜곡이 돌처럼 굳어지기 마련이다. 카사노바는 죽을 때까지 그런 믿음을 지니고 세상을 떠났다고 볼 수 있다. 어쨌든 혼자라는 사실을 견디지 못하고 끊임없이 사랑을 구걸한 카사노바는 오이디푸스 갈등의 해결에 실패한 나르시시스트의 전형으로 볼 수 있으며, 일생을 두고 그토록 돈과 사랑에만 강한 집착을 보이던 카사노바도 점차 노년에 이르러 모든 것을 잃고 나자 비로소 홀로 서재에 틀어박혀 자신의 회상록을 쓰기 시작했는데, 바로 그 시기는 프랑스 대혁명의 불길이 막 타오르기 시작하던 때였다. 그렇게 온 세상이 새로운 자유와 평등을 위해 몸살을 앓고 있던 시기에 카사노바는 그런 새로운 변화의 물결에 등을 돌리고 앉아 오로지 자신의 에로틱한 추억거리에만 매달려 있었으니 그 스스로를 진정한 자유인이라 자처한 인물치고는 너무도 이율배반적인 모습이 아닐 수 없다. 그런 점에서 그는 자유와 방종을 제대로 구분하지 못한 듯하다. 그것을 구분하는 능력을 누구도 그에게 가르치지 않았기 때문이다.

존 카메론 미첼의 <헤드윅>

미국의 영화감독 존 카메론 미첼(John Cameron Mitchell, 1963-)의 2001년 영화 <헤드윅>은 성 정체성의 혼란을 다룬 영화로 오리지널 뮤지컬에 못지않게 미국에서 큰 돌풍을 일으킨 작품이다. <헤드윅>의 원작자이기도 한 존 카메론 미첼은 어린 시절 육군 장성인 아버지의 근무지를 따라 한때는 베를린에도 거주했는데, 갓난아기 시절 그를 엄마 대신 돌봐주었던 독일인 여성은 실제로는 창녀였으며, 그녀에 대한 인상은 후에 록 밴드 가수로 활동하는 헤드윅의 모델이 되었다.

주인공 헤드윅은 무명 록 밴드 가수로 '분노의 인치(Angry Inch)'는 그녀가 이끄는 밴드의 이름이다. 그녀는 원래 남자로 태어나 동베를린에서 엄마와 단둘이 살고 있던 어린 소년이었다. 미군 라디오 방송을 통해 재즈에 푹 빠지게 되면서 미국을 동경하게 된 소년 한젤은 마침 한 미군 병사를 알게 되어 그의 제안으로 성전환 수술을 받고 그와 함께 미국에 가서 살기로 약속한다. 하지만 싸구려 돌팔이 의사에게 받은 수술이 실패하는 바람에 1인치 크기의 성기만 달랑 달렸을 뿐 남성도 아니고 여성도 아닌 어정쩡한 신세가 되어버렸다.

어렵게 미국에 도착했으나 미군 병사가 그를 버리고 종적을 감춰버리는 바람에 그는 여배우 파라 포셋을 흉내 낸 가발 쓴 여장 차림의 무명

가수로 활동하며 이름도 헤드윅으로 바꾸면서 여성으로 살기로 작심한다. 헤드윅은 가발을 뜻하는 말이다. 그녀는 '분노의 인치'라는 이름의 록 밴드를 결성해 변두리 바를 전전하며 가수로 활동하기 시작한다. 그러다가 우연히 알게 된 16세 소년 토미와 뜨거운 사랑에 빠지지만, 토미는 그녀를 배신하고 달아났을 뿐만 아니라 그녀가 만든 곡들까지 훔쳐 간다. 토미는 훔친 곡으로 크게 성공하여 백만 장 이상의 앨범 판매 기록을 세우는 대스타가 되지만, 헤드윅은 전국 순회공연을 하는 토미의 뒤를 따라다니며 공연장 부근의 식당에서 노래를 부르는 처량한 신세로 전락하고 만다.

소년 한젤은 엄마를 버리고 떠났다. 그에게는 아버지가 없다. 그리고 엄마는 항상 그를 괴롭혔다. 비좁은 아파트에서 엄마를 피해 아들은 오븐 속에 몸을 숨기고 재즈 음악을 몰래 듣게 되는데, 그에게 오븐은 엄마의 자궁보다 더욱 안전한 은신처였으며, 음악은 그의 상처받은 마음을 달래주는 유일한 위안거리였다. 영국의 정신분석가 위니컷이 말한 이행기 대상의 역할을 음악이 대신해 준 것이다. 그리고 음악은 평생 그가 의지할 대상으로 자리 잡는다. 엄마 대신 음악을 선택한 그는 자신을 돌보지 않는 엄마를 영원히 떠나기로 마음먹는다. 이제 그에게 독일이라는 조국이나 모국은 아무런 의미도 없었기 때문이다.

따라서 그가 독일을 벗어날 수 있는 유일한 탈출구는 미군 병사를 따라 미국으로 가는 길밖에 없었다. 그가 우연히 알게 된 미군 병사는 성전환 수술을 받고 자신과 결혼해서 미국으로 가자는 제안을 했지만, 그런 요구는 현실적으로 동성애자들의 결혼이 허용되지 않았기에 편법으로 성전환 수술을 해서라도 결혼을 성사시키고자 했던 것이다. 아버지 없이 자랐기에 적절한 남성성에 대한 동일시 과정을 겪어보지 못한 소년에게서 미묘한 동성애적 여성미를 느꼈는지도 모른다. 어쨌든 소년은 자신의 여성 역할을 기꺼이 받아들이고 성전환 수술을 받는다.

아무런 망설임 없이 성전환 수술을 받기로 결심한 배경에는 여성이 되고자 하는 열망도 컸겠지만, 부모의 거세 위협에 대한 불안이 컸기 때문일 수도 있다. 물론 아버지가 존재하지 않았다 하더라도 엄마가 거세 위협을 가했을 수 있다. 따라서 거세당할 위험이 없는 보다 안전한 여성 성기를 갖고자 했을 수 있다. 왜냐하면 어머니의 위협이 자신의 남근 때문이라고 판단해서 차라리 어머니처럼 남근을 제거함으로써 여성이 되는 쪽이 더욱 안전할 것이라고 판단했을 수도 있기 때문이다.

더욱이 그가 헤드윅으로 활동하면서 가발을 쓴 것은 단순히 여장을 하기 위한 것이 아니라 거세된 남근을 가리고 보호하기 위한 것으로 볼 수 있다. 사람의 머리는 남근을 상징하는 것이기에 더욱 그렇다. 따라서 〈헤드윅과 분노의 인치〉라는 원제 자체가 매우 상징적인 의미를 이미 내포하고 있다고 볼 수 있다. 다시 말해서 그것은 '가발과 잘린 고추'를 뜻하기 때문이다. 여성으로 위장한 거세된 남근의 운명은 혼란 그 자체다.

어쨌든 실패한 수술로 인해 그는 이것도 저것도 아닌 어정쩡한 성불구자가 되어 1인치 크기의 남근만이 달랑 남았을 뿐이다. 그것은 분명 분노와 좌절의 1인치였다. 여성 파트너를 그에게 기대했던 미군 병사는 결국 크게 낙담하고 그를 버린 채 어디론가 사라지고 말았다. 한젤은 엄마를 포기하는 대신 자신이 스스로 엄마가 되어 제2의 아버지와 살고자 했으나 결국 그는 부모 및 신랑감마저 모두 잃게 되었다.

그는 여성으로서도 불구이며 남성으로서도 불구가 되었다. 정상적인 성생활의 박탈은 그에게 엄청난 심적 타격을 주었다. 그에게 다가온 상실과 좌절은 너무도 감당하기 힘든 현실이었다. 아버지의 부재, 엄마와의 이별, 동성애 상대의 배신, 여성에 대한 꿈의 상실, 남근의 상실, 정상적인 성생활의 포기, 그리고 어린 소년 애인의 배신과 성공 등 연이은 심리적 상처는 한 개인의 힘으로 감당하기 어려운 시련의 연속이었다.

어머니와 동침하고 죄의식에 빠진 오이디푸스는 스스로 자신의 눈을 찔러 장님이 되었지만, 헤드윅은 어머니의 존재를 부정하고 상징적 아버지와 결탁해 스스로 거세함으로써 여성이 되려다가 결국 모든 것을 잃어버린 불구자로 전락해 버린다. 죽음보다 더한 고통과 좌절이 그에게 주어진 셈이다. 물론 이런 기발한 발상은 감독 자신의 거세 공포를 반영한 것일 수도 있다. 군인이었던 아버지에 대한 두려움과 자신을 돌봐준 독일인 창녀에 대한 기억이 베를린이라는 무대와 연결되어 헤드윅이라는 기묘한 제3의 성을 창조해 낸 것이 아니겠는가.

박찬욱의 <올드보이>

　한국 영화의 위상을 세계적인 수준으로 끌어올린 박찬욱(朴贊郁, 1963-) 감독은 남북 대치 상황의 긴장을 다소 감상적인 시각으로 다룬 <공동경비구역 JSA>로 흥행에 성공한 후 <복수는 나의 것>, <올드보이>, <친절한 금자씨>로 이어지는 복수극 3부작을 발표해 한국을 대표하는 영화감독으로 자신의 입지를 다지게 되었다. 그는 <올드보이>와 <박쥐>로 칸 영화제에서 심사위원상을 수상하는 기염을 토하기도 했는데, 가장 최근에는 중국 출신 여배우 탕웨이가 출연한 <헤어질 결심>으로 칸 영화제 감독상을 수상함으로써 국제적인 명성을 더욱 굳게 다졌다.

　그의 대표작으로 알려진 2003년 영화 <올드보이>는 쓰치야 가론의 일본 만화 <오루도보이>를 원작으로 한 것으로, 주연을 맡은 최민식의 연기력과 충격적인 반전을 통한 흥미로운 이야기 전개에 힘입어 국내 흥행에도 크게 성공했을 뿐만 아니라 그 후 할리우드 영화로도 각색되어 상영되면서 해외에까지 널리 알려졌다. 최민식의 "누구냐 너는!"이라는 극중 대사는 <친절한 금자씨>에서 이영애가 던진 "너나 잘하세요."라는 시니컬한 대사와 함께 한동안 인기 유행어가 되기도 했다.

　<올드보이>의 줄거리는 대충 이렇다. 처자식을 둔 평범한 샐러리맨 오대수는 집으로 귀가하던 길에 갑자기 누군가에 의해 납치되어 골방에 갇

한 상태로 무려 15년의 오랜 세월을 보내며 중국집에서 배달된 군만두만 먹고 지낸다. 그 후 가까스로 풀려난 그는 일식집에서 일하는 미도를 알게 되어 사랑하게 되지만 그녀가 자신의 딸임을 알게 되자 견딜 수 없는 죄의식에 빠지고 만다. 그리고 그토록 잔인한 상황으로 몰고 간 배후 인물이 복수심에 불타는 우진으로 밝혀지지만, 사실 그의 복수는 자살한 누나에 대한 자신의 근친상간적인 원죄를 오대수에게 덮어씌운 것에 불과하며, 그 자신의 죄의식에서 벗어나기 위한 자기기만적인 편법에 지나지 않았음이 드러난다. 결국 우진도 자기 누나처럼 스스로 자살해 버린다.

물론 줄거리 자체는 현실성이 매우 떨어지는 내용이긴 하지만 영문도 모른 채 15년이나 감금 생활을 한다는 설정 자체가 아무런 의미 없이 살아가는 현대인의 소외 의식을 상징한다고 볼 수도 있다. 하지만 영화의 주된 테마는 복수와 근친상간, 상상 임신과 자살 등 매우 자극적인 내용에 초점이 맞춰져 있어서 그동안 진부한 멜로물이나 폭력물에 식상한 관객들에게는 신선한 충격으로 와닿았을 수 있다. 하지만 자신의 죄책감을 이기지 못한 오대수가 속죄의 표시로 자신의 혀를 자르는 장면은 너무도 끔찍스럽기도 한데, 상징적으로 보자면 자신의 남근을 스스로 거세하는 대신 혀를 자른 것으로 볼 수도 있다. 근친상간에 따른 속죄 행위라는 점에서 그가 보인 행동은 차라리 적절한 선택으로 보이기도 한다.

더욱이 자신의 딸인 줄도 모르고 그녀와 동침하게 된 오대수의 모습은 마치 오이디푸스가 자신의 어머니인 줄도 모르고 이오카스테와 동침한 사실을 연상시키는데, 그런 점에서 볼 때 자신의 누나를 사랑한 이우진이 그녀가 자살한 책임을 오대수에게 떠넘기면서 자신이 겪은 근친상간의 고통을 그대로 똑같이 오대수가 겪도록 몰고 간 것은 실로 잔인한 복수가 아닐 수 없다. 하지만 우진은 오대수의 근친상간 사실을 딸 미도에게 차마 알리지 못하고 스스로 자살하고 만다. 이미 자신의 목적은 이루었으며, 본인 자신의 죄의식을 감당하기 어려웠기 때문일 것이다. 사람들이 〈올드보이〉를 통해 그리스 비극의 비장미를 느끼는 이유도 결국은 오이디푸스 갈등의 핵심을 떠올리기 때문 아니겠는가.

스탠리 넬슨의 <존스타운: 인민사원의 삶과 죽음>

　미국의 흑인 감독 스탠리 넬슨(Stanley Nelson, 1951-)이 2004년 제작한 기록영화 <존스타운: 인민사원의 삶과 죽음>은 1978년 11월 18일 남미 가이아나의 존스타운에서 벌어진 인민사원 집단자살 및 대규모 학살로 인해 온 세상을 놀라게 한 충격적인 사건을 다루고 있다.
　이처럼 비극적인 파국을 초래한 장본인은 미국의 사이비 종교집단 인민사원의 지도자 짐 존스(Jim Jones, 1931-1978) 목사로, 한순간에 900명 이상의 인명을 죽음으로 몰고 간 그는 매우 강력한 카리스마로 인민사원 신도들을 이끌던 인물이었으나 정작 그 자신은 병적인 과대망상과 피해망상에 사로잡힌 편집증적 성격이상자였음이 밝혀졌으며, 동시에 심각한 약물중독자이기도 했다. 결국 그는 자신을 포함한 집단 전체를 위험한 외부세계의 공격으로부터 보호해야 한다는 피해망상 때문에 돌이킬 수 없는 파국을 몰고 온 것이다.
　한때 그가 이끌었던 인민사원은 사회주의 이념을 추구하는 기독교 신앙공동체로 1955년 미국 인디애나폴리스에서 첫걸음을 시작해 1967년에 캘리포니아의 계곡지대로 근거지를 옮기게 되었는데, 그 이유는 장래 있을지도 모르는 핵전쟁의 재앙에서 살아남을 수 있는 유일한 안전지대로 간주했기 때문이다. 이처럼 안전한 장소를 찾아 헤매는 그의 여정은 그 후에도 계속되어 결국에는 미국조차 그에게 안전하지 못하다는 판단이 서자 최종적인 은신처로 남미 적도 지대 가이아나의 정글을 택하고 1977년 자신의 신도들을 이끌고 그곳에 집단이주한 후 존스타운을 건설하기에 이르렀다. 짐 존스에 절대복종한 신도들은 그를 아버지라 부르며 예수가 부활한 것으로 굳게 믿었다.

하지만 그 이듬해 미 국회 조사단이 신도들의 인권 침해 여부에 대한 진상을 조사하기 위해 현지에 도착하자 위기감을 느낀 그는 자신의 무장 경호원들을 시켜 조사단에 총기를 난사하도록 지시했을 뿐만 아니라 바로 그날 저녁 모든 신도로 하여금 독약을 마시고 죽게 했는데, 그중 3분의 1은 아이들로 나란히 줄을 세워 독약을 마시게 했다. 자살 기도의 능력이 없는 아이들이라는 점에서 명백한 살인행위에 해당한다고 볼 수 있다. 하지만 신도들 가운데 167명은 죽음을 거부하고 그곳을 탈출했다. 짐 존스는 계속 확성기를 통해 죽음을 두려워 말라고 신도들을 독려했는데, 그는 그것을 혁명적 자살이라고 불렀다. 그리고 그 자신은 머리에 총상을 입고 사망했다.

이처럼 충격적인 최후를 맞이한 그의 삶을 뒤돌아보면 그는 한순간도 안정적인 환경을 경험해 보지 못한 것으로 보인다. 본명이 제임스 워렌 존스인 그는 미국 인디애나주 출생으로 그의 아버지는 제1차 세계대전 당시 프랑스 전선에서 독가스에 노출된 이후 그 후유증으로 호흡기 장애를 앓아 하나뿐인 아들에게 관심조차 두지 않았으며, 어머니 리네타는 가족을 부양하기 위한 공장일로 집을 비우는 적이 많았지만 의지력이 매우 강한 여성으로 남들이 하는 말에 동요되는 법이 없었다고 한다.

물론 그는 그런 어머니를 깊이 숭배하고 의지했지만, 항상 외톨이로 지낸 그는 친구들과 어울리는 데 어려움이 많았으며, 친구들 사이에서

입심이 사나운 악동으로 유명했다. 그의 입에 붙은 심한 악담은 어머니 말투를 그대로 모방한 것이었는데, 나중에 목사가 되어 설교할 때도 거친 욕설로 인해 빈축을 사기도 했으나 오히려 소외된 계층들로부터 인기를 끌기도 했다.

그런 점에서 볼 때, 존스는 분명 자신의 아버지에 대한 적대감으로 적절한 동일시를 이루지 못한 반면에, 자신이 이상적인 인물로 여긴 어머니를 동일시한 것으로 보이지만, 불행히도 어머니와 긴밀한 관계를 유지할 기회마저 거의 없었기 때문에 더욱 의존할 대상을 찾아 외로운 방황을 거듭한 것으로 보인다.

존스가 이른 나이에 서둘러 결혼한 것도 의존적 대상이 그만큼 절실했기 때문일 것이다. 그는 18세라는 어린 나이에 네 살이나 연상인 간호사 마셀린 볼드윈과 결혼했는데, 이는 그에게 엄마 노릇을 해줄 대리인의 필요성이 그만큼 절실했음을 의미한다. 그들이 처음으로 만난 곳은 그가 간호보조원으로 일하던 레이드 병원이었다.

이처럼 일찍 결혼한 몸으로 그는 인디애나 대학에 입학했으나 친구를 사귀는 데 어려움을 겪는 등 학교생활에 제대로 적응하지 못해 결국 도중 하차하고 말았다. 당시 룸메이트였던 친구 말에 의하면, 그의 처 마셀린은 짐 존스에게 마치 엄마와 같은 존재로 보였다고 할 정도로 그는 수시로 그녀에게 전화를 걸어 사소한 문제 해결을 요구하는 심한 의존성을 보였다고 한다.

사실 그에게 아버지라는 존재는 있으나 마나 한 존재였다. 무기력하고 무능력한 아버지는 결국 어느 날 갑자기 그의 삶에서 사라져 버렸다. 어린 시절 부모의 이혼은 그에게 어머니를 독점할 수 있는 기회를 부여했지만, 어머니는 생업을 위해 그를 돌볼 여유조차 없었다. 그는 철저하게 외톨이가 되었던 것이다. 이처럼 따스한 가정을 겪어보지 못한 그는 대가족을 이끌고 돌보는 아버지 역할을 그 자신이 떠맡음으로써 어린 시절의 고통스러운 기억을 상쇄하고자 했다. 그에게 교회와 사회주의 이념에 입각한 공동체는 가장 이상적인 새로운 가족이었다.

따라서 그는 자신이 의지할 수 있는 강력한 두 개의 기둥, 신앙과 이념에 전적으로 매달리게 된 것이다. 프로이트는 부모의 존재를 부정하고 자신이 훌륭한 신분을 지닌 가문의 자식이라는 그릇된 믿음을 가족 로망스(family romance)라 불렀는데, 이를 다른 말로 미뇽 망상이라고도 부른다. 이와 유사한 동기에서 존스는 자신의 부모를 부정하고 그보다 더욱 크고 지지적인 신앙공동체로서의 교회를, 그리고 더욱 크고 이상적인 이념 공동체로서의 사회주의적 유토피아인 존스타운을 세운 것이다.

결국 신앙과 교회는 그에게 큰 집이요 새로운 가정이었으며 새로운 부모를 만난 것이다. 자신을 버린 아버지를 부정하고 새로운 아버지를 섬기게 되었으며, 어머니의 사랑에 대한 간절한 소망은 때 이른 조혼을 통해서 그것도 연상의 여인을 아내로 맞아들임으로써 대리적인 만족을 구했다. 그리고 그는 자신만의 인민사원을 세움으로써 새로운 대가족을 일으키고 모든 추종자를 한식구로 맞아들였다. 그뿐 아니라 소수민족의 아이들을 양자로 맞아들여 새로운 자녀들을 키우면서 자신의 불행했던 아동기를 보상받고자 했다. 결국 그는 새로운 가족, 새로운 부모, 새로운 자녀, 새로운 세상을 추구하며 자신의 과거를 부정하고 새롭게 변신하고자 한 것이다. 그는 추종자들이 자신을 아버지로 부르고 섬기게 함으로써 강력한 지배자임을 확신했다. 물론 그것은 그의 내면에 자리 잡은 아버지에게서 받은 뿌리 깊은 원망과 모멸감을 일거에 반전시키는 효과도 있었을 것이다.

그럼에도 불구하고 그는 모든 세상에 대한 근본적인 불신감을 극복할 수 없었다. 그는 일찍부터 홀로서기에 어려움을 지니고 있었으며, 누군가에게 의지하지 않으면 몹시 불안해했다. 그에게 가장 두려운 것은 버림받는 일이었기 때문이다. 그런 그에게 가장 든든한 힘이 되어준 것은 결국 자신을 추종하는 집단의 지지였다. 따라서 1978년 존스타운에서 미 의회 조사단이 방문한 후 그의 곁을 떠나겠다는 이탈자들이 나오게 되자 그는 큰 충격과 좌절에 빠진 듯하다.

자신을 버리고 떠나겠다는 가족의 일원들이 나오게 되면서 그는 그 파급효과를 우려하고, 결국 집단의 와해 및 자기 자신의 붕괴를 두려워한 것으로 보인다. 그동안 가까스로 유지해 왔던 그의 내적 안전감이 여지없이 흔들려 버린 것이다. 그는 전혀 예상치 못한 상황에 절망하고 좌절한 상태로 자포자기 심정이 되었으며, 자신을 버리고 배신한다는 사실을 인정할 수 없었다. 결국 그는 자신의 집단과 함께 최후를 맞이하기로 작심했지만, 그런 집단자살은 자신의 추종자들뿐만 아니라 그의 내면에 간직된 부모를 포함한 모든 내적 대상들을 파괴하는 최종해결책인 동시에 일종의 동반 자살을 의미한 것일 수도 있다.

플로리앙 젤레르의 <아버지>

프랑스의 신예 작가이자 영화감독 플로리앙 젤레르((Florian Zeller, 1979-)는 자신이 2012년에 쓴 동명의 희곡을 토대로 2020년 영화감독 첫 데뷔작인 영화 <아버지>의 감독과 각본을 직접 맡아 세상에 공개했는데, 치매에 걸린 한 노인의 고집과 그를 돌보는 딸의 애환을 가감 없이 리얼하게 묘사함으로써 비평가들의 찬사를 받았다. 이 영화에서 80대의 노구에도 불구하고 명연기를 펼친 영국 배우 앤소니 홉킨스는 아카데미 영화제에서 남우주연상을 획득했으며, 젤레르 감독은 각본상을 수상했다. 이 영화에서 딸 역할을 맡은 영국 여배우 올리비아 콜먼 역시 아카데미 여우주연상을 수상한 바 있는 연기파 배우다.

영화의 대부분은 비좁은 아파트 공간에서 펼쳐지는 부녀간의 갈등과 대화로 채워지고 있어서 마치 한 편의 연극 무대를 관람하는 느낌을 주는데, 치매에 걸린 노인 앤소니는 자신의 상태에 문제가 있다는 사실을 인정하지 않고 여러 간병인의 보살핌을 거부할 뿐만 아니라 간병인이 자신의 시계를 훔쳐 갔다고 의심까지 한다. 그런 아버지를 힘겹게 보살피던 딸 앤은 그가 계속해서 간병인을 거부하면 요양원으로 모실 수밖에 없다고 말하고, 아버지는 무슨 일이 있어도 자기 집을 떠나지 않을 것이라고 선언한다.

정신이 오락가락하던 앤소니는 집 안에 한 낯선 남자가 앉아있는 모습을 보고 누구냐고 묻는데, 자신이 앤의 남편 폴이라고 대답한 그 남자는 앤소니가 그들 부부의 집에 함께 살고 있다고 주장한다. 하지만 앤소니는 앤과 헤어진 전남편 제임스까지 기억하고 그 이후의 일은 기억하지 못한다. 심지어 앤소니는 외출에서 돌아온 딸 앤마저 한동안 알아보지 못한다. 그런 아버지의 잠든 모습을 지켜보며 그의 얼굴을 어루만지는 딸의 착잡한 심정이 보는 이의 가슴을 아프게 하는데, 마치 눈먼 아버지 오이디푸스를 안타까운 마음으로 돌보는 딸 안티고네의 모습과 비슷하다.

자기가 수년간 큰딸 앤의 집에서 함께 살고 있다는 사실을 깨닫지 못한 앤소니는 자신을 곁에서 직접 보살펴 주는 딸 앤에 대한 고마움보다 이미 죽고 없는 둘째 딸 루시만을 그리워하는데, 그런 노인의 모습이 아이러니하기만 하다. 결국 앤과 그녀의 남편 폴 사이에 언쟁이 벌어지고 마는데, 앤소니의 고집 때문에 아무 일도 할 수 없는 데다 그런 아버지를 위해 희생만 치르고 있는 딸의 모습을 보다 못한 폴은 화를 참지 못하고 앤소니에게 언제까지 자신들 집에 머물 거냐고 다그치며 장인의 따귀까지 때리고 만다.

영화가 종반에 이르면서 잠에서 깨어난 앤소니가 아파트 밖으로 나서는데, 그는 병원 복도에 서 있는 자신을 발견하고 피투성이 상태로 침대에 누워있는 딸 루시의 모습을 기억해 낸다. 매우 낯선 환경의 요양원 침대에서 일어난 그는 이전에 마주했던 앤과 로라의 모습과 똑같은 간호사 캐서린을 통해 딸 앤이 파리로 떠났으며, 주말에 방문한다는 사실을 전해 듣고, 또 다른 남자 간호사 빌도 이전에 만났던 앤의 남편과 동일인임을 알게 되면서 크게 낙심하고 절망에 빠진다.

자신의 곁에서 앤이 사라지고 말았다는 사실과 자신에게 벌어지는 그 어떤 일도 이해할 수 없다는 무력감으로 인해 끝내 울음을 터뜨린 그는 자신이 모든 것을 잃어버렸다며 어린아이처럼 엄마를 찾는다. 그리고 한없이 울먹이는 그를 간호사 캐서린이 안아주며 달래주는 장면으로 영화는 끝난다. 모든 것을 잃고 마지막으로 의지하고 찾는 것은 결국 어머니의 따스한 품 안인가 보다.

에필로그

오이디푸스 갈등의 문제는 인류 문명이 발전해 가면서 더욱 심화되는 경향을 보여 왔다고 할 수 있다. 비록 공산주의 체제가 남녀평등뿐 아니라 전통적인 가족 제도의 일대 혁신을 가져옴으로써 인성의 발달 과정에도 커다란 변화가 있을 것으로 예상되기도 했으며, 특히 제2차 세계대전 이후 베이비붐 시대를 거치면서 페미니즘의 확산에 힘입은 양육 방식의 변화에 따라 핵가족 시대를 맞이하기도 했으나, 오이디푸스 갈등이 줄어들기는커녕 더욱 확산일로에 있다고 볼 수 있다.

오늘날 현대 정신분석은 프로이트의 고전적 이론의 틀에서 벗어나 자아 심리학과 대상관계 이론, 자기 심리학, 라캉 심리학 등으로 실로 다양하고도 방대한 체계를 갖추게 됨으로써 하나의 통합된 이론 체계로 설명하기 어려운 상태에 도달했다고 해도 과언이 아니다. 하지만 아무리 이론적 다양성이 인정된다 하더라도 역시 그 중심에는 오이디푸스 갈등이 자리 잡고 있음을 부인하기 어렵다.

우리는 지금까지 고대 신화에서부터 종교, 정치, 예술 등의 분야에 이르기까지 실로 다양한 인물들의 사례를 통해 오이디푸스 갈등 문제를 살펴보았다. 물론 종교적 신앙과 이념적 확신의 영향으로 오이디푸스 갈등이 겉으로 표면화되기 어려운 것이 사실이지만, 그럼에도 불구하고 성

아우구스티누스처럼 개인적 역사가 소상히 밝혀진 인물일 경우에는 그 나름대로 그런 갈등의 배경을 탐색할 여지를 남겨준다고 할 수 있다.

특히 이상과 현실 사이의 괴리로 많은 정신적 고통을 겪은 예술가들일수록 금단의 세계인 무의식적 환상에 가까이 접근할 기회가 더욱 흔하다는 점에서 오이디푸스 갈등의 단서를 포착하기가 훨씬 용이하다고 볼 수 있다. 왜냐하면 그들은 자신의 갈등을 해소하기 위한 돌파구로 창작 행위를 이용한 경우가 많았기 때문이다. 그런 성향은 작가들에서 더욱 두드러진다. 그들은 시, 소설, 희곡 등을 통해 자신의 내면적 갈등을 승화된 형태로 드러낼 뿐만 아니라 일종의 자기치유의 일환으로 창작 활동에 전념하기도 한다.

그렇다면 남달리 예민한 심성을 지닌 예술가들에게만 오이디푸스 갈등이 존재하고 그들의 작품을 감상하는 일반 독자들에게는 존재하지 않을 수가 있을까. 상식적으로 생각해도 그런 일은 있을 수 없을 것이다. 그런 점에서 우리는 그들이 무심코 토해낸 고백에 귀를 기울일 필요가 있다. 프랑스 작가 앙드레 모루아는 말하기를, "신경증은 예술가를 낳고, 예술은 신경증을 낫게 한다."라고 했으며, 시인 하이네는 "창조는 내 몸으로부터의 배설이며, 나는 창조를 하면서 다시 건강해진다."라면서 예술적 창조행위의 치유기능을 고백하기도 했다.

화가 뭉크도 비슷한 말을 남겼는데, "나의 그림들은 곧 나의 일기다."라고 했으며, 그런 관점에서 "모든 진지한 소설은 자서전적이다."라고 했던 토머스 울프의 말은 매우 진실에 가까운 고백이라 할 수 있다. 물론 모든 해석은 작품의 본질을 훼손한다며 섣부른 작품 해석에 반대한 미국의 저명한 문예평론가 수전 손택의 말도 어느 정도 일리가 있는 말이기도 하지만, 그렇다고 해서 모든 해석에 오류가 있다는 일반화는 지나친

기우라 할 수 있다.

  사실 무에서 유를 창조한다는 것은 엄밀히 말해 불가능에 가까운 일이다. 우리는 그 증거를 숱한 걸작들을 통해 얼마든지 확인할 수 있다. 그런 점에서 작품을 통해 온몸으로 자신들의 은밀한 욕망을 솔직하게 드러낸 천재적인 예술가들은 종교인이나 정치가들에 비해 상대적으로 무의식에 더욱 근접할 수 있는 남다른 용기를 지녔던 사람들이었다고 할 수 있다.

참고 문헌

김언희(2000). 말라죽은 앵두나무 아래 잠자는 저 여자. 서울: 민음사.
남진우(2000). 메두사의 시: 김언희의 시세계. 문학동네 통권 25호:278-312.
박병화(1995). 카프카. 서울: 건국대학교 출판부.
박혜경(1999). 관무량수경 강설. 서울: 집문당.
이병욱(2012). 정신분석을 통해 본 욕망과 환상의 세계. 서울: 학지사.
이병욱(2014). 프로이트와 함께하는 세계문학일주. 서울: 학지사.
이병욱(2015). 카우치에 누운 시인들의 삶과 노래. 서울: 학지사.
이병욱(2015). 위대한 환자들의 정신병리. 서울: 학지사.
이병욱(2018). 어머니는 살아있다. 서울: 학지사.
이병욱(2018). 아버지는 살아있다. 서울: 학지사.
이병욱(2019). 자화상을 통해 본 화가의 심리세계. 서울: 학지사.
이재우(1996). D.H. 로렌스 - 성을 통한 현대문명의 고발. 서울: 건국대학교출판부.
이현권, 김원석(2025). 신화와 무의식: 그리스 신화를 중심으로. 정신분석 36(2), 36-47.
임철규(2007). 그리스 비극. 서울: 한길사.
Arnold M(1986). Edvard Munch. Hamburg: Rowohlt Taschenbuch Verlag GmbH. 김재웅 역(1997). 뭉크. 서울: 한길사.
Ayral-Clause O(2002). Camille Claudel: A Life. New York: Harry N. Abrams.
Berger J(1989). The Success and Failure of Picasso. New York: Pantheon Books.

Bradley AC(1991). Shakespearean Tragedy: Lectures on Hamlet, Othello, King Lear and Macbeth. London: Penguin.

Caputi A(1988). Pirandello and the Crisis of Modern Consciousness. Champaign: University of Illinois Press.

Diel P(1980). Symbolism in Greek Mythology: Human Desire and Its Transformatiom. Boston, MA: Shambhala.

Eissler K(1963). Goethe: A Psychoanalytic Study. Detroit: Wayne State University Press.

Freud S(1922). Medusa's Head. Standard Edition, 18, 273-274. London: Hogarth Press.

Freud S(1927). Dostoevsky and Parricide. Standard Edition, 21, 173-194. London: Hogarth Press.

Gordon L(2000). T.S. Eliot: An Imperfect Life. New York: WW Norton.

Langdon H(1999). Caravaggio: A Life. New York: Farrar, Straus and Giroux.

Lubin AJ(1972). Stranger on the Earth: A psychological biography of Vincent van Gogh. New York: Holt, Rinehart and Winston.

Miller L(2005). The Brontë Myth. New York: Anchor.

Nabokov V(1961). Nikolai Gogol. New York: New Directions.

Peters HF(1974). My Sister, My Spouse: A Biography of Lou Andreas-Salome. New York: WW Norton & Co.

Robinson D(1985). Chaplin: His Life and Art. New York: McGraw-Hill.

Sabler L(2004). Dalí. London: Haus Publishing.

Sartre JP(1981). The Words: The Autobiography of Jean-Paul Sartre. New York: Vintage Books.

Schweitzer O(1986). Pasolini. Hamburg: Rowohlt Taschenbuch Verlag GmbH. 안미현 역(2000). 파솔리니. 서울: 한길사.

Sontag S(1966). Against Interpretation. New York: Farrar, Straus and Giroux.

Tabor S(1988). Sylvia Plath: An Analytical Bibliography. London: Mansell.

Thomsen CB(2004). Fassbinder: Life and Work of a Provocative Genius. Minneapolis, IL: University of Minnesota Press.

Trosman H(1974). T.S. Eliot and The Waste Land: psychopathological antecedents and transformations. Archives of General Psychiatry 30, 709-717.